SILVIA STOLZENBURG
Blutfährte

SILVIA STOLZENBURG
Blutfährte
Thriller

Bisherige Veröffentlichungen im Gmeiner-Verlag:
Die Salbenmacherin und der Bettelknabe (2016),
Die Salbernmacherin (2015)

Dieses Werk wurde vermittelt durch die Autoren-
und Projektagentur Gerd F. Rumler (München)

Besuchen Sie uns im Internet:
www.gmeiner-verlag.de

© 2017 – Gmeiner-Verlag GmbH
Im Ehnried 5, 88605 Meßkirch
Telefon 07575/2095-0
info@gmeiner-verlag.de
Alle Rechte vorbehalten
1. Auflage 2017

Lektorat: Claudia Senghaas, Kirchardt
Herstellung: Mirjam Hecht
Umschlaggestaltung: U.O.R.G. Lutz Eberle, Stuttgart
unter Verwendung eines Fotos von: © Andrey_Kuzmin /
shutterstock.com
Druck: GGP Media GmbH, Pößneck
Printed in Germany
ISBN 978-3-8392-2069-6

Personen und Handlung sind frei erfunden. Ähnlichkeiten mit lebenden oder toten Personen sind rein zufällig und nicht beabsichtigt.

Für Effan, die Leichtigkeit in meinem Leben

PROLOG

Ein Wald, Mai 2016

Er hörte die Verfolger durchs Unterholz brechen. Obwohl sie sich bemühten, ihm geräuschlos nachzustellen, waren sie wie eine Horde Elefanten: schwerfällig, laut und schon von Weitem zu sehen. Mehr oder weniger ungeschickt kämpften sie sich durch das Gestrüpp, stolperten über Steine, Äste und ihre eigenen Füße. Alle paar Meter hob ihr Anführer die Hand und lauschte in die Nacht – als erwarte er, dass ihr Gegner sich genauso auffällig benahm wie sie. Sie waren zu sechst. Jeder von ihnen steckte in einem Flecktarn-Kampfanzug, einer trug zudem schusssichere Weste und Helm. Von ihren Hälsen baumelten Sturmgewehre, und zwei der Männer umklammerten Faustfeuerwaffen, die sie beidhändig vor sich her trugen.

Was für eine Versammlung von Witzfiguren!, dachte der Beobachter. Im Schutz der Eiche, in deren Laub er sich verbarg, verfolgte er, wie die Männer bei einem Stapel gefällter Bäume anhielten, um sich suchend umzusehen. Die Optik seines Nachtsichtgerätes verlieh ihren Schemen einen Grünstich, sodass sie wirkten wie Wesen aus einer anderen Welt. Auf ein Handzeichen des Truppführers hin rückten sie näher zusammen. Auch sie trugen Nachtsichtbrillen, da die Dunkelheit nahezu undurchdringlich war. Lediglich hie und da lugten ein paar Sterne zwischen den Wolken hervor. Einige Zeit lang fuchtelten sie in der Luft herum, zeigten hierhin und dorthin, nickten und schüttelten die Köpfe, bis sie sich schließlich aufteilten. Drei Gruppen zu jeweils zwei Mann. Der Beobachter drehte an der Einstellschraube seines Fernglases und spannte die Muskeln. Nicht mehr lange, dann würden sie ihm direkt in die Falle laufen! Er verkniff sich ein Lachen. Es war beinahe zu einfach. Fast als würde man einem Kind den Schnuller wegnehmen.

Nach einem weiteren kurzen Austausch von Gesten stahlen sie sich in Richtung Süden, Osten und Westen davon. Den Norden, wo das verlassene Dorf lag, ignorierten sie, da nur ein blutiger Anfänger sich an diesem offensichtlichen Ort verschanzt hätte. Während er sich bemühte, ruhig und regelmäßig zu atmen, wog der Mann im Baum ab, welche Gruppe am leichtesten zu neutralisieren war. Wie unglaublich arrogant anzunehmen, dass sie ihm zu zweit gewachsen waren! Er rutschte lautlos einige Zentimeter auf dem Ast nach vorne, um die drei Gruppen besser im Blick behalten zu können. Die nach Osten und Westen davonschleichenden Gegner kehrten ihm den Rücken zu. Doch die beiden Männer, die ungeschickt auf sein Versteck zu stolperten, waren leichte Beute.

»Pass doch auf!«, zischte einer von ihnen, als der andere auf einen Ast trat. Das Knacken war weithin vernehmbar und schreckte einen Nachtvogel auf, der schimpfend das Weite suchte.

»Scheiß Wurzeln!«, war die gepresste Antwort.

Der Mann im Baum verzog den Mund zu einem freudlosen Lächeln. Beinahe schämte er sich für das, was er gleich tun würde. Allerdings nur beinahe, da die beiden bis an die Zähne bewaffnet waren. Er robbte ein weiteres Stück nach vorn und spähte in die Dunkelheit. Das Messer – seine einzige Waffe – steckte noch in seinem Gürtel. Er hatte keine Lust, es zu verlieren und in dem moosigen Waldboden danach suchen zu müssen. Ohnehin würde er es nur einsetzen, wenn sein Leben in unmittelbarer Gefahr war – was bei diesen Trampeltieren vollkommen unwahrscheinlich war. Er verharrte regungslos, bis einer der beiden Männer in die Hocke ging, um den feuchten Boden nach Spuren abzusuchen. Sein Begleiter stand neben ihm und behielt die Umgebung im Blick.

»Kannst du was erkennen?«, flüsterte er schließlich.

Die gebrummte Antwort war unverständlich.

Der Beobachter nutzte den Augenblick, um sich geschmeidig wie eine Katze an dem Seil, das er um einen dicken Ast geschlungen hatte, nach unten gleiten zu lassen. Am Boden angekommen, verharrte er einige Herzschläge lang auf der Stelle. Der Geruch der feuchten Erde stieg ihm in die Nase, vermischte sich mit dem Duft des Harzes und der Tannennadeln. Zu seiner Linken glühten die Augen eines Fuchses im Dickicht. Er wartete, bis die beiden sich wieder in Bewegung setzten, dann schlich er ihnen hinterher. Als er sie schließlich direkt vor sich sah, hob er einen Stein auf und schleuderte ihn weit von sich.

»Was war das?«, wisperte einer von ihnen. Während er sich der Richtung zuwandte, aus der das Geräusch des auftreffenden Steines gekommen war, schnellte der Beobachter vor. Im Bruchteil einer Sekunde presste er seinem Opfer von hinten die Linke auf Mund und Nase, zog dessen Kopf an seine Schulter und drückte den Daumen der anderen Hand in die Halsschlagader des Mannes. Als der so Überwältigte zu Boden glitt und dabei ein Rascheln verursachte, wirbelte sein Begleiter herum. Bevor er die Waffe heben und auf seinen Gegner zielen konnte, gelangte der ihm mit zwei ausgreifenden Schritten in den Rücken. Blitzschnell rammte er dem Ahnungslosen die Knöchel seiner Rechten zwischen Lenden- und Brustwirbel, sodass er gelähmt zusammensackte. Ohne auch nur einen Augenblick zu verschwenden, zückte der Beobachter eine Handvoll Kabelbinder und fesselte den beiden Arme und Beine. So verschnürt ließ er sie liegen und machte sich auf, um die restlichen vier Gegner auszuschalten.

Dem zweiten Trupp erging es wie dem ersten. Doch als er sich der dritten Zweiergruppe näherte, ließ ihn eine Bewegung am Waldrand mitten im Laufschritt innehalten. Was war das? Er drehte den Kopf, um besser sehen zu können, entdeckte jedoch nichts Ungewöhnliches. Die beiden Verfolgten trotteten etwa 30 Meter vor ihm über ein Stück freies Feld, das von stacheligen Wacholderbüschen begrenzt wurde. Er kauerte sich hinter einen Felsen und rückte das Nachtsichtgerät zurecht. Da war es wieder. Kaum wahrnehmbar bewegten sich die untersten Äste einer Reihe junger Tannen. All seine Sinne schärften sich. War noch jemand auf dem Gelände? Er ließ sich auf den Bauch fallen und kroch vorsichtig so weit hinter dem Felsen hervor, dass er besser sehen konnte.

Nichts.

Fast zehn Minuten lang verharrte er in dieser Position, ehe er sich wieder aufrappelte, um die Verfolgung fortzusetzen. Vermutlich war es nur der Fuchs gewesen. Er schüttelte das ungute Gefühl ab, das ihn trotz allem immer noch beschlich, und nahm die Fährte wieder auf. Während der aufkommende Wind die Wolken über den Nachthimmel trieb, nutzte er jede nur mögliche Deckung, um sich an die beiden Männer heranzustehlen. Als er sie schließlich in einer Senke bei einem kleinen Kiefernwäldchen einholte, fackelte er nicht lange. Den ersten Gegner packte er am Arm, drehte ihn brutal zu sich um und rammte ihm den angewinkelten Ellenbogen unters Kinn. Der Mann ging wie ein gefällter Baum zu Boden. Der zweite stieß einen Wutschrei aus und riss sein Sturmgewehr in die Höhe. Allerdings hatte er den fatalen Fehler begangen, es vom Schulterriemen zu lösen. Daher war es ein Leichtes für den Angreifer, die Bewegung zu seinem Vorteil zu nutzen. So überraschend, dass sein Gegner keine Zeit hatte zu reagieren, machte er einen Schritt auf ihn zu, schlug die Waffe mit dem einen Arm zur Seite und umklammerte mit dem anderen den Hals des verdutzten Mannes. In Sekundenschnelle schmetterte er ihn rücklings zu Boden, kniete sich über ihn und presste die Hand in seinen Kehlkopf. Mit der Linken nahm er ihm das Gewehr ab.

»Keine Bewegung«, warnte er.

Doch der am Boden Liegende ignorierte die Warnung. Angestachelt von Wut und dem blinden Willen zu überleben versuchte er sich zu befreien und griff nach dem Messer des Gegners. Obwohl ihn dessen Würgegriff eigentlich bewegungsunfähig hätte machen müssen, gelang es ihm, die Waffe zu ergreifen und sie seinem Bezwinger in den Arm zu treiben.

Der Schmerz durchzuckte den Beobachter so unerwartet, dass er seinen Griff einen Augenblick lang lockerte. Diesen Moment nutzte der Mann am Boden aus, um sich zur Seite zu rollen, sich aufzurappeln und mit dem Messer auf ihn loszugehen. Ehe der eben noch Überlegene sich versah, traf ihn die Klinge ein zweites Mal. Doch als sein Gegner ein drittes Mal ausholte, wehrte er die Attacke ab, entwand ihm die Waffe und setzte zu einem tödlichen Gegenangriff an. Die Klinge war gerade im Begriff, auf den ungeschützten Hals niederzusausen, als ihn etwas mit solcher Wucht an der Schulter traf, dass er zur Seite geschleudert wurde. Bevor er begriff, was passiert war, zerschmetterte ihm ein zweites Geschoss den Schädel.

KAPITEL 1

Ulm, Bundeswehrkrankenhaus, 19. Mai 2016

Es war eine dieser Nächte, in denen es Sanitätshauptfeldwebel Tim Baumann schwerfiel, nicht im Dienst einzuschlafen. Seit Stunden kämpfte er mit Kaffee gegen die Müdigkeit an und schwor sich, das nächste Mal deutlichere Worte für seine übergewichtige Nachbarin zu finden. Stundenlang war ihr verzogener Sohnemann wieder mit seinem verdammten Bobby Car vor Tims Schlafzimmerfenster auf und ab geholpert und hatte aus vollem Hals »Wiuwiuwiuwiu« gebrüllt. Einerseits war es bemerkenswert, was für eine Ausdauer der Dreikäsehoch an den Tag legte, andererseits machte das Geschrei Tim immer aggressiver, weil es ihm den Schlaf raubte.

»Ist doch nicht mein Problem, dass Sie nachts arbeiten«, hatte die dicke Mutti beim letzten Mal patzig erwidert, als er sie gebeten hatte, mit dem Bengel auf den Spielplatz zu gehen. »Sie sind wohl auch so ein Kinderfeind?«

Eigentlich war er das nicht, dachte Tim, als er sich im Pausenraum gegenüber des Schockraums einen weiteren Kaffee eingoss. Aber wenn der kleine Hosenscheißer nicht bald etwas anderes fand, mit dem er sich beschäftigen konnte, würde Tim ihm den Hals umdrehen! Er ließ sich auf einen der grauen Stühle fallen und stützte die Ellenbogen auf die gelbe Plastiktischdecke mit der Aufschrift »Break«. Irgendein guter Geist hatte eine Dose Haribo Schlümpfe, eine Prinzenrolle und einen Teller voller Äpfel auf den Tisch gestellt. Allerdings war Tim im Moment eher nach etwas Herzhaftem. Daher schob er sich einen Fünf-Minuten-Terrine Gulaschtopf in die Mikrowelle und löffelte wenig später die dampfende Suppe in sich hinein. Seine beiden Kollegen und der diensthabende Oberfeldarzt waren in dessen Büro verschwunden – vermutlich, um noch einmal kurz über den Patienten zu reden, der vor einigen Stunden eingeliefert worden war. Ein Autounfall. Tim fluchte, als er sich an der heißen Suppe den Gaumen verbrannte. Während er hastig einen Schluck Mineralwasser nahm, wanderte sein Blick zum nebenan gelegenen Schockraum. Nichts erinnerte mehr an das Chaos, das dort kurz nach der Einlieferung geherrscht hatte. Zusammen mit den beiden Chirurgen, dem Anästhesisten, dem Radiologen und einem Röntgenassistenten hatten sie den Verunfallten nach dem ATLS – dem Advanced Trauma Life Support – versorgt. Tim fragte sich, ob der Junge sein Bein behalten würde. Es hatte übel ausgesehen, und die Blicke zwischen dem Oberfeldarzt und einem der Chirurgen hatten Bände gesprochen. Aber das war nicht sein Problem. Er schob den Gedanken beiseite und pustete in seine Gulaschsuppe. Hätte der Junge besser aufgepasst, wäre er sicher nicht mit überhöhter Geschwindigkeit von der Straße abgekommen. Er starrte aus dem Fenster, vor dem sich tagsüber die Bagger durch den Dreck wühlten. Allerdings blickte ihm, dank der Dunkelheit, nur sein eigenes Spiegelbild entgegen. Er fuhr sich mit den Fingern durch die Haare, die in alle Himmelsrichtungen abstanden. Dann schielte er auf seine Uhr. Kurz nach drei. Er unterdrückte ein Stöhnen. Ob die Nacht jemals zu Ende gehen würde? Nachdem er seine Suppe ausgelöffelt hatte, spülte er den Plastikbehälter aus und warf ihn in den gelben Sack. Dann griff er nach einer Autozeitschrift und blätterte lustlos darin herum.

»Baumann, kommen Sie mal in mein Büro«, riss ihn eine halbe Stunde später die Stimme des diensthabenden Arztes aus der dösenden Betrachtung eines Sportwagens.

Bevor Tim etwas erwidern konnte, war sein Chef schon wieder verschwunden, weshalb er ihm zum Bereitschaftsraum hinterher trottete. Von seinen beiden Kollegen war weit und breit keine Spur mehr zu entdecken.

»Kommen Sie schon«, sagte der Notarzt schroff. Er saß auf einem Drehstuhl an seinem grünen Schreibtisch und sah einen Stapel Akten durch. Irgendwie wirkte er angespannt – etwas, das Tim in letzter Zeit schon öfter aufgefallen war. »Der Autounfall von vorhin ist auf die Intensivstation verlegt worden«, informierte er Tim. »Bringen Sie ihm die Patiententüte hoch.«

Tim nickte. Wenn es weiter nichts war. »Wie geht es ihm?«, fragte er.

»Wird durchkommen«, brummte der Oberfeldarzt.

»Sonst noch was?«, erkundigte sich Tim.

Sein Chef schüttelte den Kopf. Er schien mit den Gedanken bereits wieder woanders zu sein, da er nervös aus dem Fenster sah und mit dem Telefon auf seinem Schreibtisch spielte.

Tim zuckte die Achseln, kehrte dem Raum den Rücken und holte die persönlichen Gegenstände des

Patienten aus dem Schockraum. Vieles davon war blutig und würde nicht mehr zu gebrauchen sein. Aber oft spendete der Anblick der vertrauten Sachen den Verletzten wenigstens ein bisschen Trost, wenn sie aus der Narkose aufwachten und begriffen, was passiert war. Er versicherte sich, dass sie nichts vergessen hatten, ehe er sich auf den Weg zum Personaleingang machte. Die langen Gänge mit dem grauen PVC-Boden waren vollkommen verwaist. Wie immer war es – nach Tims Ansicht – viel zu warm, weshalb er froh war, als er den kühleren Bereich außerhalb der Notaufnahme erreichte. Er wandte sich nach rechts, wo sich neben der »Anmeldung Kardiologie« der schwarze Würfel befand, in dem die Lifte untergebracht waren. Zusammen mit einem grantigen Opa im Morgenmantel, der seinen Tropf neben sich herschob, fuhr er in den zweiten Stock hinauf zur Intensivstation. Dort erledigte er seinen Auftrag und machte sich etwa zehn Minuten später wieder auf den Weg nach unten. Da der Zutritt zur Notaufnahme nur Befugten gestattet war, benötigte Tim beim Personaleingang seinen Transponder, um die Tür zu bedienen, die sich mit einem Summen öffnete. Augenblicklich spürte er, dass etwas anders war als vorhin. Ein merkwürdiger Geruch lag in der Luft, und auf dem Weg zurück zum Pausenraum wäre er um ein Haar mit seinen beiden Kollegen zusammengestoßen. Diese schoben eine Bahre mit einem bewegungslosen zugedeckten Körper darauf und schienen zu erschrecken, als sie Tim sahen.

»Was ist denn hier los?«, fragte er verdutzt. Sein Blick wanderte von der Bahre zu den beiden Pflegern und zurück. »Wo kommt der denn her?« Er war doch kaum zehn Minuten fort gewesen!

Einen Augenblick lang herrschte angespanntes Schweigen. Dann antwortete der Mann am Kopfende der Trage knapp: »Der kam rein, als du oben warst.« Er hob bedauernd die Schultern. »War nichts mehr zu machen.«

Tim wollte etwas erwidern, doch die beiden drängten sich hastig an ihm vorbei.

»Er muss in die Pathologie«, sagte der Pfleger am Fußende der Bahre überflüssigerweise. »Du weißt ja, wie es ist ...« Sein Lächeln war eher steif als entschuldigend.

Tim öffnete den Mund, um ihnen eine Frage hinterherzuschicken, aber sie hatten es mehr als eilig. »Seltsam«, murmelte er und lehnte sich mit dem Rücken an die kühle Wand, während er ihnen nachblickte. Wurde er langsam paranoid? Oder waren es wirklich zu viele Zufälle in letzter Zeit? Dieser Vorfall war bereits der dritte innerhalb der vergangenen zwei Monate, und allmählich kam ihm die Sache spanisch vor. Konnte es tatsächlich höhere Gewalt sein, dass ausgerechnet *er* drei Mal abwesend war, wenn Unfallpatienten eingeliefert wurden, die bereits im Rettungswagen verstorben waren? Und war es nicht merkwürdig, dass ihn sein Chef jedes Mal fortgeschickt hatte, um etwas ins Labor oder auf die Intensivstation zu bringen? Er rieb sich das Kinn. Allmählich fragte er sich, ob er zu viele schlechte Filme sah, oder ob der unbestimmte Verdacht, der sich irgendwo tief in ihm einnisten wollte, berechtigt war.

Während er vor sich hin grübelte, stürmte plötzlich der Arzt an ihm vorbei, einige Papiere in der Hand, die

Wangen hektisch gerötet. Als er Tim sah, trat ein beinahe feindseliger Ausdruck in seinen Blick. »Halten Sie hier die Stellung«, befahl er barsch. »Ich bin in der Pathologie.« Kein überflüssiges Wort, keine weitere Erklärung. Tim nickte, aber sein Chef war bereits weitergehastet. »Sicher«, murmelte er. »Zu Befehl.« Er kniff die Augen zusammen, wartete, bis er eine Tür ins Schloss fallen hörte, und fasste einen Entschluss. Was auch immer hier faul war, er würde es herausfinden! Nachdem er kurz in die Stille gelauscht hatte, bog er in einen Korridor ein, passierte den Noteingriffsraum, die Notfallkabinen und den Funkraum und betrat wenig später das Bereitschaftszimmer seines Chefs. Auf dem Schreibtisch lagen mehrere Akten übereinander. Aus einer davon lugte ein Leichenschauschein. Tim schlug den Aktendeckel auf und überflog den Schein. »Todesart: natürlich«, las er. Außerdem fand sich ein Vermerk in dem Dienstbuch, dass kein anderer Arzt zum Schockraum hinzugezogen worden war, weil der Patient bei Ankunft angeblich bereits verstorben war. Tim spürte ein Prickeln über seine Kopfhaut kriechen. Sein Verdacht verstärkte sich. Konnte es wirklich sein, dass er sich so in seinen Kollegen und seinem Vorgesetzten getäuscht hatte? War es möglich, dass ausgerechnet in *seiner* Schicht so etwas passierte? Bevor er darüber nachdenken konnte, was für Folgen sein Tun haben würde, schnappte er sich die Akte und lief damit in den Computerraum. Dort befand sich auch ein Kopierer. Mit zitternden Händen schob er den Stapel Papier in den automatischen Einzug. »Mach schon, mach schon, mach schon«, drängte er. In dem kleinen Kabuff schien es immer heißer zu werden. Als der Kopierer endlich die letzte Seite ausspuckte, stopfte er die Papiere in seinen Hosenbund und verstaute die Originale wieder zwischen den Aktendeckeln. Dann flitzte er zurück zum Büro seines Chefs. Doch bevor er es betreten und das Dienstbuch zurück auf den Schreibtisch legen konnte, bogen der Arzt und die beiden Pfleger um die Ecke.

»Was tun Sie da, Baumann?«, herrschte sein Chef ihn an. Seine Augen verengten sich zu Schlitzen.

»Ich ...«, stammelte Tim.

»Verdammt!«, fluchte einer seiner Kollegen. »Er hat das Dienstbuch!«

Tims Blick zuckte von einem zum anderen, während er versuchte zu verstehen, in was er durch seine Neugier hineingestolpert war. Wenn sein Verdacht stimmte ... Er wagte nicht, den Gedanken zu Ende zu denken.

»Schnappt ihn euch!« Die Worte des Oberfeldarztes waren kaum lauter als ein Flüstern.

Dennoch trafen sie Tim wie ein Faustschlag. Die Furcht fuhr ihm in die Glieder, als seine Instinkte seinem Verstand die Kontrolle abnahmen. Noch bevor er begriff, was er tat, ließ er die Akte fallen, machte auf dem Absatz kehrt und rannte auf den einzigen Ausgang weit und breit zu. Die Türen des Schockraums führten direkt zu dem Parkplatz, auf dem die Notarzteinsatzfahrzeuge, die Krankentransport- und die Rettungswagen standen.

»Los, hinterher!«, hörte er seinen Chef rufen. Dann brüllte er etwas in einer Sprache, die Tim nicht verstand.

Ein Blick über die Schulter verriet ihm, dass der Arzt mit jemandem telefonierte. Während Tim hektisch die Tür aufstieß, zog sich sein Magen zusammen. Gott, in was hatte er sich da nur reingeritten? Er stolperte auf den überdachten Parkplatz hinaus und sah sich panisch um. Die Ausfahrt wurde von einem gelben Krankentransporter blockiert, dessen Türen sich in diesem Moment öffneten. Zwei stämmige Männer mit schwarzem Haar und dunkler Haut sprangen zu Boden. Einer von ihnen nahm ein Handy vom Ohr und gestikulierte in Tims Richtung.

Erneut rief sein Chef etwas in einer fremden Sprache, und zu seinem grenzenlosen Entsetzen sah Tim, dass einer der Männer ein Messer zog.

»Heilige Scheiße!«, stieß er hervor. Er sprintete weiter, aber die dunkelhäutigen Männer schnitten ihm den Weg ab. Während er wie ein gehetztes Tier nach einem Ausgang suchte, blieb sein Blick an einer roten Doppeltür haften. Die EVA! Die erdversenkte Anlage! Er riss seinen Dienstschlüsselbund aus der Tasche, kam heftig atmend vor der roten Tür zum Stehen und öffnete mit zitternden Händen das Schloss. Dann stürmte er die Treppen hinab in den stillgelegten Bunker. Es blieb keine Zeit, um die Tür hinter sich zu schließen. Während er die metallenen Stufen hinab rannte, hörte er die trampelnden Schritte seiner Verfolger hinter sich. Viel Vorsprung hatte er nicht. Je tiefer er kam, desto dunkler wurde es, sodass er schließlich nach seiner Pupillenleuchte griff, um diese kurz aufblitzen zu lassen. In einem Gang zu seiner Linken sah er einen Aufzug, ein paar Wegweiser und das, was er gesucht hatte: einen fluoreszierenden Streifen mit der Aufschrift »Verbindungsflur B«. Diese Streifen durchzogen das gesamte Labyrinth an Gängen, Laboren, Operationssälen und

Büros, damit man sich im Fall einer atomaren Katastrophe in dem Bunker zurechtfand. Ohne sich darüber Gedanken zu machen, wie leicht man sich in der EVA verirren konnte, stürmte Tim den Flur entlang, stieß sich an einem Verteilerkasten, rannte weiter und landete schließlich in einer Sackgasse: dem ABC Dekontaminierungsbereich mit Duschen, Badewanne und Ankleideraum. Die gekachelten Wände verliehen diesem Bereich etwas Unheimliches, doch Tim hatte anderes im Kopf, als sich ein Schreckensszenario aus dem Kalten Krieg auszumalen. Er versuchte, seinen keuchenden Atem zu beruhigen, und lauschte in die Dunkelheit. Das Trampeln der Verfolger schien aus größerer Entfernung zu kommen als noch vor wenigen Augenblicken, allerdings waren ihre wütenden Stimmen noch gut zu vernehmen. Mit einer Verwünschung auf den Lippen machte er kehrt und hastete weiter den Gang entlang. Er durfte keine Zeit verlieren! Wenn sie ihn erwischten, würde er vielleicht für immer tief unter der Erde verschwinden. So selten, wie der Bunker betreten wurde, konnte er hier monate-, wenn nicht gar jahrelang liegen, ohne dass ihn jemand entdeckte. Die Furcht, die ihm im Nacken saß, verlieh ihm Flügel und ließ ihn ohne Rücksicht auf Stolperfallen weiter die Korridore entlang jagen. Der winzige Lichtkegel seiner Pupillenleuchte malte gespenstische Schatten an die Betonwände, beleuchtete Türen mit der Aufschrift »Technik«, »Erste Hilfe«, »Frischoperierte« und »OP-Vorbereitung«. Zu seiner gewaltigen Erleichterung fand er an der nächsten Weggabelung einen fluoreszierenden Schriftzug, der ihm mitteilte, dass er sich auf dem »Fluchtweg Nord-

West« befand. Gott sei Dank! Wenn ihn sein Orientierungssinn nicht täuschte, konnte der Notausgang nicht weit sein. Dieser würde ihn in den Bereich führen, den das Krankenhaus als Parkhaus und Materiallager nutzte. Wenn er ihn erreichte, konnte ihm die Flucht vor den Verfolgern gelingen. Als er an einer Tür mit der Aufschrift »Sterilisation« vorbeikam, schoss ihm ein Einfall in den Kopf. Sollte man ihn schnappen, würde man ihm die Papiere abnehmen. Sollte ihm jedoch die Flucht gelingen ... Das Risiko war zu groß. Offenbar stand in der Akte, die er kopiert hatte, etwas, das von solcher Wichtigkeit war, dass sein Chef bereit war, dafür über Leichen zu gehen. Denn Tim zweifelte keine Sekunde daran, dass es hier um weitaus mehr ging als um ein Disziplinarverfahren, weil er Befehle missachtet hatte. Ohne lange darüber nachzudenken, eilte er in den Raum, in dem sich riesige Reinigungsapparate aus Edelstahl befanden. Er wählte die hinterste der drei Trommeln, legte die Papiere hinein und schloss die Tür. Dann verließ er den Raum und rannte so schnell er konnte auf die Schleuse vor dem Notausgang zu. Der Abstecher in den Sterilisationsraum hatte ihn wertvolle Sekunden gekostet, weshalb seine Verfolger aufgeholt hatten und inzwischen so nah waren, dass Tim ihre Schatten an den Wänden sehen konnte. Offenbar benutzten auch sie Taschenlampen. Mit rasendem Herzen und vor Erschöpfung schwachen Händen packte er den Hebel, mit dem sich die Metalltür mit der Aufschrift »Notausgang Nord-West letzte Tür« öffnen ließ. Als diese schließlich quietschend nachgab und er in den tiefgaragenähnlichen Bereich davor hinaus stolperte, hätte er vor Erleichterung beinahe geweint. Allerdings blieb ihm nicht einmal die Zeit, um etwas zu verschnaufen, da er seine Verfolger hinter sich auftauchen sah.

»Da ist er!«, rief einer der Pfleger.

»Bleib stehen, du Idiot!«, brüllte der andere.

Ich bin doch nicht bescheuert!, dachte Tim und sprintete an einem eingemotteten Schneeräumfahrzeug vorbei auf die schiefe Ebene der Einfahrt zu. Vorbei an vier am Rand geparkten Rettungswagen stob er auf den vergitterten Eingang zu, bis er die Tür in einem der Segmente erreichte. »Verdammt!«, fluchte er, als er erfolglos an der Klinke rüttelte. Die Tür war verschlossen, und für diesen Bereich befand sich kein Schlüssel an seinem Bund. Die Angst saß ihm wie ein Tier im Nacken, als er sich von dem Gitter abwandte und die Verfolger auf sich zustürmen sah. Es gab nur einen einzigen Ausweg! Unter Aufbietung seiner letzten Reserven sprintete er auf das vorderste der geparkten Fahrzeuge zu, riss dessen Tür auf und warf sich auf den Fahrersitz. Es dauerte einige Sekunden, bis er den richtigen Schlüssel fand – so lange, dass in dem Augenblick, in dem er das Fahrzeug startete, eine Hand nach dem Türgriff fasste. Bevor der Mann die Tür jedoch öffnen und Tim ins Freie zerren konnte, gab er mit einem Aufheulen des Motors Gas und raste auf die vergitterte Einfahrt zu.

KAPITEL 2

Eine Kleinstadt in der Nähe von Ulm, 25. Mai 2016

»Vergiss nicht, was wir besprochen haben. Das ist mir wirklich wichtig!«

Oberleutnant Mark Becker fiel es schwer, nicht die Augen zu verdrehen. Hatte diese Leier denn gar kein Ende? »Jaja«, erwiderte er wenig begeistert, während er die Jacke seines Feldanzugs zuknöpfte. Das rote Barett der Feldjäger saß bereits auf seinem Kopf, der sich von dem anstrengenden Gespräch am frühen Morgen ein bisschen schwer anfühlte. Gut, vielleicht war es auch das dritte Weizenbier gewesen, das er gestern Abend im einzig brauchbaren Biergarten der Stadt getrunken hatte. Aber die Unterhaltung mit seiner Verlobten Julia hatte sicherlich auch dazu beigetragen.

»Sag nicht jaja«, nörgelte diese. Sie stand in der Terrassentür, die Hände in die Hüften gestemmt, und bedachte Mark mit einem erzürnten Blick. »Jaja heißt: leck mich am Arsch!«

Becker verkniff sich ein Grinsen. Vielleicht lag sie damit gar nicht so falsch, dachte er, hütete sich jedoch, sich seine Gedanken anmerken zu lassen. Es war ein heikles Thema, das hatte sie ihm bereits gestern im Biergarten unmissverständlich klar gemacht. Wie schnell sie eine Entscheidung von ihm erwartete, hatte sie ihm allerdings erst vorhin über den Rand ihres Kaffeebechers hinweg gesagt. Mit Inbrunst, kompromisslos und emotional, so wie sie nun einmal war. Manchmal fand er diese Eigenschaften hinreißend. Allerdings nicht, wenn sie ihm das Messer auf die Brust setzte! Er nestelte noch ein wenig an seinen Schulterklappen herum, dann schenkte er ihr ein gekünsteltes Lächeln. »Hör mal, Julia«, sagte er, »können wir das nicht später in aller Ruhe besprechen?«

»Wie viel Ruhe brauchst du denn noch?«, schoss sie zurück. »Vor deinem letzten Einsatz in Afghanistan hast du dasselbe gesagt. Und dann hast du dich dazu entschlossen, es geflissentlich zu ignorieren.« Sie verschränkte die Hände vor der Brust, was ihren ohnehin üppigen Busen betonte. »Ich will jedenfalls eine Entscheidung von dir, und zwar bald!«, wiederholte sie ihre Forderung vom Frühstückstisch.

Als ob er begriffsstutzig wäre! Ihre Augen funkelten erzürnt – so, wie Mark sie am sexysten fand. Er hob die Hände mit den Handflächen nach oben, um sie zu beschwichtigen. »Ich denke darüber nach. Ernsthaft. Mehr kann ich dir so auf die Schnelle nicht versprechen.«

»Von wegen auf die Schnelle!«, schnaubte sie. »Du tust ja gerade so, als ob ich dich damit aus heiterem Himmel überfallen hätte!«

Mark zuckte die Achseln, auch wenn er wusste, dass diese Geste sie wütend machte. Für ihn war es quasi aus heiterem Himmel gewesen. Sicher, sie hatte schon früher immer wieder angedeutet, dass sie auch mal eine Familie gründen wollte. Aber irgendwie war in diesem Zusammenhang nie die Rede davon gewesen, dass er deshalb seinen Job bei den Feldjägern aufgeben sollte. Und das, wo er einer der Glücklichen war, der es nach Überwindung zahlloser Hürden zum Berufssoldaten geschafft hatte. Außerdem war er gerade erst 34 geworden. Da war doch noch massenhaft Zeit! Er mied ihren Blick.

»Und komm mir bloß nicht damit, dass das alles jetzt nicht mehr gefährlich ist, bloß weil der ISAF-Einsatz in Afghanistan beendet ist!«, schimpfte sie. »Da ist immer noch Syrien!«

Manchmal war sie ihm unheimlich. Genau dieses Argument hatte er nämlich anführen wollen. Die neue Mission »Resolute Support« beinhaltete schließlich keinen Kampfauftrag mehr, sondern war nur dafür gedacht, die afghanischen Führungskräfte zu beraten und zu unterstützen. Außerdem war noch nicht einmal ansatzweise klar, ob Mark in absehbarer Zeit wieder ins Camp Marmal bei Masar-e-Sharif ausrücken musste. Am liebsten hätte er sie in diesem Moment gefragt, warum sie sich überhaupt mit ihm eingelassen hatte. Immerhin war es nie ein Geheimnis gewesen, dass er Soldat war. Hatte sie ihn nicht sogar in Uniform kennengelernt? Allerdings war er klug genug, die Frage zu schlucken, da er sicher war, damit in noch rauere Gewässer zu segeln. Daher seufzte er resigniert und wandte das an, was sich bei Auseinandersetzungen mit ihr als brauchbare Entschärfungstaktik bewährt hatte. Er trat auf sie zu, zog sie in die Arme und drückte sie fest an sich. »Du weißt, dass ich dich liebe«, murmelte er. Augenblicklich spürte er, wie sich ihre Versteifung ein wenig löste. »Wenn ich dir versprochen habe, darüber nachzudenken, dann tue ich das auch.«

Einige Sekunden lang wartete er umsonst auf eine Reaktion. Dann schlang auch sie ihre Arme um ihn und schmiegte die Wange an seine Brust. »Wir beide – du und ich – das ist wunderschön«, murmelte sie. »Aber ich will mehr. Das kannst du doch verstehen?«

Mark war froh, dass sie sein Gesicht nicht sehen konnte. Denn leider war ihm im Augenblick überhaupt nicht danach, eine Familie zu gründen und seine Karriere aufzugeben, um in einer der spießigen Firmen der Umgebung als Was-auch-immer zu arbeiten! Er liebte seinen Job! Und egal, wie aufreibend die Zeit im Einsatz jedes Mal war, liebte er auch diesen Teil seiner Arbeit! Dass er dabei ums Leben kommen konnte, war für ihn eben ganz einfach Berufsrisiko. Man dachte doch nicht immer daran, was alles passieren konnte! Jeder Polizist, jeder Feuerwehrmann ging in seinen Augen ein mindestens ebenso hohes Risiko ein wie er. Aber davon wollte Julia natürlich nichts wissen. Für sie waren Kinder und die Bundeswehr nicht vereinbar, da konnte die Verteidigungsministerin noch so sehr für ein familienfreundliches Umfeld werben. Ein Soldat zog in den Krieg. Basta. Das war für sie alles, was zählte. Mark drückte ihr einen Kuss aufs Haar und löste sich von ihr. »Ich muss los«, sagte er.

Julia wischte sich verstohlen über die Augen. »Ich auch. Wir gehen heute mit den Kindern in den Wald, da müssen wir noch einiges vorbereiten.«

Mark griff nach seinem Rucksack, der neben einem großen Elefantenfußbaum auf dem Boden stand, und verließ wenig später das Haus. Die Sonne strahlte bereits seit über einer Stunde aus einem makellos blauen Himmel auf das Heidenheimer Schloss hinab, das vor Mark aufragte. Vögel zwitscherten, Bienen summten um den verblühenden Flieder im Nachbargarten, und die Autos waren mit einer gelben Pollenschicht bedeckt. Das Grün der Bäume wirkte noch frisch und saftig, und der Duft von Kastanienkerzen stieg ihm in die Nase. Hätte die Auseinandersetzung mit Julia seiner Laune nicht einen Dämpfer versetzt, hätte ihn all die frühsommerliche Pracht in Hochstimmung versetzt. So allerdings betätigte er mürrisch den Türöffner seines VW Passat und ließ sich auf den Fahrersitz fallen. »Verdammter Mist!«, schimpfte er, bevor er den Wagen anließ. Was sollte er ihr bloß antworten? Er rangierte das Auto geschickt aus der engen Parklücke vor seinem Haus und zuckelte die Einbahnstraße entlang, bis er die Hauptstraße erreichte. Dort wandte er sich nach rechts und fuhr in Richtung B19. Da die Angestellten der Firmen, die das Stadtbild prägten, Frühaufsteher waren, herrschte bereits reger Berufsverkehr, obwohl die Uhr in Marks Armaturenbrett gerade mal 6:10 anzeigte. In Gedanken versunken passierte er Maschinenhallen, Verwaltungsgebäude und ein riesiges Zementwerk und fuhr schließlich kurz hinter Herbrechtingen auf die A7 Richtung Ulm auf. Was, wenn er Julias Forderung einfach ignorierte und hoffte, dass sie das ganze Thema irgendwann vergaß? Er klappte die Sonnenblende herunter und schüttelte über sich selbst den Kopf. »Das geht ganz sicher in die Hose«, murmelte er. Was diese Dinge anging, hatte seine Verlobte das Gedächtnis eines Elefanten. Außerdem würde sie die Sache bestimmt mit ihren Kolleginnen besprechen – allesamt Grundschullehrerinnen – und ihren Rat einholen. Was dabei herauskam, wollte Mark sich lieber gar nicht erst vorstellen. Er wischte das Problem beiseite und schaltete das Radio ein. Die »Morning Show« von SWR3 würde ihn auf andere Gedanken bringen. Als er eine knappe halbe Stunde später den Kreisverkehr vor Ulm erreichte, von dem aus er nach rechts in Richtung »Weststadt/Universität/Kliniken/Eselsberg« abbog, waren Julia und ihre Forderungen tatsächlich nicht mehr ganz so präsent. Er warf einen Blick auf die Uhr. 6:45. Noch genug Zeit, um die Wilhelmsburg Kaserne zu erreichen und pünktlich um sieben auf dem Parkplatz vor dem Dienstgebäude der Feldjäger anzutreten.

Bei der Einfahrt zur Kaserne angekommen, grüßte er den Wachmann, hielt seine Karte an den Kartenleser und gab eine Zahl in das Pinpad ein. Daraufhin öffnete sich die rot-weiße Schranke. Die Parkplätze vor dem Gebäude waren bereits alle belegt, weshalb er seinen Passat ein wenig abseits abstellte. Im Laufschritt joggte er zum Feldjägerdienstkommando der 7. Kompanie des Feldjägerregiments 3, einem flachen Backsteingebäude mit wenig Charme. Er trampelte die Metallstufen zum Eingang hinauf und hämmerte auch hier einen Code ins Pinpad. Drinnen grüßte er seinen Chef, der gerade aus seinem Büro kam, und rannte die Treppen hinauf, je zwei Stufen auf einmal nehmend. Kameraden einen guten Morgen wünschend, trabte er zu seinem eigenen Büro, vorbei an der Einsatzleitung, dem Dienstkommando, den Aufenthalts- und Waschräumen und den Toiletten. In seinem Büro angekommen, pfefferte er den Rucksack auf das Sofa neben der Tür und tauschte das rote Barett gegen die praktischere Feldmütze aus. Dann reihte er sich in den Strom der Kameraden ein. Wenig später trat die gesamte Kompanie in Formation vor dem Gebäude an, um sich beim Anführer der Truppe, dem Hauptmann, zum Morgenappell zu melden. Nachdem dieser kurz den Tagesablauf erläutert und einige offizielle Maßnahmen durchgeführt hatte, traten alle wieder ab, um ihren normalen Dienst zu beginnen.

»Ich komme gleich«, ließ Mark seinen Chef wissen. »Muss nur noch ein paar Akten holen.« Jeden Morgen traf sich die Führungscrew der Feldjäger im Büro des Hauptmanns, um anstehende Aufgaben zu besprechen.

Der Hauptmann, ein kräftig gebauter Enddreißiger, nickte und zog ein Päckchen Zigaretten aus der Tasche. »Lass dir Zeit, ich rauche erst noch eine«, sagte er. »Bin heute noch gar nicht dazu gekommen.«

Mark grinste, weil er wusste, dass sich der Kompanieführer das Laster eigentlich abgewöhnen wollte. »Die Pflaster helfen wohl nicht?«, frotzelte er.

»Noch so ein Witz, und wir gehen zusammen joggen«, drohte der Hauptmann.

»Das will ich sehen«, mischte sich der Spieß der Kompanie ein. Die gelbe Kordel um seinen rechten Oberarm leuchtete im Sonnenlicht. »Da würde ich sogar Wetten annehmen.«

»Geh lieber nach der Kaffeemaschine gucken, Mama«, zog Mark ihn auf. Vor einigen Monaten hatten er und die anderen Zugführer dem Spieß ein Autoschild mit dem Aufdruck »mama« geschenkt, und seitdem wurde er den Spitznamen nicht mehr los. Hinter vorgehaltener Hand nannten ihn inzwischen selbst die Frischlinge so, weil er sich tatsächlich beinahe mütterlich um alle Sorgen, Probleme und Ängste der jungen Soldaten kümmerte.

»Ich bin versucht, euch irgendwann mal ein Abführmittel in den Kaffee zu mischen«, brummte der Spieß. Allerdings verrieten seine lachenden Augen, dass er es nicht ernst meinte.

Mark ließ die beiden stehen und begab sich zurück in sein Büro. Dort fuhr er seinen Computer hoch, checkte kurz seine Mails und suchte die Akten zusammen, die er für die Morgenbesprechung brauchte. Dann holte er sich seine Waffe, eine Walther P8, aus dem Spind im Dienstkommando und machte sich auf den Weg zurück ins Erdgeschoss. Im Büro des Spießes warteten bereits die anderen drei Zugführer, von denen einer ein mächtiges Veilchen zur Schau trug.

»Wo hast du dir das denn eingefangen?«, wollte Mark wissen.

Der Angesprochene sah ihn entnervt an. »Vielleicht sollte ich mir ein Schild umhängen«, brummte er, »mit der Aufschrift: Habe mich beim Boxen von einem Fliegengewicht austricksen lassen.« Er verzog das Gesicht.

»Ehrlich?«, fragte Mark.

»Ja, ehrlich. Wenn ihr eine Tochter habt, versucht nie, ihr Boxen beizubringen. Die Mädels sind gnadenlos.«

Die anderen lachten.

»Schluss mit lustig«, unterbrach sie der Chef, als er, eine Rauchfahne hinter sich herziehend, den Raum betrat. Er ging an den Kühlschrank, um sich ein Mineralwasser zu holen, bevor er in das angrenzende Büro voranging. Dort suchte sich jeder einen Stuhl, dann eröffnete der Hauptmann die Besprechung. Nachdem einige wichtige Details in Bezug auf einen Besuch vom BMVg – dem Bundesministerium für Verteidigung – und einige Fragen das Personalmanagement betreffend geklärt worden waren, wandte der Chef sich an Mark. »Für dich habe ich auch eine Aufgabe«, informierte er ihn. Er blätterte einen Stapel Papier durch und zog eine ausgedruckte Email hervor. »Wir haben einen EA«, sagte er.

Mark verkniff sich ein Stöhnen. Ein »eigenmächtig Abwesender« war nicht gerade das, was er sich für diesen Tag vorgestellt hatte. Vermutlich wieder irgendein junger Heißsporn, der sich aus Liebeskummer betrunken und irgendwo verbarrikadiert hatte. Oder ein kranker Single, der vergessen hatte, seinem Vorgesetzten Bescheid zu sagen, dass er mit Fieber im Bett lag. »Seit wann fehlt er denn?«, fragte er mit wenig Begeisterung.

»Seit letzten Montag«, war die Antwort des Hauptmanns. »Du weißt ja, wie es ist. Drei Tage warten, dann geht die Meldung nach Hannover, und die haben es vorhin an uns gemailt.«

»Hast du mir die Mail schon weitergeleitet?«, fragte Mark, weil er nichts Derartiges in seinem Posteingang gefunden hatte.

»Mache ich gleich«, erwiderte sein Chef. Er sah kurz in den Ausdruck. »Sanitätshauptfeldwebel Tim Baumann«, las er vor. »Am Montag nicht zum Dienst erschienen, seitdem abgängig.« Er blätterte ein paar Seiten vor. »Anscheinend hat der Oberfeldarzt angedeutet, dass es um einen BTM-Missbrauch gehen könnte«, fuhr er fort. »Alles sehr vage.«

Mark stieß einen Pfiff durch die Zähne aus. Betäubungsmittel? Vielleicht war der Auftrag doch nicht ganz so routinemäßig, wie er befürchtet hatte!

KAPITEL 3

Ulm, 25. Mai 2016

Nachdem der Hauptmann die Besprechung beendet hatte, ging Mark zurück in sein Büro. Dort legte er eine neue Akte für den Fall an, machte einen stichwortartigen Plan, wie er vorgehen wollte, und setzte sich schließlich an den Computer, um mit der Basisrecherche zu Tim Baumann zu beginnen. Aus den Informationen, welche die Dienststelle des Pflegers an das Kommando Feldjäger der Bundeswehr in Hannover geschickt hatte, ging hervor, dass der Mann ledig war. Er hatte keine Kinder, und seine Eltern waren vor Jahren beim Absturz einer Privatmaschine ums Leben gekommen. Dort brauchte er also nicht nachzufragen. Da es keine Möglichkeit gab, Baumanns Personalakte einzusehen, um weitere Details zu erfahren, waren Marks nächste Anlaufstelle die sozialen Netzwerke. Er startete bei Facebook, Twitter, studiVZ, stayfriends, Google+ und diversen anderen Plattformen eine Suche mit Tim Baumanns »Real Name« und wühlte sich durch die Einträge. Zu seiner Erleichterung war der Vermisste kein Netzjunkie und besaß lediglich einen Facebook und einen Twitter Account, die allerdings beide alles andere als aktuell waren. Der letzte öffentlich zugängliche Eintrag in seiner Facebook Chronik stammte vom 1. Januar, als der Gesuchte offenbar auf einer Party in

Berlin gewesen war. Weiter unten in der Chronik – vor etwa eineinhalb Jahren – tauchte hin und wieder eine Freundin auf. Doch diese war weder bei der Silvesterparty mit dabei noch auf anderen Bildern, die Baumann beim Grillen oder Feiern mit Freunden zeigten. Mark kratzte sich am Kinn. Der Kerl sah völlig normal aus, eher unauffällig mit seinen hellbraunen Haaren, den grau-grünen Augen und dem durchschnittlichen Wuchs. Fit konnte man ihn nicht gerade nennen. Allerdings deutete auch nichts darauf hin, dass er Drogen nahm oder einem ungesunden Hobby frönte. Er war einfach nur vollkommen durchschnittlich. Mark lehnte sich in seinem Drehstuhl zurück und starrte das Foto von der Silvesterfeier an. Der Mann war 32 Jahre alt, seit etwas mehr als einem Jahr Berufssoldat und, wie Mark selbst, mehrfach in Afghanistan im Einsatz gewesen. Warum sollte jemand wie er das Risiko einer eigenmächtigen Abwesenheit auf sich nehmen? Immerhin war eine EA nicht nur eine Wehrstraftat nach §15 des Wehrstrafgesetzbuches, auf die eine Freiheitsstrafe von bis zu drei Jahren stand, sondern auch eine zivil verfolgbare Straftat. Wer setzte denn seine gesamte Karriere mit so etwas aufs Spiel? Mark nagte an seiner Oberlippe. Die Erfahrung hatte ihn gelehrt, dass der Grund für Abwesenheiten oft im privaten Bereich zu suchen war. Doch meistens waren es keine Berufssoldaten, die er und seine Kollegen zurück in die Kaserne schaffen mussten.

»Ratzfatz, alles futsch«, sagte er in den leeren Raum. Er schob die Computermaus von sich und sah aus dem Fenster. Winzige Staubkörnchen tanzten im Sonnenlicht, das durch einen kleinen Spalt in der blauen Jalousie hereinfiel. Bevor er es verhindern konnte, war plötzlich seine Verlobte wieder in seinem Kopf. War Baumann vielleicht mit einer ähnlichen Situation konfrontiert gewesen und hatte deshalb durchgedreht? Er schüttelte den Gedanken ab und suchte in Baumanns Akte nach seinem Wohnort. »Metzgergasse«, murmelte er. »Nicht schlampig!« Wie er sich diese Wohngegend bei seinem Sold leisten konnte, war Mark zwar schleierhaft. Doch das allein reichte noch nicht aus, um den Mann in seinen Augen schuldig erscheinen zu lassen. Er beschloss, dem Polizeipräsidium am Münsterplatz später einen Besuch abzustatten. Vielleicht lag etwas gegen Baumann vor, das Licht in die Angelegenheit bringen konnte. Nachdem er dort kurz angerufen und das Formular für ein Amtshilfeersuchen ausgedruckt und ausgefüllt hatte, packte er alles Wichtige in seine Akte zu Tim Baumann, tauschte die Feldmütze wieder gegen sein rotes Barett und meldete sich beim Diensthabenden im Feldjägerdienstkommando ab.

»Hat einer von euch Müller gesehen?«, fragte er.

Die zwei Männer im Raum verneinten.

Mark trat auf den Flur hinaus. »Müller!«, brüllte er.

Es dauerte einen Augenblick, bis der Feldwebel den Kopf aus dem Waschraum steckte. »Ja?«

»Wir haben einen EA«, ließ Mark ihn wissen. »Ich warte bei den Bussen auf dich.« Bevor der Kamerad etwas antworten konnte, kehrte er ihm den Rücken und machte einen kurzen Abstecher in den Pausenraum. Dort mopste er sich ein paar Gummibärchen und verließ kauend das Gebäude. Draußen war es inzwischen so warm, dass er schon nach wenigen Schritten anfing, in seinem Feldanzug zu schwitzen. Wenn die Temperaturen weiter so kletterten, würde es ein ziemlich heißer Tag werden. Er steuerte auf den Parkplatz neben dem Wachhäuschen zu und öffnete alle Türen eines olivfarbenen VW-Busses. So konnte es wenigstens ein paar Minuten durchlüften. Als der Feldwebel kurz darauf aus dem Gebäude kam, ließ Mark den Motor an. Er erläuterte in wenigen Worten, nach wem sie suchten, dann sagte er: »Wir schauen zuerst kurz bei ihm zu Hause vorbei. Vielleicht wissen die Nachbarn was.«

»Mhm.« Sein Beifahrer machte ein grimmiges Gesicht. Er war einer der typischen immer mürrischen Personenschützer, die den Eindruck vermittelten, niemals zu lachen. Seit er vor einem halben Jahr den Ermittlerlehrgang absolviert hatte, war er zwar ein bisschen gesprächiger geworden. Aber auf Zivilisten wirkte er immer noch verschreckend. Dazu trug sicher auch seine imposante Größe von zwei Metern bei, mit der er Mark um fünf Zentimeter überragte.

Mark grinste. Zusammen gaben sie sicher ein beeindruckendes Gespann ab. Wenn ihr Auftreten die Nachbarn nicht kooperationsbereit machte, würde er einen Besen fressen! Eine Uniform allein sorgte schon dafür, dass sich Zungen lösten und selbst verschlossene Menschen Vertrauen fassten. Aber eine gewisse physische Präsenz schadete auch nichts. Deshalb bevorzugte er für den ersten Besuch bei den Familien, Bekannten, Verwandten oder Nachbarn eines Abgängigen immer jemanden wie Müller. Erst wenn sich herausstellte, dass mehr Feingefühl erforderlich war, griff er auf eine der weiblichen Kolleginnen zurück.

Sie verließen die Kaserne und fuhren den Berg hinab in Richtung Innenstadt. Dort entschied Mark sich dafür, durch die Frauenstraße in Richtung Altstadt zu fahren, um von dort den Marktplatz anzusteuern. Dank der frühen Stunde waren noch nicht so viele Touristen in der Fußgängerzone unterwegs, sodass sie ohne Probleme am alten Rathaus und der gläsernen Pyramide der Stadtbibliothek vorbei in die Kronengasse gelangten. Dort hatten sie Glück, weil gerade ein Parkplatz vor einem Friseursalon frei wurde. Mit etwas Fluchen und viel Fingerspitzengefühl gelang es Mark, den VW-Bus zwischen einen Beetle und einen BMW zu quetschen, deren Besitzer ganz sicher keine netten Worte für die Bundeswehr finden würden. Zusammen mit seinem Begleiter überquerte er die Straße und winkte, als eine Gruppe Kindergartenkinder mit großen Augen auf sie zeigte.

»Da vorn«, stellte sein Begleiter, unbeeindruckt von den Vorschülern, fest.

Der Eingang zu der Hausnummer, die sie suchten, befand sich in einer kleinen Seitengasse, direkt neben einem italienischen Restaurant.

Mark las die Namen auf den Klingelschildern. Obwohl er nicht mit einer Reaktion rechnete, drückte er den Knopf mit der Aufschrift »Baumann«. Keine Antwort.

»Teilen wir uns auf?«, wollte Müller wissen.

»Ja. Nimm du alle auf der linken Seite, ich nehme die rechts«, sagte Mark. Sein Daumen fand einen zweiten Klingelknopf. Es dauerte eine Weile, bis es im Lautsprecher knackte.

»Wer ist da?« Die Frau klang atemlos, als ob sie zur Gegensprechanlage gerannt wäre.

Mark sah auf die Uhr. Viertel vor acht. Vermutlich keine so gute Zeit, doch darauf konnten sie keine Rücksicht nehmen. »Oberleutnant Becker von den Feldjägern der Bundeswehr«, stellte er sich vor. »Dürfte ich Ihnen kurz ein paar Fragen zu einem Ihrer Nachbarn stellen?«

»Was? Soll das ein Scherz sein?« Sie klang nicht so, als ob sie Spaß verstehen würde.

»Kein Scherz«, versicherte er. »Es geht um Tim Baumann, einen Ihrer Nachbarn. Würden Sie bitte die Tür aufmachen?«

Einen Augenblick lang herrschte Schweigen, dann summte der Türöffner.

»Ich fange gleich hier unten an.« Müller zeigte auf eine Tür gegenüber dem Lift.

Der Altbau war frisch saniert, das enge Treppenhaus vor Kurzem geweißelt. Da Mark nicht genau wusste, in welchem Stock die Dame wohnte, die sie hereingelassen hatte, entschied er sich gegen den Lift. Er musste nicht hoch steigen, da sie ihn bereits in der ersten Etage erwartete. Sie war klein und korpulent, etwa 25 Jahre alt und hatte die runden Wangen von jemandem, der zu viele Milchprodukte zu sich nahm. Ihre Kleidung war leger, die Hose ein paar Nummern zu eng, ihr Make-up mädchenhaft grell. In der einen Hand hielt sie ein Smartphone, das sie wie eine Waffe auf Mark richtete. »Zeigen Sie mir Ihren Ausweis«, forderte sie.

Mark verkniff sich ein Lachen. Als ob die Uniform nicht genügte. Da er die junge Frau jedoch nicht gegen sich aufbringen wollte, zückte er seinen Dienstausweis und hielt ihn ihr unter die Nase.

»Ich kenne den Mann kaum«, sagte sie, nachdem sie sich versichert hatte, dass Mark kein verkleideter Triebtäter war. »Der wohnt im dritten Stock, da komme ich nie hin. Ich hab ihn nur schon öfter im Treppenhaus gesehen. In Uniform«, setzte sie hinzu.

»War er mal in Begleitung?«, fragte Mark. »Oder wohnt vielleicht noch jemand mit ihm in der Wohnung?«

Die Frau zuckte die Achseln. »Keine Ahnung, tut mir leid. Ich hätte vermutlich nicht mal mitgekriegt, wenn er ausgezogen wäre.« Sie schielte auf ihr Handy. »War's das? Ich muss zur Uni.«

Mark bedankte sich bei ihr und klingelte an der Nachbarstür. Allerdings war dort niemand zu Hause. Die nächsten beiden Wohnungsbesitzer waren ebenfalls ausgeflogen, erst im dritten Stock, gegenüber von Tim Baumann, hatte er wieder Glück. Eine junge Mutter mit einem verkotzten Lätzchen in der Hand machte ihm die Tür auf. War die junge Frau, mit der Mark gerade gesprochen hatte, schon pummelig gewesen, erinnerte diese Dame ihn an ein Walross. Sie war so fett, dass sich ihr Busen kaum von den mehrfachen Schwimmringen unterscheiden ließ, die bei jedem Atemzug auf und ab waberten.

»Sie haben die falsche Tür«, blaffte sie ihn an.

»Nein«, erwiderte Mark. »Ich will zu Ihnen.«

Bevor sie etwas erwidern konnte, kam ein etwa vierjähriger Junge mit einem Nutella verschmierten Mund aus der Wohnung angerannt und klammerte sich von hinten an ihre Beine. »Bist du auch ein Rambo?«, fragte er.

Mark schüttelte den Kopf. Woher wusste denn dieser Zwerg, wer Rambo war?

»Der da drüben ist ein Rambo«, behauptete der Kleine und zeigte auf Tim Baumanns Wohnungstür.

Aha.

»Geh wieder in die Küche, Marten«, forderte seine Mutter ihn auf.

»Nö.« Der Junge schüttelte den Kopf und vergrub die Nase zwischen ihren Oberschenkeln.

Die Frau holte mehrmals so tief Luft, dass es auf Mark wirkte, als wolle sie sich aufblasen wie ein Ballon. Aus dem Inneren der Wohnung kam ein schepperndes Geräusch. »Pass auf, dass deine Schwester nicht aus dem Hochstuhl fällt«, sagte die Mutti mit einer Stimme, die plötzlich eine Oktave höher klang.

»Ach Menno!« Ihr Sohn war offensichtlich nicht begeistert von der Idee.

»Du kriegst nachher auch einen Lutscher.« Dieses Argument schien zu wirken, da der Bengel sich trollte.

»Ich suche nach Ihrem Nachbarn«, erklärte Mark, bevor ihr in den Sinn kam, ihm doch noch die Tür vor der Nase zuzuschlagen.

Sie stieß verächtlich die Luft durch die Nase aus. »Weshalb? Hat er noch andere Mütter belästigt?«

Mark spitzte die Ohren. »Er hat Sie belästigt?« Irgendwie konnte er sich das nicht vorstellen. Vor dieser Fregatte hatte selbst er Respekt.

»Na ja, nicht wirklich belästigt«, brummte sie und sah an ihm vorbei zu Baumanns Wohnungstür. »Aber er hat was gegen Kinder!«

»Inwiefern?«

»Er mag es nicht, wenn sie spielen!«, empörte sie sich. »Neulich hat er Marten angeguckt, als ob er ihm was antun wollte.«

»Wann genau war das?«, hakte Mark nach.

Sie hob die Schultern. »Das weiß ich nicht mehr genau. Vor einer Woche oder so.« Ihr Mund verengte sich zu einer schmalen Linie. »Er hat mich angepöbelt, dass ich mit Marten auf einen Spielplatz gehen soll. Nur weil er hinterm Haus Feuerwehr gespielt hat!« Die Empörung war beinahe greifbar. »So einem traue ich ja alles zu!«

Mark verkniff sich einen Kommentar. Der Gesuchte hatte Nachtdienst gehabt, da verstand er nur zu gut, dass ihm Kindergeschrei an die Nerven ging. Allerdings durfte man das heutzutage ja nicht mehr laut sagen. Wenn er sich vorstellte, was Julia ihm alles an den Kopf werfen würde, wenn er sich über den Krach von spielenden Kindern aufregte, klingelten ihm jetzt schon die Ohren. »Wann haben Sie Hauptfeldwebel Baumann denn das letzte Mal gesehen?«, fragte er.

»Ist er das? Ein Hauptfeldwebel?« Sie machte eine wegwerfende Handbewegung. »Klingt ja toller, als es sein muss, wenn ich ihn mir so anschaue.«

»Erinnern Sie sich?«, drängte Mark.

Sie legte den Kopf schief und überlegte ein paar Sekunden lang. »Am Sonntagabend, glaube ich. Als er zum Dienst gefahren ist.«

»Kam er Ihnen da irgendwie anders vor als sonst?«

»Kann ich nicht behaupten«, versetzte sie abfällig. »Ich hab ihn aber sowieso nur durch den Spion gesehen. Die Tür hätte ich dem um die Uhrzeit nicht aufgemacht!«

Mark fragte sich, ob noch ein anderer Grund hinter der Gehässigkeit steckte. »Danach war er nicht mehr hier?«

»Ich habe ihn jedenfalls nicht mehr gesehen.« Sie stemmte die Fäuste in die ausladenden Hüften. »Zum Glück!«

Mark bedankte sich bei ihr, drückte ihr eine Visitenkarte in die Hand und bat sie, ihn anzurufen, falls ihr Nachbar auftauchte. Dann machte er sich auf den Weg nach unten, wo Feldwebel Müller bereits auf ihn wartete. »Und?«, fragte er.

»Nichts. Die meisten kennen ihn gar nicht.«

»Dann sollten wir jetzt im BWK nachfragen«, sagte Mark.

KAPITEL 4

Stuttgart, 25. Mai 2016

Tim Baumann tigerte wie ein gefangenes Raubtier in dem Zimmer der billigen Absteige in Stuttgart-Zuffenhausen auf und ab. Seit er sich vor zwei Tagen hier eingemietet hatte, wagte er sich kaum auf die Straße – aus Angst, die Verfolger könnten ihn trotz aller Vorkehrungen doch noch ausfindig machen. Um ein Haar wäre er ihnen ins Netz gegangen, als er am Dienstag einen Abstecher nach Hause hatte machen wollen. Er trat ans Fenster und lugte durch die Löcher der altmodischen Spitzengardine. Draußen lachte die Sonne auf die hässlichen Fabrikgebäude und winzigen Reihenhäuser der Umgebung hinab und spiegelte sich in den Scheiben der geparkten Autos. Sein Blick tastete die Straße nach Dingen ab, die nicht ins Bild passten, doch alles wirkte normal und friedlich. Er kehrte dem Fenster den Rücken und ließ sich auf das ungemachte Bett fallen. Wie war er nur so plötzlich in eine Situation geraten, die an einen Spionagefilm erinnerte? Warum hatte er seine Neugier nicht im Zaum halten können? Weshalb hatte er nicht einfach weggeschaut oder die ungewöhnlichen Vorfälle einem anderen Vorgesetzten gemeldet? Er verschränkte die Hände unter dem Kopf. *Weil dir ohne Beweise kein Mensch geglaubt hätte,* beantwortete er sich die letzte Frage selbst. Er starrte blicklos an die Decke, an der sich die Ränder eines alten Wasserflecks abzeichneten. Die vergangenen Tage erschienen ihm wie ein schlimmer Traum, aus dem er einfach nicht aufwachen konnte. Nachdem er wie ein Irrer vom Gelände des Bundeswehrkrankenhauses gerast war, hatte er den gestohlenen Krankentransporter im Wald abgestellt und war zu Fuß in die Innenstadt gelaufen. Dort hatte er bei einem Freund geklingelt, ihm eine erfundene Geschichte von einem Streit mit der nicht vorhandenen Lebensgefährtin aufgetischt und die folgende Nacht bei ihm verbracht. Mit ein wenig Abstand von den Ereignissen hatte sich seine Panik gelegt, sodass er am Dienstag beschlossen hatte, zurück in den Bunker zu gehen, um die Akte zu holen. Ohne handfeste Beweise konnte er nichts unternehmen! Und wenn er nicht dafür sorgte, dass die seltsamen Vorfälle untersucht wurden, dann war sein Leben beim Teufel! Ganz sicher hatte der Oberfeldarzt bereits alles daran gesetzt, ihn zu diskreditieren, damit ihm niemand glaubte, wenn er Vorwürfe erhob. Folglich hatte er sich bei seinem Freund bedankt und sich auf den Weg zu seiner eigenen Wohnung gemacht, um sich frische Kleider zu besorgen. Er war gerade im Begriff gewesen, in die Metzgergasse einzubiegen, als er sie entdeckt hatte. Keine 30 Meter von seinem Haus entfernt hatten dieselben beiden dunkelhäutigen Männer, die ihn durch die EVA gejagt hatten, vor einem Café gesessen. Der Schreck war ihm so tief in die Glieder gefahren, dass er beinahe vor ein Auto gelaufen wäre. Allerdings hatte er sich im letzten Augenblick gefangen und war hastig in Richtung Donauufer davongeeilt, wo sein Toyota auf einem Dauerparkplatz stand. Seitdem hatte er ständig das Gefühl, dass ihm jemand im Nacken saß, obwohl er sicher war, dass ihm niemand nach Stuttgart gefolgt war.

Ein lautes Geräusch vor seiner Tür ließ ihn auffahren. Seine Hand zuckte zu dem Taschenmesser, das geöffnet auf dem Nachttisch lag, während sein Pulsschlag sich beschleunigte.

»Sei doch vorsichtig!«, schimpfte eine Frau. Ein Kind erwiderte irgendetwas Knatschiges, dann entfernten sich die Stimmen.

Tim ließ das Messer sinken. »So geht das nicht weiter«, sagte er in die Stille des Raumes hinein. Er konnte nicht länger einfach nur abwarten, was passierte. Wenn er nichts unternahm, würde er entweder früher oder später im Gefängnis landen oder für den Rest seines Lebens in dieser Zwickmühle stecken. Auf der Flucht – wie Harrison Ford als Dr. Kimble. Er verzog das Gesicht und legte das Messer weg, ehe er vom Bett aufstand. Dann ging er ins Bad, duschte und zog sich sein Weißzeug, die Uniform des Sanitätsdienstes, an. Auf dem Weg nach Stuttgart hatte er sich zwar auch einige zivile Kleidungsstücke gekauft, doch für das, was er vorhatte, waren Jeans und T-Shirt nicht geeignet. Er rubbelte sich die Haare mit dem Handtuch trocken. Nach einem Blick in den Spiegel entfernte er das Namensschild über seiner Brusttasche und warf es auf den Nachttisch. Obwohl es draußen sicher nicht gerade kalt war, griff er auch nach einer Baseballmütze und seiner dunkelblauen Jacke mit der Aufschrift »Rettungsdienst Bundeswehr«. Über den Arm gelegt, ließ sich darunter allerhand verbergen. Er holte einige Male tief Luft, um seine Nerven zu beruhigen. Wenn er bei Tag in den Bunker zurückging, war die Gefahr am geringsten, dass ihn sein Chef oder einer von dessen Komplizen entdeckte. Durch die Baustelle herrschte auf dem Gelände des Bundeswehrkrankenhauses ein ständiges Kommen und Gehen. Daher würde ihn vermutlich kein Mensch beachten, wenn er seinen Wagen auf dem Parkplatz des gegenüberliegenden RKUs – des Rehakrankenhauses – abstellte und zum vergitterten Eingang der EVA schlenderte. Er musste sich nur bewegen, als ob es das Selbstverständlichste auf der Welt war. Jedenfalls half es, sich das einzureden! Er steckte das Messer ein, verließ das Hotel und befand sich wenig später auf dem Weg zur Autobahn.

Der Verkehr war grauenhaft. Obwohl es bereits nach acht Uhr war, schien alle Welt auf dem Weg nach Stuttgart oder aus Stuttgart hinaus zu sein, weshalb Tim fast eine Stunde in diversen Staus feststeckte. Als er endlich freie Fahrt hatte, war er so genervt, dass das mulmige Gefühl in seiner Magengegend fast verschwunden war. Während die zunehmend hügeliger werdende Landschaft an ihm vorbeiflog, drehten sich seine Gedanken im Kreis. Ganz gewiss suchte man bereits nach ihm. Wie schwer eine eigenmächtige Abwesenheit wog, hatte man ihm schon in der Grundausbildung beigebracht. Allerdings war er damals nicht davon ausgegangen, dass dieses Problem jemals ihn selbst betreffen könnte. Als ihn ein Polizeifahrzeug mit Blaulicht und Sirene überholte, beschloss er, den Toyota so schnell wie möglich loszuwerden. Am besten war, ihn einfach auf dem Parkplatz des RKUs stehen zu lassen und sich ein anderes Auto zu mieten. Er machte einem von hinten heranrasenden Porsche Platz, da dieser bereits von Weitem Lichthupe gab. Was sein Chef den Feldjägern wohl erzählt hatte? Wenn er sich vorstellte, was sich aus den Tatsachen alles ableiten ließ, fragte er sich, ob es wirklich klug war, nach Ulm zurückzukehren. Nicht nur hatte er Eigentum der Bundeswehr beschädigt. Er hatte außerdem den Krankentransporter entwendet, mit dem er das Tor durchbrochen hatte. Daraus eine Geschichte zu spinnen, die ihn als den Schuldigen dastehen ließ, war dem Oberfeldarzt sicher nicht schwergefallen. Er schaltete in den vierten Gang, um eine Reihe Lkws zu überholen, die sich den Aichelberg hinauf quälten. Und plötzlich, während er an einem qualmenden 40-Tonner vorbei fuhr, kehrten die Zweifel zurück, die er in den vergangenen Tagen so erfolgreich verdrängt hatte. Was, wenn er überreagiert hatte? Er presste die Lippen aufeinander. Was, wenn es sich doch um einen Zufall handelte und er aus einer Mücke einen Elefanten gemacht hatte? Vielleicht waren die drei Männer wirklich bereits tot gewesen, als sie eingeliefert wurden. Und vielleicht hatte das alles überhaupt nichts mit dem zu tun, was er insgeheim befürchtete. Hatte er sich durch sein Verhalten vielleicht vollkommen zum Narren gemacht? Seine Hände umklammerten das Lenkrad so heftig, dass die Knöchel weiß hervortraten. Andererseits hörte man so oft von solchen Dingen … Und alles, wirklich alles schien dafür zu sprechen, dass sein Chef und die beiden Pfleger in irgendeine schmutzige Sache verstrickt waren. Weshalb hätte der Oberfeldarzt sonst so aufgebracht reagieren sollen? Und wieso waren ihm die beiden fremden Pfleger – mit einem Messer bewaffnet! – in die EVA gefolgt? Er blies die Wangen auf und ließ die Luft durch die gespitzten Lippen entweichen. Nein. Er bildete sich nichts ein. Die Finger seiner rechten Hand begannen, nervös auf das Lenkrad zu trommeln. Die Akte würde all seine Fragen beantworten. Bis er die Unterlagen genau studiert hatte, brachte alles Mutmaßen nichts. Ohne Fakten keine Gewissheit. Und ohne Gewissheit keine Beweise. Er begrub den Zweifel und drückte das Gaspedal durch.

Die Uhr im Armaturenbrett zeigte kurz nach zehn an, als er endlich das Gelände des RKUs erreichte. Das Bundeswehrkrankenhaus ragte anthrazitfarben und abweisend zu seiner Linken auf, während das RKU mit seiner geklinkerten Fassade rechts von ihm wesentlich einladender wirkte. Der gelbe ADAC-Helikopter des Bundeswehrkrankenhauses hob in dem Moment vom Helipad ab, in dem Tim ins Parkhaus des RKU einfuhr. Als er das Gebäude kurz darauf verließ, kamen ihm einige Patienten in Rollstühlen und auf Krücken entgegen – vermutlich, um das sonnige Wetter auszunützen und etwas frische Luft zu tanken. Ein Junge mit einem Gehgips am Bein winkte, und Tim hob den Arm, um zurückzuwinken. Bis ihm klar wurde, dass der Gruß nicht ihm galt, sondern dem Piloten des Hubschraubers. Er zog den Schirm der Baseballmütze auf seinem Kopf tiefer ins Gesicht. Mit ihr und der verspiegelten Sonnenbrille aus seinem Handschuhfach fühlte er sich nicht ganz so auf dem Präsentierteller wie ohne Verkleidung. Auch wenn weit und breit keine Spur von den Feldjägern zu entdecken war, konnte er nicht sicher sein, dass sie nicht auf dem Gelände waren. Vielleicht parkten sie hinter dem Haus. Wer wusste das schon? An der Straße, die zwischen den beiden Krankenhäusern hindurchführte, angekommen, hielt er kurz an, um sich genauer umzusehen. Wie erwartet wimmelte es auf der Baustelle nur so von Arbeitern, deren gelbe Sicherheitshelme weithin sichtbar waren. Mehrere Bagger schaufelten Erde auf einen Lastwagen. Dieser war so geparkt, dass er die Fenster der Notarztbüros verdeckte. Wie es aussah, hatte er Glück! Auch die Einfahrt zur ZINA – der Zentralen Interdisziplinären Notfallaufnahme – lag verwaist da. Niemand schien sich auch nur im Geringsten für ihn zu interessieren, als er die Straße überquerte und in den kurzen Weg einbog, der hinab zur EVA führte. Bereits nach wenigen Schritten war er außer Sichtweite für alle, die ihm nicht unmittelbar folgten, da zu beiden Seiten der Einfahrt Betonmauern aufragten. Eine ausladende Kiefer sorgte ebenfalls für Sichtschutz. Trotzdem beeilte Tim sich, das niedergefahrene Tor zu erreichen und sich unter dem Absperrband hindurchzuducken.

»Okay, Beeilung«, murmelte er, während er an der Wand entlang in Richtung Bunkertür rannte. Misstrauisch versicherte er sich, dass weder hinter den Holzkisten noch hinter den roten Tonnen oder dem Schneeräumfahrzeug jemand lauerte, bevor er den Schlüssel ins Schloss der Notausgangstür steckte. Er überprüfte mehrmals, ob die Tür hinter ihm geschlossen war, dann betätigte er den Lichtschalter. Augenblicklich erwachten die Neonleuchten mit einem leisen Brummen zum Leben. Im grellen Licht der Lampen wirkte der Bunker noch unheimlicher als im Dunkeln. Tim fröstelte. Wie lange man im Fall eines Atomkrieges hier unten wohl überlebt hätte? Die Holzschilder an der Wand verrieten, dass hier alles eingeplant gewesen war, was es in einem normalen Krankenhaus gab: eine Aufnahme, eine Pflegeabteilung, Labore, Röntgenräume, OP-Säle, eine Apotheke, eine Küche, Aufzüge und Büros. Tim passierte eine Tür mit der Aufschrift »Verwundeten-Sammelraum« und schielte in ein Kabuff, in dem jeweils vier Liegen übereinander an die Wände gedrängt waren. Gott, vermutlich wären die Leute innerhalb von Tagen wahnsinnig geworden! Er trottete den grauen Gang entlang, bis er zu dem Sterilisationsraum kam, in dem er die Akte versteckt hatte. Auch dieser wirkte im wenig schmeichelhaften Neonlicht wie aus einem Gruselstreifen, vor allem die diversen Messuhren, Einstellschrauben und Knöpfe an den drei Edelstahltrommeln. Tims Atem stockte, als er die hinterste Tür öffnete und nichts als gähnende Leere erblickte. Als er nach einer Schrecksekunde jedoch den Kopf in die Öffnung steckte, sah er, dass die Papiere in eine Vertiefung gerutscht waren. Mit vor Erleichterung schwachen Armen zog er den kleinen Stapel hervor, faltete alles einmal und steckte ihn in eine Tasche der blauen Jacke, die er sich um die Hüften gebunden hatte. Nichts wie weg! Das Rascheln des Papiers klang unheimlich laut in der Stille des Bunkers. Nachdem er einige Augenblicke mit angehaltenem Atem auf andere Geräusche gelauscht hatte, verließ Tim den Raum und stand wenig später wieder im Freien. Trotz der Wärme des Frühlingstages kroch eine Gänsehaut über seinen Rücken. Er zurrte den Knoten der Jackenärmel fester, dann machte er sich auf den Weg die schräge Einfahrt hinauf. Oben angekommen sah er sich mehrfach um, ehe er sich nach links wandte und so gelassen wie möglich, an der Baustelle der zukünftigen Kindertagesstätte vorbei, zur Bushaltestelle ging. Als acht Minuten später ein Bus der Linie 3 anhielt, fiel ein Teil der Anspannung von ihm ab. Er hatte die Akte. Jetzt musste er sich nur noch ein Auto mieten und zurück nach Stuttgart fahren, um die Unterlagen in aller Ruhe zu studieren.

KAPITEL 5

Ulm, 25. Mai 2016

Als Mark Becker und sein Begleiter das Wohnhaus von Tim Baumann verließen, suchten ein paar Spatzen lauthals schimpfend das Weite. Irgendjemand hatte eine halbe Brezel verloren, die nun heftig umkämpft wurde. Glasscherben blitzten zwischen den Pflastersteinen auf, und Mark fragte sich, ob die Vögel aus Versehen auch mal nach einem Stück zerschlagener Bierflasche pickten.

»Was für ein Krach«, brummte Feldwebel Müller.

Offenbar war er kein Tierfreund, da er den Piepmätzen einen finsteren Blick zuwarf.

Ob er zu Hause auch so war? Irgendwie hatte Mark Mühe, sich den muskelbepackten Personenschützer als sanften Schmusekater vorzustellen. Vermutlich gab er bei seiner Freundin den Ton an. Oder er lebte allein in einer typischen Junggesellenbude mit Pizzakartons im Abfall und Hantelbänken im Keller. Mark vertrieb das Bild aus seinem Kopf und verkniff sich alle weiteren Gedanken an Müllers Privatleben, weil ihn das unweigerlich zu seiner eigenen Verlobten führte. Mit einem Blick auf die mutig zurückhopsenden Spatzen rückte er sein Barett zurecht und sagte: »Bin gespannt, was man im Krankenhaus über Baumann weiß.«

Das war leider nicht besonders viel, wie sich eine halbe Stunde später herausstellte. Tim Baumanns Chef, der Oberfeldarzt, war nicht im Dienst. Und die Kollegen der Tagschicht wussten nichts Negatives über den Gesuchten zu berichten. Ruhig, sorgfältig, ein angenehmer Zeitgenosse – so beschrieben ihn die anderen Rettungsassistenten und Krankenpfleger. Einer von ihnen litt offenbar unter heftigem Heuschnupfen, da er einen Karton Kleenex-Tücher vor sich hertrug, während er Mark und seinem Begleiter Auskunft gab.

»Ich war mit ihm zusammen in Afghanistan«, sagte er. »Man kann sich 100-prozentig auf ihn verlassen.«

Diese Aussage mochte für Außenstehende knapp und unpersönlich klingen, aber Mark wusste, was der Mann damit meinte.

»Hatten Sie das Gefühl, dass er private Probleme hatte?«, fragte er.

Der Pfleger nieste, trompetete in eines der Taschentücher und schüttelte den Kopf. »Damals hatte er sich gerade von seiner Freundin getrennt. Das schien ihm aber nicht viel auszumachen.« Er zuckte die Achseln. »War wohl für beide besser.«

»Wie meinen Sie das?«, hakte Müller nach.

»Na ja, ich habe ihn da nicht weiter gelöchert. Schien aber so, als ob sie es beide wollten.«

»Kennen Sie den Namen der Frau?«, wollte Mark wissen.

»Maja, Maria, Marion ... Irgendwas in der Art.«

Mark notierte sich die Namen. Besser als nichts. Vielleicht fand er mehr heraus, wenn er sich noch mal den Facebook Account ansah. Bestimmt hatte Baumann seine damalige Freundin in den Posts markiert.

»Was hat er denn angestellt?«, fragte der Pfleger.

»Sie wissen, dass wir Ihnen das nicht sagen dürfen«, blaffte Müller.

Der Pfleger warf ihm einen Blick zu, der verriet, dass er nicht beeindruckt war von der bärbeißigen Art des Feldwebels. »Na dann.« Er schnäuzte sich erneut, bevor er sich trollte und im Aufenthaltsraum verschwand.

»Das bringt hier nichts«, sagte Mark, nachdem sie noch ein paar Krankenhausmitarbeiter befragt hatten. »Wir müssen uns mit den Leuten aus seiner Schicht unterhalten.« Er bat im Büro des diensthabenden Arztes um die Adressen derjenigen, die in der Nacht von Tim Baumanns Verschwinden Dienst gehabt hatten. »Oberfeldarzt Markus Silcher und die Sanitätsfeldwebel Dirk Nussbaum und André Konrad«, las er vor, als sie das Gebäude verließen. »Konrad wohnt in Ulm, Nussbaum in Niederstotzingen und Silcher in Sontheim an der Brenz.«

»Dann fangen wir am besten mit Silcher an«, schlug sein Begleiter vor.

Mark stimmte ihm zu. Es war am sinnvollsten, sich zuerst mit dem Vorgesetzten zu unterhalten. »Du fährst«, sagte er, als sie wieder bei ihrem Fahrzeug ankamen. Während Müller den Bus in Richtung B19 lenkte, loggte Mark sich mit seinem Smartphone noch einmal bei Facebook ein und durchsuchte Tim Baumanns Posts nach der Freundin. Unter einem Bild vom vorletzten Sommer fand er schließlich ihren Namen. »Maria Frech«, murmelte er.

»Was?« Müller warf ihm einen Seitenblick zu.

»Der Name seiner Ex-Freundin ist Maria Frech. Die sollten wir auch befragen, falls uns seine Kollegen nichts Hilfreiches sagen können.«

Müller nickte. Er wich einem Fahrradfahrer aus, der ohne einen Blick über die Schulter vom Gehweg auf die Straße fuhr, und machte den jungen Mann mit einem Hupen auf sein Fehlverhalten aufmerksam. Dieser schien jedoch nichts zu hören, da zwei gelbe In-Ear-Kopfhörer in seinen Ohren steckten. »Der ist wohl lebensmüde!«, schimpfte Müller. »Denkt der, er ist allein auf der Straße?«

Mark hörte nur mit halbem Ohr zu, da die Facebook-Seite der Ex-Freundin ziemlich aufschlussreich war. Wie so viele leichtsinnige Internetnutzer dachte sie offenbar nicht einmal im Traum daran, ihr Privatleben nur einem ausgesuchten Freundeskreis zugänglich zu machen. Die meisten Posts waren öffentlich, und obwohl reichlich

Katzenbilder und Blümchen den Weg dahin pflasterten, fand Mark schließlich die Mitteilung, die er suchte.

»Seit heute wieder Single«, stand über dem Foto einer lächelnden Rothaarigen, deren Nase mit Sommersprossen übersät war. Zwei Grübchen und die winzigen Fältchen um ihre grünen Augen verrieten, dass sie viel lachte. Das, was man auf dem Bild von ihr sehen konnte, ließ außerdem darauf schließen, dass sie sehr sportlich war. 168 »Gefällt-mir«-Angaben hatte sie für den Post bekommen und reichlich Angebote von Kerlen mit albernen Nicknamen, die bereit waren, etwas gegen den neuen Single-Status zu unternehmen. Ihre Antworten auf die zum Teil unverschämten Kommentare ließen Mark grinsen. Auf den Mund gefallen war sie nicht. Er scrollte weiter, wühlte sich durch Dinge, die eigentlich niemanden etwas angingen, und gab die Suche schließlich auf. Anscheinend hatte der Pfleger mit den Kleenex-Tüchern recht gehabt. Denn Mark konnte nichts entdecken, das auf einen Streit oder auf eine Trennung im Bösen schließen ließ. Wie es aussah, hatte es zwischen Maria und Tim Baumann einfach nicht geklappt. Aber keiner von beiden war wütend über das Scheitern der Beziehung. Er loggte sich aus und lehnte den Kopf an die Kopfstütze des Autositzes.

»Was gefunden?«, wollte Müller wissen.

»Nichts Interessantes«, gab Mark zurück.

Die nächsten 20 Minuten verbrachten sie schweigend, jeder in seine Gedanken vertieft. Während sie durch malerische Dörfer mit blühenden Gärten und streng riechenden Misthaufen fuhren, kehrten Marks Gedanken unweigerlich zu Julia zurück. Wie konnte er sie nur von diesem Familienfimmel abbringen? Sie passierten einen Kindergarten, dessen Fenster mit bunten Papierkäfern beklebt waren. Mark ließ den Blick über die Krabbeltiere wandern und stellte sich vor, wie er selbst auf einem viel zu kleinen Stühlchen saß, um mit Schere, Klebstoff und Pappkarton zu hantieren. Die Vorstellung bereitete ihm eine Gänsehaut. War es denn nicht genug, dass Julia den halben Tag von Grundschülern umgeben war? Und warum musste unbedingt *er* ein Opfer bringen, wenn *sie* sich etwas wünschte? Er hatte ja nichts dagegen, irgendwann eine Familie zu gründen. Aber doch nicht sofort und nicht auf Kosten seiner Laufbahn! Schließlich waren sie gerade mal seit zwei Jahren zusammen, da lag doch noch das ganze Leben vor ihnen. Er biss die Zähne aufeinander und verfolgte einen Schwarm Enten, der aus dem Donaumoos aufflog. Konnten Frauen denn nicht einfach mal mit dem kleinen Finger zufrieden sein? Musste es immer gleich die ganze Hand sein? Beschämt stellte er fest, dass ihr – in seinen Augen egoistischer – Wunsch ihn wütend machte. Müller hielt an einem Zebrastreifen an, um eine Gruppe von Ausflüglern über die Straße zu lassen, und Mark rieb sich die Schläfen. Dieses verdammte Thema bereitete ihm Kopfschmerzen. Als sie wenig später das Ortsschild von Sontheim passierten, war er froh, sich mit der Arbeit von der Grübelei ablenken zu können. Es half alles nichts. Er würde das Thema mit Julia besprechen müssen. Aber jetzt hatte die Suche nach Tim Baumann Priorität.

Die Gegend war malerisch, bis auf die beiden Kühltürme des Atomkraftwerkes Gundremmingen, die am

Horizont in den Himmel ragten. Sonst erstreckten sich Felder und Wald, so weit das Auge reichte. Bussarde zogen ihre Kreise über den frisch gemähten Wiesen, und überall summten Bienen. Gegenüber von einem Friedhof, neben einer Gärtnerei, befand sich ein großzügiger Neubau mit einem frisch angelegten Garten, der die Hausnummer trug, nach der sie suchten.

»Oberfeldarzt müsste man sein«, stellte Müller trocken fest, als er den VW-Bus am Straßenrand abstellte.

Auch Mark war beeindruckt von dem Haus, dessen Besitzer sich sogar den Luxus eines kleinen Türmchens geleistet hatte. Was so etwas heutzutage kostete, wollte er sich lieber gar nicht erst vorstellen. Er ließ den Blick schweifen. Etwas weiter die Straße hinab befand sich offenbar eine Schule, da überall Gruppen von rauchenden Teenagern herumstanden. Diese beäugten Mark und seinen Begleiter kichernd.

»Hey, wo sind eure Kanonen?«, rief ein mageres Bürschchen, dessen Hose aussah, als ob sie ihm gleich vom Hintern rutschen würde.

Müller schenkte dem Möchtegern-Coolen einen grimmigen Blick, den der Bursche rotzfrech mit einem Stinkefinger quittierte.

»Kommt doch rüber, wenn ihr euch traut!«, grölte er.

»Hat der ein Glück, dass wir im Dienst sind«, knurrte Müller.

Der Stänkerer klemmte sich die Zigarette zwischen die Lippen und tat so, als ob er ein Sturmgewehr in der Hand hätte. »Ratatatatatatat.«

Mark ignorierte die Schüler und steuerte unbeirrt auf die Haustür des Oberfeldarztes zu. Die Klingel war so laut, dass man sie auch draußen deutlich hörte. Allerdings dauerte es beinahe eine Minute, bis eine gut aussehende Frau in den Vierzigern die Tür öffnete. Eine ihrer Hände steckte in einem Gummihandschuh, und sie war etwas außer Atem. Das lange blonde Haar war zu einem Pferdeschwanz zurückgebunden, aus dem sich einige Strähnen gelöst hatten. Mark nahm an, dass sie gerade irgendetwas geputzt hatte.

»Oh«, sagte sie, als sie die beiden Feldjäger sah. »Sie wollen bestimmt zu meinem Mann.« Eine feine Falte bildete sich zwischen ihren gezupften Brauen.

»Ja.« Mark zeigte ihr seinen Dienstausweis. »Wir haben ein paar Fragen zu einem seiner Untergebenen. Er hat ihn als eigenmächtig abwesend gemeldet.«

Die Falte vertiefte sich. Einen Augenblick sah es so aus, als ob sie etwas fragen wollte. Doch dann trat sie einen Schritt zurück und bat Mark und Feldwebel Müller hinein. Nachdem sie die beiden in ein Arbeitszimmer geführt hatte, lud sie sie ein, sich zu setzen. »Ich hole meinen Mann«, sagte sie. »Wollen Sie was trinken?«

Mark verneinte. »Wir müssen nur kurz mit dem Oberfeldarzt reden.«

Dieser betrat kurz darauf mit Birkenstock-Sandalen an den Füßen und einer Gartenschere in der Hand den Raum. Als Müller salutierte, winkte er wegwerfend ab. »Was kann ich für die Herren tun?«, fragte er jovial.

Etwas zu jovial, fand Mark. Außerdem sollte er als meldender Vorgesetzter doch ganz genau wissen, was sie von ihm wollten. »Es geht um Hauptfeldwebel Baumann«, sagte er.

Der Arzt nickte und setzte eine gewichtige Miene

auf. »Ja, Baumann.« Er legte die Gartenschere auf den Schreibtisch. »Das ist eine dumme Sache.«

»Haben Sie eine Idee, warum er am Montag nicht zum Dienst erschienen ist?«, wollte Mark wissen. Hatte der Hauptmann nicht etwas von einem Verdacht auf BTM-Missbrauch gesagt?

»Nein.« Die Antwort kam wie aus der Pistole geschossen.

Mark runzelte die Stirn. Irgendetwas an der Körpersprache des Oberfeldarztes kam ihm seltsam vor. Die plötzlich vor der Brust verschränkten Arme deuteten darauf hin, dass er etwas verschwieg.

»Gab es Probleme bei der Arbeit? Oder hat er sich in letzter Zeit anders verhalten als sonst?«

Der Arzt versteifte sich weiter.

»Wenn Sie etwas wissen, sagen Sie es uns«, drängte Mark.

Einen Augenblick lang schien es, als wolle der Mann empört aufbrausen. Doch dann stieß er einen Seufzer aus und murmelte: »Ich bin mir nicht sicher. Es ist nur so ein Verdacht ...«

»Was für ein Verdacht?«

Der Mediziner wandte den Blick ab und drehte – scheinbar geistesabwesend – die Gartenschere auf dem Tisch hin und her. »Es kann jeder gewesen sein ...«, sagte er schließlich.

Mark schwieg. Aus Erfahrung wusste er, dass diese Taktik oft dazu führte, dass das Gegenüber die Stille als unangenehm empfand.

So schien es auch Dr. Silcher zu gehen. »In letzter Zeit sind immer wieder kleinere Mengen von *Ketanest* und *Dormicum* aus dem Arzneischrank im Aufwachraum der Anästhesie verschwunden«, sagte er schließlich. »Die Hand, mit der er gerade noch die Gartenschere hin und her gedreht hatte, schwebte mit der Handfläche nach oben in der Luft, als wolle er etwas abwägen.

»Sind das Betäubungsmittel?«, mischte Müller sich ein.

»Nein«, erwiderte der Arzt. Er steckte die Hand in die Hosentasche. »Aber man kann beide Medikamente sehr gut zu Partydrogen oder K.o.-Tropfen weiterverarbeiten. Sie sind sehr gefragt in der Drogenszene.«

»Und Sie denken, dass Hauptfeldwebel Baumann für das Fehlen der Medikamente verantwortlich ist?« Mark notierte sich die Namen der beiden Arzneimittel.

»Das wäre der einzige Grund, der mir für die EA einfällt«, sagte der Oberfeldarzt mit einem Seufzen.

»Hat jemand die Bestände überprüft, seitdem er verschwunden ist?«, mischte sich Müller ein.

»Das weiß ich nicht. Da müssten Sie in der Anästhesie nachfragen.«

Mark griff zum Telefon und verließ den Raum. Als er fünf Minuten später zurückkam, nickte er. »Es fehlen tatsächlich mehrere Packungen der beiden Arzneimittel.«

»Das könnte doch ein Grund sein, oder?«, mutmaßte der Arzt.

»Gibt es eine Möglichkeit zu sehen, wer in dem Raum war? Ist er kameraüberwacht?«

»Nein, im Krankenhaus sind keine Kameras erlaubt«, erwiderte Dr. Silcher. »Aber jeder, der den Raum betritt, benützt seinen Transponder. Es wird also vom System erfasst, wer wann kommt und geht. Soll ich im Krankenhaus anrufen und darum bitten, dass man die Daten für Sie durchsieht?«

»Bitte«, sagte Mark. »Das wäre eine große Hilfe.« Er sah dem Arzt nach, als dieser den Raum verließ, um zu telefonieren. Also tatsächlich Drogen! Wenn Baumann Medikamente gestohlen hatte, gab es vielleicht noch anderen Dreck an seinem Stecken.

*

Zehn Minuten später verfolgte Oberfeldarzt Markus Silcher den Abzug der Feldjäger mit zusammengekniffenen Augen. Ob das Schauspiel, das er aufgeführt hatte, gut genug gewesen war? Vermutlich schon, beantwortete er sich die Frage selbst. Schließlich waren ihm die beiden wie blutige Anfänger auf den Leim gegangen. Er trat einen Schritt zur Seite, damit man ihn von der Straße aus nicht sehen konnte. Wie gut, dass er kühlen Kopf bewahrt und für den Fall der Fälle vorgesorgt hatte! Deshalb hatte er noch in der Nacht von Baumanns Flucht einige Einheiten der Arzneimittel verschwinden lassen – wohl wissend, dass es unmöglich sein würde, nachzuweisen, wer für den Diebstahl verantwortlich war. Allerdings wusste Silcher nur allzu gut, dass die Menschen stets das sahen, was sie sehen wollten. Deshalb würden die Feldjäger die Transponderdaten im System sicherlich als belastend einschätzen, obwohl diese lediglich aussagten, dass Baumann sich im Aufwachraum aufgehalten hatte. Ein Lächeln huschte über sein Gesicht. Die Zufriedenheit über die gelungene Finte verschwand jedoch, sobald der Feldjägerbus davon gerollt war, und die Wut kehrte zurück. Warum hatte dieser verdammte Baumann auch seine Nase in Dinge stecken müssen, die ihn nichts angingen? Er griff nach der Schere und wog sie in der Hand. Wenn seine Leute ihn nicht bald erwischten und unschädlich machten, konnte dieser Vollidiot ihre gesamten Zukunftspläne durchkreuzen! Er pfefferte die Schere auf den Boden und massierte sich die plötzlich schmerzende Stirn. Da die Hetzjagd durch den Bunker nie ans Tageslicht kommen durfte, hatten seine Männer den gestohlenen Krankentransportwagen gesucht. Und schließlich auch gefunden. Das durchbrochene Gitter war durch ein Missgeschick zu erklären gewesen. Allerdings wusste Silcher nicht, wie er seinen Kopf aus der Schlinge ziehen konnte, sollte Baumann die gestohlenen Papiere richtig interpretieren. Er fluchte. Dem Kerl musste so schnell wie möglich etwas zustoßen!

KAPITEL 6

Ulm, 25. Mai 2016

Die Befragung der Pfleger, die mit Tim Baumann in der Nacht seines Verschwindens Dienst gehabt hatten, brachte nicht viel Neues. Beide beteuerten, keine Ahnung zu haben, warum er eigenmächtig abwesend war, bestätigten jedoch, dass er sich in letzter Zeit anders verhalten hatte als sonst. Nervös, fahrig und schreckhaft sei er gewesen, manchmal auch ein wenig unzuverlässig. Mark wusste nicht genau, warum er diesen Eindruck gewann, aber irgendwie klang das, was sie sagten, ziemlich einstudiert. Als ob sie eine Geschichte auswendig gelernt hätten und diese jetzt herunterbeteten.

»Hattest du auch das Gefühl, dass die uns nicht alles sagen?«, fragte er Müller, als sie sich auf den Weg in die Stadtmitte von Ulm machten.

»Mir kam dieser André Konrad zappelig vor«, versetzte der Feldwebel. »Als ob er ADHS hätte.«

Auch Mark war aufgefallen, dass die Augen des Pflegers während ihres Gespräches mal hierhin und mal dorthin gezuckt waren. »Meinst du, der war auf Drogen?«

Müller machte eine Vollbremsung an einer Ampel, die gerade von Orange auf Rot sprang. »Auf Koffein auf alle Fälle«, sagte er. »Würde mich nicht wundern, wenn er auch was Stärkeres nimmt.«

»Ich hoffe nur, das wird nicht wieder so ein Fall wie vor zwei Jahren«, stöhnte Mark. Damals hatten sie ein Speedlabor in einer Kaserne ausgehoben. Müller brummte etwas Unverständliches, dann fuhr er an und lenkte den VW-Bus in Richtung Altstadtring. Während sie die Bahngleise links liegen ließen, fasste Mark ihn forschend von der Seite ins Auge. Das leicht vorgeschobene Kinn verlieh dem Profil des Jüngeren etwas Trotziges. Sowohl die steile Falte zwischen seinen Brauen, als auch die arbeitenden Kiefermuskeln verrieten seinen Unmut. Er sah aus wie ein Pulverfass, das jeden Moment hochgehen konnte. Mark ahnte, warum der Feldwebel so missmutig war. Vor ein paar Tagen war sein Antrag zur Übernahme in das Verhältnis eines Berufssoldaten abgelehnt worden, und seitdem war seine Laune im Keller. Vermutlich hatte er gehofft, eine ähnliche Laufbahn einschlagen zu können wie Mark, der aus dem mittleren Dienst in die dreijährige Offiziersausbildung gewechselt hatte. Mark wandte den Blick von Müller ab und sah aus dem Fenster. Wenn er an das Bangen und Hoffen zurückdachte, mit dem er damals auf die Entscheidung der Kommission des Kölner Personalamtes gewartet hatte, konnte er Müllers Gefühl gut nachvollziehen. Als er endlich die Nachricht von seinem Personalführer erhalten hatte, dass er die Ausbildung auf der Schule für Feldjäger und Stabsdienst der Bundeswehr in Sonthofen beginnen konnte, war ihm ein ganzes Gebirge vom Herzen gefallen. Drei Jahre hatte ihn der Laufbahnwechsel gekostet – ein Jahr Theorie, zwei Jahre Truppenpraktikum – ehe er die Stelle als Fachdienstoffizier, genauer gesagt als Erheber und Ermittler, in Ulm angetreten hatte. Er bereute keine Sekunde lang, dass er sich damals für diesen Weg entschieden hatte. Seine Hände ballten sich zu Fäusten, als die Erinnerung unweigerlich zu Julia und ihrer Forderung führte. Auf keinen Fall würde er all das für eine überstürzte Familiengründung hinschmeißen! Er zwang sich, an etwas anderes zu denken, und grübelte stattdessen über Tim Baumann nach. Alles, was sie bisher über den Pfleger in Erfahrung gebracht hatten, schien ein stimmiges Bild zu malen – bis auf den Verdacht seines Vorgesetzten. War es möglich, dass er ein Doppelleben führte? Und falls er das tat, warum hatte er dann ausgerechnet den Montag gewählt, um zu verschwinden? War ihm jemand auf die Schliche gekommen, als er die Medikamente hatte stehlen wollen? Mark rieb sich das Kinn und starrte aus dem Fenster. Warum hatte ihn dann niemand gemeldet? Es war alles reichlich verzwickt!

»Wohin jetzt?«, unterbrach Müller seine Gedanken, als sie eine weitere Ampel erreichten.

Es dauerte einige Momente, bis Mark sich orientiert hatte, dann sagte er: »Zuerst ins BWK. Dann zum Polizeipräsidium.«

Der zweite Besuch im Bundeswehrkrankenhaus sorgte für weniger Klarheit, als erwartet. Zwar hatte man ihnen die Transponderdaten für den Aufwachraum bereits ausgedruckt. Doch außer Tim Baumann waren an dem Tag seines Verschwindens zahlreiche andere Personen dort ein- und ausgegangen. Inklusive Dr. Silcher.

»Mehr kann ich Ihnen leider nicht geben«, sagte die hübsche Pflegerin, die Mark die Papiere in die Hand drückte, mit einem Lächeln. »Hilft Ihnen das weiter?«

Mark erwiderte ihr Lächeln. »Das wird sich herausstellen.«

»Viel Glück!«, rief sie ihnen hinterher, als sie sich zum Gehen wandten. »Ich hoffe, Sie finden Tim. Er ist ein netter Kollege.«

Mark nickte. Das hoffte er auch. Ob Tim Baumann wirklich ein netter Kollege war, musste sich allerdings erst noch herausstellen.

Beim VW-Bus angekommen, verstaute Mark die Papiere in der Akte, die er für Baumann angelegt hatte, und warf diese auf die Rücksitzbank. Dann stieg er ein und nahm einen Schluck Wasser aus der Flasche in der Seitenablage der Tür. Sein Magen knurrte bereits seit einer halben Stunde, aber er wollte vor dem Mittagessen noch den Besuch bei der Polizei abhaken. Bis jetzt hatten ihre Ermittlungen sie nicht gerade weiter gebracht.

»Ich bin gespannt, ob die bei der SchuPo was über ihn wissen«, sagte Müller.

»Wenn nicht, bleibt uns noch seine Ex-Freundin.« Mark ließ die Fensterscheibe herunter, um frische Luft in den Wagen zu lassen. »Vielleicht ist er sogar bei ihr untergeschlüpft.«

»So dämlich kann man doch gar nicht sein!«, schnaubte Müller.

Allerdings sagte Marks Erfahrung da etwas völlig anderes.

15 Minuten, nachdem sie das Gelände des Bundeswehrkrankenhauses verlassen hatten, stellte Müller den VW-Bus im Innenhof des Polizeireviers am Münsterplatz ab. Der zweite Besucherparkplatz war von einem Oldtimer belegt – einer dieser Kisten mit Holzspeichen-

rädern und Riemen über der Motorhaube. Zwei Streifenpolizisten standen bewundernd um das Gefährt herum.

»Tolle Karre, oder?«, fragte einer von ihnen.

»Hat was«, stimmte Mark ihm zu. Er fischte Tim Baumanns Akte vom Rücksitz und klemmte sie sich unter den Arm. »Wo finden wir denn euren Dienstgruppenleiter?«

»Da fragt ihr am besten die Resi am Eingang«, gab der jüngere der beiden, ein Polizeimeister, zurück. »Habt ihr schon wieder einen von euren Jungs verloren?« Er lachte.

Mark schnitt eine Grimasse.

»Hoffentlich findet ihr ihn bald wieder«, frotzelte der andere Beamte.

»Das hoffe ich auch«, brummte Mark, als er sich mit Müller im Schlepptau zum Eingang des Reviers aufmachte. Die Streifenwagen im Hof standen eng aneinander gedrängt um einen alten Brunnen mit irgendeiner Heiligenfigur darauf, der ziemlich viel Platz einnahm. Der Bau selbst stammte aus dem 16. Jahrhundert und war früher als städtisches Lagerhaus genutzt worden. Das behauptete jedenfalls die Tafel für Touristen an dem Torbogen, der zum Münsterplatz führte. Die vielen Gaubenfenster und der Treppenturm verliehen dem Gebäude etwas Burgähnliches. Dieser Eindruck verschwand allerdings abrupt, sobald man das Revier durch die gläserne Eingangstür betrat. Dahinter erwartete die Besucher der typisch sterile Charme eines Amtsgebäudes mit grauem PVC-Boden und einem Wandanstrich, der Mark jedes Mal an Seekrankheit denken ließ.

»Wir wollen zum DGL«, informierte Mark die Beamtin hinter dem kugelsicheren Glas. Er zeigte ihr seinen

Ausweis und zog die Tür auf, sobald sie den Öffner betätigt hatte.

»Warten Sie hier, er kommt gleich«, sagte die Frau.

Mark legte die Akte auf einen kleinen Tisch und ließ sich in einen von drei Stühlen mit durchgewetzten Sitzpolstern fallen. Müller zog es vor zu stehen. Wie immer herrschte ein ziemliches Durcheinander in den Fluren. Überall standen Einsatzkoffer herum, und die Garderobe quoll fast über vor Jacken, Regenmänteln und Mützen. In einer Ecke stapelten sich orange-weiß gestreifte Pylonen unter einer vergilbten Karte des Landkreises. Es roch nach Plastik, Staub und dem Leder der Einsatzkoffer. Die beige gestrichenen Türrahmen waren auf Hüfthöhe vollkommen verschrammt, weil die Polizisten ständig mit ihren Dienstkoppeln daran hängen blieben. Mark löste seinen Blick von etwas, das aussah wie ein Einschussloch, als ein grauhaariger Mann mit Bart auf sie zukam.

»Fischer«, grüßte dieser. Er streckte Mark die Hand entgegen. »Kommen Sie, wir reden in meinem Büro.« Nachdem er auch Müller die Hand geschüttelt hatte, ging er voraus den Flur entlang, bis sie einen winzigen Raum erreichten. Dieser war vollgestopft mit zwei Schreibtischen, vier Aktenschränken und drei Stühlen. Einige uralte Werbeposter mit Überschriften wie »Komm zur Polizei« oder »Dein Freund und Helfer« zeugten davon, dass sich hier niemand groß um die Einrichtung scherte. Neben einem Computerbildschirm welkte eine Grünpflanze vor sich hin, und die Schreibtischplatte war übersät mit ringförmigen Kaffeebecherabdrücken. »Ich bin nach unserem Telefonat heute Morgen gleich auf die Suche gegangen«, sagte der Hauptkommissar, sobald er in einem quietschenden Drehstuhl Platz genommen hatte. »Aber ich kann Ihnen leider nicht viel sagen.« Mark zog das Amtshilfeersuchen aus der Akte. »Die Papiere habe ich dabei.«

»Die bringen nur leider nicht viel«, erwiderte der Polizist. »Über euren Mann ist uns nämlich absolut nichts bekannt.« Er zuckte entschuldigend die Achseln. »Nicht mal ein Knöllchen wegen Falschparkens.«

Mark schüttelte verwundert den Kopf.

»Vielleicht ist er besonders clever«, sagte der Dienstgruppenführer. »Oder er hat tatsächlich nichts auf dem Kerbholz.«

»Kann ich mir nicht vorstellen«, warf Müller ein. »Warum sollte er dann einfach so verschwinden?«

»Vielleicht hatte er Ärger mit seiner Freundin«, schlug der Polizist vor.

»Ist euch etwas über den Handel mit *Ketanest* und *Dormicum* bekannt?«, fragte Mark.

Der Beamte blies die Wangen auf. »Sicher. Das Zeug wird in der Club- und Discoszene verkauft. Bestimmt auch am Karlsplatz. Geht es darum?«

»Das wissen wir noch nicht«, erwiderte Mark. »Könnten Sie mal bei den Kollegen von der Kripo nachfragen, ob diese Art von Drogen in letzter Zeit gehäuft verkauft worden ist?«

»Kann ich machen.« Der Dienstgruppenleiter zog das Amtshilfeersuchen zu sich heran und legte es in seine Inbox. »Ich rufe Sie an, wenn ich etwas über Ihren Mann höre.«

»Danke. Das wäre wirklich sehr hilfreich.« Mark erhob sich. Er verabschiedete sich von dem Beamten, und wenig später standen er und Müller wieder im Hof des Reviers.

»Was jetzt?«, wollte der Feldwebel wissen.

»Jetzt«, sagte Mark, »gehen wir erst mal in die Truppenküche. Ich habe Hunger!«

KAPITEL 7

Ulm, 25. Mai 2016

Tim Baumann war so nervös, dass sein Zwerchfell vibrierte. Egal wie sehr er sich anstrengte, die Anspannung unter Kontrolle zu bekommen, es wollte ihm einfach nicht gelingen.

»Unterschreiben Sie bitte hier und hier«, sagte die Dame von der Autovermietung. Sie lächelte Tim charmant an und zeigte mit der Spitze eines Kugelschreibers auf zwei leere Felder im Mietvertrag. »Sie können den

Wagen jederzeit abgeben. Einfach Schlüssel und Papiere dort einwerfen.«

Tim folgte ihrem Blick zu einem Kasten vor dem Büro. Er nahm den Stift entgegen und kritzelte zittrig seinen Namen auf das Papier. Gott, wenn er doch nur schon im Wagen säße und endlich einen Blick in die Akte werfen könnte! Die Ungeduld in ihm war wie Kohlensäure in einer Flasche, die nach dem Schütteln überschäumen wollte. Wenn er die Autovermietung am Bahnhof genommen hätte … Er brach den Gedanken ab, da das Risiko, aufgegriffen zu werden, aufgrund des Polizeireviers am Bahnhofsplatz dort wesentlich größer war als hier in der Blaubeurer Straße. Zwar hatte es eine ganze Weile gedauert, mit dem Bus hierher zu gelangen. Doch Vorsicht war besser als Nachsicht, wie sein Vater immer gesagt hatte. Er schob der Dame seine Kreditkarte über den Tresen.

»Vielen Dank«, flötete sie, nachdem der Kartenleser die Zahlung akzeptiert hatte. »Gute Fahrt.«

Tim bedankte sich mit einem knappen Nicken, schnappte sich die Schlüssel und stand kurz darauf vor einem unauffälligen Opel Corsa. Mit unsicheren Händen betätigte er den Türöffner, ließ sich in den Sitz fallen und warf seine Jacke mit den Papieren auf den Beifahrersitz. Am liebsten hätte er die Akte augenblicklich durchgelesen. Aber die Dame von der Autovermietung stand inzwischen vor dem Gebäude und zündete sich eine Zigarette an. Wenn er einfach nur im Wagen saß, würde ihr das vermutlich seltsam vorkommen. Daher ließ Tim den Opel an und rollte in Schrittgeschwindigkeit vom Hof.

Wohin?

Er überlegte einen Augenblick, ehe er rechts blinkte. Knapp vier Minuten dauerte es, bis er den IKEA-Parkplatz in der Nähe der Bahngleise erreichte. Wenn es einen Ort gab, an dem niemand auf einen Mann in einem Auto achtete, dann diesen. Um die Mittagszeit herum wimmelte es hier nur so von Familien mit Kindern, die in dem Restaurant billig etwas essen wollten, bevor sie sich in den Einkaufswahnsinn stürzten. Überall wurden riesige Pakete auf Rollwagen durch die Gegend geschoben. Kinder tollten kreischend über den Platz, während ihre Väter, Mütter oder Großeltern versuchten, sie zu ermahnen. Tim fand einen Parkplatz ganz am Rand des Geländes, direkt gegenüber von einem Fahrradladen. Nachdem er sich ein paar Mal umgesehen hatte, beruhigten sich seine Nerven ein wenig. Niemand achtete auf ihn. Alle waren mit Dingen beschäftigt, die ihm bis vor Kurzem auch noch wichtig vorgekommen waren. Er zog die Jacke vom Beifahrersitz. Die Papiere darin waren zwar ziemlich verknittert, aber leserlich. Während sich die Unruhe in seinem Inneren immer weiter ausbreitete, blätterte Tim die Seiten durch.

Ein Mal.

Zwei Mal.

Drei Mal. Doch zu seiner grenzenlosen Enttäuschung stand nichts, absolut gar nichts Belastendes in der Akte. »Was soll das?«, murmelte er. Warum waren der Oberfeldarzt und seine Kollegen deswegen so in Panik geraten? Was zum Geier war an diesen Unterlagen so wichtig, dass man ihn deshalb mit einem Messer verfolgt hatte? Er ließ die Papiere in seinen Schoß sinken. Aus der Akte wurde lediglich ersichtlich, dass innerhalb der letzten zwei Monate drei Patienten eingeliefert worden waren, die bei Ankunft im BWK bereits verstorben waren. Gemeinsam war allen Dreien, dass Tims Chef keine anderen Ärzte zum Schockraum hinzugezogen hatte, und dass jeder von ihnen ein Soldat gewesen war. Jedes Mal hatte der Oberfeldarzt die Todesart als »natürlicher Tod – nein/Verdacht auf strafbare Handlung – nein« angegeben, die Todesursache war in allen drei Fällen ein Autounfall gewesen. Tims Verdacht wurde durch nichts in den Unterlagen bestätigt. Natürlich, dachte er ärgerlich. Wäre ja auch zu schön gewesen! Er legte die Hände ans Lenkrad und beugte sich vor, bis seine Stirn das Leder berührte. Was war er nur für ein Trottel! Einige Minuten lang verharrte er in dieser unbequemen Stellung, bis sich die Enttäuschung legte und Entschlossenheit an ihre Stelle trat. So leicht würde er nicht aufgeben! Er richtete sich wieder auf und blätterte die Akte ein weiteres Mal durch. Es war ja nicht so, dass er gar nichts in der Hand hatte. Immerhin verrieten ihm die Unterlagen die Namen der drei Verstorbenen. Und auch wenn diese Papiere nichts Handfestes enthielten, um seinen Verdacht zu untermauern, würde er sich so leicht nicht geschlagen geben! Er lehnte sich zurück und schloss die Augen, um besser denken zu können. Nachdem er einige Zeit lang gegrübelt hatte, nahm ein Plan Gestalt an in seinem Kopf. Allerdings brauchte er dafür andere Kleidung. Mit einem tiefen Ausatmen ließ er den Wagen wieder an. Während er seinen Plan von allen Seiten beleuchtete, fuhr er über die Ludwig-Erhard-Brücke in Richtung Innenstadt und kämpfte sich durch den Verkehr zum Messegelände. Dann folgte er der Donau bis nach Unterelchingen, wo er schließlich vor einem hübschen Einfamilienhaus am Rand der Ortschaft parkte. Der Lärm der nahen Autobahn war deutlich zu hören und störte die ländliche Idylle. Auf den Feldern jenseits der Dorfstraße waren einige Bauern mit Heuwenden beschäftigt. Sonst regte sich kaum etwas in dem Wohngebiet.

Alles sah aus wie früher. Das Haus ähnelte seinen Nachbarn wie ein Ei dem anderen bis hin zu der Schaukel und dem Sandkasten im Garten. Im Erdgeschoss hingen ordentliche Spitzengardinen vor den Fenstern. Im oberen Stockwerk hingegen gab es nicht einmal Vorhänge, nur einige Pflanzen mit farbenprächtigen Blüten. Tim stellte den Wagen am Straßenrand ab und kämpfte gegen die aufsteigende Nervosität an. Hoffentlich war sie überhaupt zu Hause. Er versuchte sich zu erinnern, wann er sie das letzte Mal gesehen hatte. Vor einem Jahr? Oder war es schon länger her? Er wusste es nicht, und bis vorhin war es auch nicht wichtig gewesen. Jetzt allerdings hoffte er inständig, dass sie da war. Er ging ums Haus herum zu der Treppe, die zu dem separaten Eingang hinaufführte. Oben angekommen drückte er auf den Klingelknopf, bevor er es sich anders überlegen konnte. Derselbe verspielte Klingelton. Offensichtlich hatte sich nichts geändert.

»Ich komme sofort!«, hörte er sie rufen.

Ob sie bei diesem Wetter barfuß war?, schoss es ihm durch den Kopf. Erinnerungen an ihre gemeinsame Zeit wirbelten wild durcheinander. Viele davon waren jedoch bereits so verblasst, dass er sich nicht sicher war, ob sie echt waren.

»Tim!« Der Ausdruck auf ihrem Gesicht sprach Bände. »Was tust *du* denn hier?« Sie trug tatsächlich keine Schuhe, steckte in abgeschnittenen Jeans und einem bekleckerten T-Shirt. In der Hand hielt sie einen groben Pinsel. Das rote Haar war kürzer, als er es in Erinnerung hatte, die Sommersprossen wirkten dunkler auf ihrer blassen Haut.

»Kann ich reinkommen?«, fragte er.

Ihre Augen verengten sich. »Klar«, erwiderte sie nach einigen Momenten des Zögerns. »Was ist los?«

»Hast du meine alte Uniform noch?«

»Deine alte Uniform?« Tims Ex-Freundin sah ihn an, als ob er nach einem Hund mit zwei Köpfen gefragt hätte.

»Ja.« Er drückte sich an ihr vorbei in die Wohnung.

»Du kommst nach über einem Jahr, ohne vorher anzurufen oder dich sonst irgendwie zu melden, bei mir vorbei und fragst nach deiner alten Uniform?«, fragte sie ungläubig. »Ist das ein Scherz?«

»Nein.« Er versuchte, sie entschuldigend anzulächeln, was kläglich misslang. »Ich kann dir das jetzt nicht erklären. Hast du sie noch?«

Sie schloss die Tür und schüttelte den Kopf. »Was ist los mit dir? Du siehst furchtbar aus!«

»Maria, bitte! Ich brauche wirklich nur meine alte Uniform.«

»Warum? Muss die Bundeswehr sparen? Kriegt ihr keine neuen mehr?« Sie schob ihn zur Seite und ging in das große Zimmer, das ihr als Wohnzimmer und Atelier diente. Durch die Panoramafenster fiel Sonnenlicht auf den rötlichen Parkettboden und malte Schattenbilder.

Yukka-Palmen, Bananenstauden und drei große Drachenbäume zeugten vom grünen Daumen der Bewohnerin. Gegenüber einer Sitzecke stand eine Staffelei mit einer halb bemalten Leinwand, an den Wänden lehnten mehrere fertige Bilder.

»Ein neues Buch?«, fragte Tim mit einem Blick auf die Entwürfe. Diese zeigten einen kleinen Jungen mit lustiger Frisur abwechselnd mit einem Fußball, einem schwarz-weiß getupften Hund oder einem Mädchen mit blonden Zöpfen und einer Zahnlücke.

»Ja.« Maria Frech legte den Pinsel auf der Staffelei ab. »Zwei sogar. Anscheinend steigt die Nachfrage nach Kinderbüchern wieder.«

Obwohl Tim andere Dinge im Kopf hatte, brachten ihn die Bilder zum Lächeln. Maria war eine der Besten in der Branche. Jedes einzelne der Bilder enthielt so viele Details, dass man sie stundenlang ansehen und immer wieder Neues entdecken konnte.

»Wie geht's dir?«, fragte sie.

Tim suchte nach einer Lüge. Das Problem war nur, dass sie ihn viel zu gut kannte. »Geht so«, erwiderte er deshalb. »War schon mal besser.«

Sie fasste ihn forschend ins Auge. »Willst du darüber reden?« Bevor Tim etwas antworten konnte, winkte sie ab. »Willst du nicht, wolltest du ja früher auch nie.«

War das Ärger in ihrer Stimme? Tim zog die Wangen zwischen die Zähne und nagte auf der Innenseite herum. Er erinnerte sich an all die Fragen, die sie ihm nach seinem letzten Einsatz in Afghanistan gestellt hatte. All die Fragen, die er nicht hatte beantworten wollen. Sein Blick wanderte zum Fenster. War ihre Beziehung deshalb gescheitert? Er wusste es nicht mehr, wollte jetzt auch nicht darüber nachdenken. Herrgott, alles, was er wollte, war seine verdammte Uniform!

Doch Maria ließ nicht locker. »Hast du keine Uniformen zu Hause?«, bohrte sie weiter. »Wieso kommst du deshalb zu mir?«

»Stell doch nicht so viele Fragen!«, brauste er auf. »'tschuldigung«, setzte er hastig hinzu, als sie die Stirn runzelte. Er stieß einen Seufzer aus. »Hör zu, ich habe momentan ein paar Probleme.«

»Was für Probleme?«

»Nichts Schlimmes«, versuchte er abzuwiegeln. »Ich brauche einfach nur eine Uniform. Könntest du also bitte nachsehen, ob du sie noch hast?« Er bedachte sie mit dem Welpenblick, der früher immer gewirkt hatte.

Sie presste die Lippen aufeinander und schüttelte den Kopf. »Da ist noch eine Kiste mit Zeug von dir in der Abstellkammer«, sagte sie schließlich. »Warte kurz.« Sie ließ ihn stehen, verließ den Raum und kam ein paar Minuten später zurück. Ohne große Worte stellte sie die Kiste vor ihm auf den Boden. »Das kannst du alles mitnehmen. Gehört ja sowieso dir.«

Tim ging in die Hocke und riss den Deckel von der Kiste. Ein paar Unterhosen, Socken, ein Taschenbuch mit Eselsohren, ein Feuerzeug, seine alte Sonnenbrille und, ja!, einer seiner Feldanzüge. Er knallte den Deckel wieder auf die Kiste und kam auf die Beine. »Super, danke dir«, sagte er.

»Ist das alles?« Sie klang verstimmt.

Tim wand sich wie ein Wurm unter ihrem Blick. »Maria, ich ...«

»Ist schon gut.« Sie ging an ihm vorbei und öffnete die Tür. »Vielleicht rufst du das nächste Mal vorher an.«

Ihre grünen Augen kamen Tim vor wie Suchscheinwerfer, die die Abgründe seiner Seele ausleuchten wollten.

»Versprochen.« Er trat von einem Fuß auf den anderen, wollte noch etwas hinzufügen, entschied sich dann aber dagegen. »Machs gut«, sagte er. Dann ergriff er so schnell wie möglich die Flucht. Bei seinem Mietwagen angekommen, warf er alles auf den Rücksitz und brauste mit quietschenden Reifen davon. Gott, warum machte sie ihn immer noch nervös, wenn sie ihn so ansah? Er versuchte, sie aus seinem Kopf zu verbannen, und überquerte den Bahnübergang. Dann fuhr er zurück in Richtung Ulm. Wenn er sich beeilte, bekam er vielleicht noch heute Antworten auf seine Fragen.

KAPITEL 8

Ulm, 25. Mai 2016

»Ich geh schon mal los«, sagte Mark Becker, als er das Gebäude des Feldjägerdienstkommandos verließ. Müller, der erst noch den VW-Bus geparkt hatte, nickte. »Ich komme auch gleich«, gab er zurück. »Muss nur kurz …« Er zeigte mit dem Daumen über die Schulter auf die Tür der Toilette.

»Vergiss dein Besteck nicht.« Mark klopfte auf seine Hosentasche. Es klirrte metallisch.

»Ist die Spülmaschine immer noch kaputt?«

Mark nickte. Seit zwei Tagen gab es in der Truppenküche nur Plastikgabeln, mit denen man nichts aufspießen konnte, und Messer, die nicht einmal Butter schnitten. Deshalb brachten die in der Wilhelmsburg Kaserne stationierten Soldaten – die Feldjäger, die Mitglieder des Multinational Joint Headquarters, des Sanitätszentrums, des Bundeswehrfuhrparkes und des BWI – ihr Besteck selbst mit. Keiner hatte Lust, mit seinem Essen zu kämpfen. Auch Mark nicht.

Der Weg zur Truppenküche führte ihn über einen der Gräben der ehemaligen Wilhelmsfeste. Obwohl erst der 25. Mai im Kalender stand, hatte die Sonne das Gras darin bereits so verbrannt, dass es gelb und trocken war wie im Hochsommer. Das Thermometer in Marks Uhr zeigte inzwischen über 25 Grad an, und er schwitzte mit jedem Schritt mehr in seinem Feldanzug. Einige der Soldaten, die er auf dem Weg zur Truppenküche traf, hatten ihre Jacken abgelegt.

»Mahlzeit«, grüßte eine Gruppe von Unteroffizieren, die Mark entgegen kam.

Er erwiderte den Gruß und trottete weiter, vorbei an Quartieren, Parkplätzen und einem riesigen Funkmast. Als er schließlich den Ravelin bei der Kantine erreichte, wischte er sich mit dem Handrücken über die Stirn. Zusammen mit zwei Musikern in blauer Uniform drängte er sich durch die Glastür des Truppenküchengebäudes, erklomm die Treppe ins erste Stockwerk und griff sich ein Tablett. Dann reihte er sich in die Schlange an der Essensausgabe ein. Als Vorspeise gab es einen Nudelsalat, als Hauptgang entweder Gulasch, Schweinebraten oder Schnitzel. Mark entschied sich für das Schnitzel mit Bratkartoffeln. Nachdem er noch einen giftgrünen Wackelpudding auf sein Tablett gestellt hatte, bezahlte er und suchte sich einen Platz an einem der langen Tische. Eine junge Ärztin am Fensterplatz lächelte ihm kurz zu. Sie stocherte in einem Salat herum, während sie die Akten neben ihrem Teller durchsah. Als Mark bereits sein halbes Schnitzel verputzt hatte, gesellte sich Müller zu ihm. Er fiel über das Gulasch auf seinem Teller her, als habe er in den letzten 24 Stunden hungern müssen.

»Wo wohnt denn Baumanns Freundin?«, fragte er, als er den Teller schließlich von sich schob.

Mark leckte seinen Löffel ab und steckte ihn zusammen mit Messer und Gabel zurück in seine Hosentasche. »In Unterelchingen.«

»Praktisch, da müssen wir keine halbe Weltreise machen.« Müller unterdrückte ein Rülpsen. Er beäugte den Rest von Marks Wackelpudding mit gierigem Blick.

»Bist du fertig?«, fragte Mark.

Müller zeigte fragend auf den Pudding. Als Mark nickte, schaufelte er ihn mit zwei Bissen in sich hinein. Dann verstaute auch er sein Besteck und klopfte sich auf die Oberschenkel. »Meinetwegen kann's los gehen!«

Zehn Minuten später waren sie wieder auf der Straße – zusammen mit den mittäglichen Pendlern. Da Müller wieder hinterm Steuer saß, googelte Mark auf der Fahrt nach Unterelchingen die Arzneimittel *Ketanest* und *Dormicum*. Das Zeug schien ganz schön begehrt zu sein auf dem Schwarzmarkt. Wenn Baumann wirklich deswegen abgängig war, steckte er tiefer in der Scheiße, als Mark angenommen hatte. Offenbar war Ketamin besonders bei Jugendlichen beliebt, die es auf Partys oder in der Disco schnupften wie Kokain. Ein Gramm des Stoffs kostete fast 40 Euro. Und Benzodiazepine wie *Dormicum*, *Rohypnol* oder *Valium* liefen inzwischen schon Heroin den Rang ab. Ein verdammt lukrativer Markt!

»Hier ist aber tote Hose«, stellte Müller fest, als sie schließlich vor dem Haus von Maria Frech anhielten. »Wer zieht denn freiwillig in so ein Kaff?«

Mark zuckte die Achseln. »Mir egal.« Er rückte sein Barett zurecht, stieg aus und überquerte die Straße.

Eine Frau in den Fünfzigern öffnete auf sein Klingeln hin die Tür. »Ja?« Ihr Gesichtsausdruck war misstrauisch. Sie trug eine Jeanslatzhose und ein kariertes Hemd. Ihr Haar war genauso rot wie das der Frau in Tim Baumanns Facebook-Chronik.

»Wir möchten mit Maria Frech sprechen«, sagte Mark. »Ist sie da?«

Die Frau zögerte einen Moment. Dann trat sie aus dem Haus und zeigte um die Ecke. »Maria wohnt oben. Da hinten rum und dann die Treppen hoch.«

»Danke.« Mark wandte sich ab.

Sie hielt ihn mit einer Berührung am Oberarm zurück. »Geht es um *ihn*?« Sie zeigte auf Marks Uniform, als würde dadurch klar, wen sie meinte.

Mark heuchelte Unwissenheit. »Um wen?«

»Na ihren Ex-Freund. Tim.« Es war nicht gerade Begeisterung, die in ihrer Stimme mitschwang.

»Das darf ich Ihnen leider nicht sagen.« Mark lächelte entschuldigend.

»Er war vorhin da.« Obwohl es eine Feststellung war, klang es eher wie ein Vorwurf.

»Hier? Bei Ihrer Tochter?«, fragte Mark.

»Bei wem denn sonst?«

Mark warf Müller einen Blick zu. »Ist er noch bei ihr?«

Die Frau schüttelte den Kopf. »Maria hat ihn rausgeworfen, nehme ich an. Der war verdammt schnell wieder weg.«

Mark gab Müller ein Zeichen, und der Feldwebel lief zurück zur Straße.

»Haben Sie seinen Wagen gesehen?«

»Nein, der hat mich auch nicht interessiert.«

Müller kam zurück und schüttelte den Kopf. »Nichts zu sehen.«

Mark zückte eine Visitenkarte. »Falls er noch mal auftaucht, rufen Sie mich bitte an.« Er tippte sich ans Barett.

»Wiedersehen.« Damit ließ er sie stehen und machte sich mit Müller auf den Weg zur Außentreppe.

Dieses Mal dauerte es länger, bis jemand auf das Klingeln reagierte.

»Hast du noch was vergessen?« Die junge Frau, die die Tür aufmachte, wirkte verärgert. Sie machte einen Schritt zurück, als sie Mark und Müller sah. »Wer sind *Sie* denn?«, fragte sie.

»Oberleutnant Mark Becker von den Feldjägern«, stellte Mark sich vor. »Das ist Feldwebel Müller.« Er schenkte ihr ein Lächeln. »Dürfen wir Ihnen ein paar Fragen zu Tim Baumann stellen?«

Einen Augenblick sah es so aus, als wolle sie ihnen die Tür vor der Nase zuknallen. Dann zuckte sie die Achseln. »Kommt darauf an ...«

»Worauf?«, fragte Müller. Er baute sich neben Mark auf.

Maria Frech bedachte ihn mit einem eisigen Blick. »Darauf, ob Sie mir sagen, was eigentlich los ist!«

Mark hörte Müllers ärgerliches Einatmen. Er schob sich vor ihn und fragte: »Können wir reinkommen?«

»Nein.« Sie verschränkte die Arme vor der Brust.

»Wir wissen, dass Tim Baumann bei Ihnen war«, sagte Mark. »Wann war das?«

»Ich wüsste nicht, was Sie das angeht?«, brauste sie auf.

»Hören Sie mal«, mischte Müller sich ein, »Sie wissen doch sicher, was *Militärpolizei* bedeutet, oder?«

»Hören *Sie* mal«, schoss Maria Frech zurück. »Ich weiß ganz genau, wie weit Ihre Zuständigkeit geht! Und bei mir als Zivilistin haben Sie überhaupt keine Befugnisse!«

Mark hob beschwichtigend die Hände. »Wir wollen ihm helfen«, sagte er. »Ihr Freund ...«

»*Ex*-Freund«, unterbrach Maria Frech ihn.

»Ihr Ex-Freund ist eigenmächtig abwesend. Wenn Sie den Grund dafür kennen, sagen Sie ihn uns bitte.«

Die junge Frau schnaubte. »Ich weiß überhaupt nichts! Nur dass er vorhin bei mir vor der Tür stand und nach seiner alten Uniform gefragt hat.«

»Nach seiner alten Uniform?« Mark tauschte einen Blick mit Müller. »Hat er gesagt, wozu er die braucht?«

Sie schüttelte den Kopf. »Ich hab's auch nicht verstanden. Es war keine seiner normalen Uniformen, sondern so eine, wie Sie sie tragen.«

»Ein Feldanzug?«

»Ja.«

»Haben Sie sein Auto gesehen?«, fragte Mark.

»Nein. Was ist denn los?« Die Feindseligkeit verwandelte sich in Sorge. »In was für Schwierigkeiten steckt er?«

»Um das herauszufinden, müssen wir mit ihm sprechen.« Mark fasste die junge Frau forschend ins Auge. Aber nichts an ihrer Mimik oder Gestik ließ darauf schließen, dass sie etwas verbarg. Sie war einfach nur wütend auf ihren Ex-Freund. Und das konnte Mark in diesem Fall sogar nachvollziehen. Er gab auch ihr seine Karte, dann verabschiedeten sie sich.

»Was denken sich die Leute eigentlich?«, schimpfte Müller, als sie wieder bei dem VW-Bus angekommen waren.

Mark bedachte ihn mit einem tadelnden Blick. »Schalte einen Gang runter. Die Frau hat völlig recht.

Sie muss uns überhaupt nichts sagen, wenn sie nicht will.« Er blies die Wangen auf. »Wo steckt dieser verdammte Kerl? Und wozu braucht er einen Feldanzug?«

KAPITEL 9

Sontheim an der Brenz, 25. Mai 2016

Es war kurz nach drei Uhr nachmittags, als das Telefon in Dr. Silchers Tasche klingelte. Er saß mit einem Bier auf der Terrasse und genoss die Sonne auf seiner Haut. Schmetterlinge tanzten um die Blumenbeete, die seine Frau angelegt hatte, und in der Nachbarschaft tollten Kinder. Es war die perfekte Idylle. Bis auf den dudelnden Klingelton.

»Geh schon ran«, sagte seine Frau ungehalten. Sie lag neben ihm in einem Liegestuhl und las ein Buch.

Silcher zog das Handy aus der Tasche. Ein Blick aufs Display ließ ihn die Stirn runzeln: »Private Nummer.«

Wer konnte das sein? Seine Schicht fing erst in ein paar Stunden an. Er stand auf, ging ins Haus und nahm ab. »Silcher.«

»Dr. Silcher?« Es war eine Frauenstimme. Hoch, beinahe schrill.

»Ja.«

»Anita Kapaun. Sie haben mir Ihre Karte gegeben. Erinnern Sie sich?«

Bei dem Namen klingelte nichts bei Silcher. »Tut mir leid«, sagte er. »Woher ...?«

»Im Krankenhaus«, unterbrach sie ihn. »Als Sie mir gesagt haben, dass ...« Ihre Stimme kippte, und es dauerte einige Augenblicke, bis sie sich wieder gefasst hatte. »Als Sie mir gesagt haben, dass mein Anton einen Unfall hatte.«

Silcher hörte die Tränen in ihrer Stimme. Anton? Von wem zum Teufel redete die Frau? »Anton Kapaun?«, fragte er.

»Nein.« Sie schniefte. »Kapaun ist der Name meines zweiten Mannes. Anton Maier.«

Silcher kniff die Augen zusammen. Anton Maier. Verdammt! »Jaaaa«, sagte er zögernd. »Ich erinnere mich.« Sein Mund war plötzlich trocken.

»Es ...« Pause. »Heute war ein Mann bei mir«, fuhr sie schließlich fort. »Von der Bundeswehr. Und der hat lauter Fragen gestellt.«

»Was für Fragen?« Silcher ging in sein Arbeitszimmer. Er schloss die Tür.

»Er hat gesagt, er sei von der Militärpolizei.« Sie schniefte erneut. »Und er wollte wissen, ob mit ...« Ihre Stimme erstickte. »Oh Gott«, weinte sie ins Telefon. »Tut mir leid.«

Silcher hörte, wie sie den Hörer weglegte und sich schnäuzte.

Einige Sekunden später war sie wieder am Apparat. »Er wollte wissen, ob mit dem Leichnam meines Sohnes alles in Ordnung war«, sagte sie gepresst. »Ob wir ihn gesehen hätten.« Sie schluchzte.

Silchers Pulsschlag beschleunigte sich. Was war denn das für eine Scheiße? Warum schnüffelten die Feldjäger in einem Todesfall herum, der als Unfall deklariert worden war? Ein Verdacht keimte in ihm auf. »Wie sah der Mann denn aus?«

»Ganz normal. Mittelgroß, braune Haare, Anfang 30.« Sie atmete hörbar aus.

Silcher presste die Zähne aufeinander. Baumann! Scheiße, Scheiße, Scheiße!, fluchte er innerlich. Die Akte! Der verdammte Mistkerl gab sich als Feldjäger aus und klapperte die Angehörigen ab! Er bemühte sich um eine ruhige Stimme. »Das ist nur eine Routineuntersuchung«, log er. »Eine Stichprobe. Hat nichts zu bedeuten.« Sein Gehirn arbeitete fieberhaft. »Danke, dass Sie mich angerufen haben. Es tut mir leid, dass man Sie damit belästigt hat.«

Die Frau seufzte. »Einen Augenblick hatte ich gehofft, dass es doch nicht mein Sohn war. Dass alles ein Irrtum war und er ihm nur ähnlich gesehen hat.«

Silcher erinnerte sich an den Zusammenbruch der Frau, als er ihr die Todesnachricht überbracht hatte. »Es tut mir leid«, wiederholte er. »Bitte melden Sie sich, falls Sie noch mal jemand belästigt.«

»Danke.« Sie schien mit sich zu ringen, ob sie noch etwas hinzufügen sollte, sagte dann jedoch lediglich »Wiederhören« und legte auf.

Silcher pfefferte das Handy auf den Schreibtisch und fuhr sich mit den Fingern durch die Haare. »Fuck!« Er starrte aus dem Fenster. Die Gedanken in seinem Kopf überschlugen sich. Nach einigen Momenten zog er seinen Schlüsselbund aus der Tasche und öffnete das Schloss einer Schublade. In dem Stapel kopierter Papiere darin fand er, was er suchte. Er griff nach dem Telefon und tippte eine Nummer ein. Allerdings wurde sein Anruf bereits nach vierfachem Klingeln auf eine Mobilbox umgeleitet. Er legte auf. Dann würde er es eben später wieder versuchen. Der dritte Name auf der Liste war ohnehin näherliegend. Wenn Baumann noch nicht dort gewesen war, würde es sicher nicht lange dauern, bis er auch bei diesen Hinterbliebenen vor der Tür stand. Er wählte die Nummer. Als am anderen Ende abgenommen wurde, erklärte er, warum er anrief.

»Nein, bei uns war noch niemand«, ließ ihn eine Männerstimme wissen.

»Es handelt sich lediglich um eine Routineuntersuchung«, wiederholte Silcher die Lüge, die er Anita Kapaun aufgetischt hatte. Nach einigen weiteren fadenscheinigen Erklärungen verabschiedete er sich von dem Mann und drückte eine Kurzwahltaste.

»Unë kam një punë për ju. Ich habe einen Job für euch!«, sagte er, als abgehoben wurde.

KAPITEL 10

Tübingen, 25. Mai 2016

Tim Baumann war erschöpft. Der Schlafmangel der vergangenen Nächte machte sich allmählich bemerkbar. Außerdem pochte ein heftiger Kopfschmerz in seinen Schläfen, weshalb er an einer Autobahnraststätte anhielt, um etwas zu trinken zu kaufen. Nachdem er eine halbe Flasche Mineralwasser hinuntergestürzt hatte, besorgte er sich noch ein belegtes Brötchen, das er auf dem Parkplatz aß. Der Besuch bei der Mutter des ersten Opfers auf seiner Liste hatte frustrierend wenig Neues ergeben. Laut ihrem Bericht hatte Tims Chef sie und ihren Mann angerufen und ihnen in dem kleinen Warteraum in der ZINA die Todesnachricht überbracht. Gesehen hatten sie ihren Sohn erst, nachdem der Bestatter ihn zurecht gemacht hatte. Allerdings war ihnen dabei nichts Ungewöhnliches aufgefallen. Auf Tims vorsichtige Frage nach Wunden im Bauchbereich hatte sie ihn nur verständnislos angesehen.

»Er hatte einen Unfall! Bestimmt hatte er Wunden. Aber die wollten wir uns doch nicht ansehen!«

Schließlich hatte er sich von der Frau verabschiedet, um sich auf den Weg zur Familie des zweiten Opfers auf seiner Liste zu machen.

Er stopfte sich den letzten Bissen des Brötchens in den Mund, warf die Papiertüte weg und ging aufs Klo.

Dann stieg er in den Corsa. Zurück auf der Autobahn, grübelte er über seinen Verdacht nach, drehte und wendete die Fakten, bis ihm der Kopf schwirrte. Allerdings brachte alles Werweißen nichts, solange er nicht endlich etwas in Erfahrung brachte, das seine Vermutung untermauerte. Er drückte das Gaspedal durch, um eine Kolonne Lkws zu überholen. In seinem Magen schienen Millionen von Ameisen herumzukrabbeln und von seiner Ungeduld angestachelt zu werden. Kurz vor dem Aichelberg geriet er in einen Stau, und als er endlich auf die B27 Richtung Tübingen abbog, war es fast sechs Uhr.

»Gib doch Gas, blöde Kuh!«, schimpfte er, weil ein alter Käfer vor ihm ausscherte und ihn bremste. Die junge Frau am Steuer hatte eine Blume im Haar und Kopfhörer auf den Ohren. Sobald sie den Weg wieder freigemacht hatte, brauste er an ihr vorbei und murmelte, »Halleluja«, als er den Baggersee kurz vor Tübingen am Horizont auftauchen sah. Wenig später passierte er das Ortsschild. Die Adresse, die er suchte, lag in der Südstadt, in der Christophstraße in der Nähe des Landestheaters Tübingen. Schräg gegenüber befand sich die Gaststätte »Herzog Ulrich«, in deren Biergarten bereits reger Betrieb herrschte. Überall lehnten Fahrräder an den Zäunen, und die verwilderten Gärten verrieten, dass hier vorwiegend Studenten wohnten. Tim parkte seinen Corsa im Parkverbot unter einer Platane und stieg aus. Er ignorierte den tadelnden Blick einer Oma mit einem Pudel, vergewisserte sich mit einem Blick auf die Hausnummer, dass er hier richtig war, und überquerte die Straße. Neben einem schmiedeeisernen Tor hing ein halbes Dutzend verbeulter Briefkästen. Darüber befand sich eine ganze Reihe Klingelknöpfe. Einige der Schilder waren so verblichen, dass man sie kaum lesen konnte, weshalb Tim zuerst Schwierigkeiten hatte, den Namen »Stumpf« zu entziffern. Nachdem er sicher war, den richtigen gefunden zu haben, drückte er den Daumen auf den Knopf.

Kurz darauf öffnete sich ein Fenster. »Kommen Sie hoch!«, rief ein Mann mit einem kahlen Kopf. »Zweiter Stock rechts. Die Haustür ist offen.«

Offenbar war man hier nicht besonders misstrauisch, dachte Tim. Er betrat den Hof und tat wie geheißen. Im Treppenhaus roch es nach Bratfett und Cannabis, an einigen Stellen klebte der Boden. Die Kehrwoche nahm man hier allem Anschein nach nicht besonders ernst. Tim vermied es, das Holzgeländer zu benutzen, weil es so aussah, als könne man sich dabei leicht einen Splitter in der Handfläche einziehen.

»Man hat mir schon gesagt, dass Sie kommen«, begrüßte ihn der Mann, der in der zweiten Etage auf der Schwelle einer Wohnungstür auf ihn wartete.

Was? Tim starrte ihn verdattert an.

»Kommen Sie rein.« Der Mann lud ihn mit einer Geste ein, die Wohnung zu betreten.

Tim tappte ihm hinterher wie ein folgsames Hündchen, während sein Gehirn auf Hochtouren arbeitete. Wer konnte wissen, dass er …?

»Möchten Sie was trinken?«

Tim lehnte dankend ab. Es fiel ihm schwer, sich auf den Mann zu konzentrieren. Er folgte ihm in ein kleines Wohnzimmer und ließ sich in einen Sessel fallen. Sein Gastgeber nahm auf einem Sofa Platz unter einer laut tickenden Großvateruhr. »Wer hat Sie angerufen?«, fragte Tim schließlich.

»Einer von Ihren Leuten. Er sagte, dass Sie eine Routineuntersuchung durchführen.«

Tim versuchte, sich seine Verwirrung nicht anmerken zu lassen. Die Mutter des anderen Jungen musste nach seinem Besuch bei der Bundeswehr nachgefragt haben. Aber warum deckte man ihn dort? Hätten die Feldjäger den Mann nicht eher vor ihm gewarnt? Immerhin war er ein Gesuchter, ein eigenmächtig Abwesender. Was sollte diese Behauptung von einer Routineuntersuchung? Wer um alles in der Welt würde so etwas sagen? Als der Groschen fiel, wäre Tim fast zusammengefahren. Silcher! Der plötzliche Adrenalinschub, den das Begreifen mit sich brachte, machte ihn schwindlig. Er umklammerte die Armlehnen des Sessels und zwang sich, ruhig zu atmen, während sein Herzschlag raste. Sein Blick zuckte zu der Wanduhr. Hatte er noch Zeit, den Mann zu befragen? Er unterdrückte den Drang, augenblicklich aufzuspringen und aus dem Haus zu rennen – auch, wenn es ihn all seine Willenskraft kostete. Auf keinen Fall würde er unverrichteter Dinge wieder abziehen. Aber er musste sich beeilen! »Es geht um Ihren Sohn«, sagte er so ruhig wie möglich.

»Was ist mit ihm? Gibt es Neuigkeiten zu dem Unfallverursacher?« Der Mann legte die Hände auf die Oberschenkel und beugte sich vor.

»Nein«, erwiderte Tim. »Ich habe nur ein paar Fragen.« Er hob entschuldigend die Schultern. »Wie gesagt, es ist nur eine Routineuntersuchung«, griff er die Lüge auf.

Sein Gegenüber nickte.

»Ist Ihnen am Leichnam Ihres Sohnes irgendetwas aufgefallen?«, fragte Tim. »Hatte er Wunden, die Ihnen seltsam vorkamen?«

Der Mann schüttelte den Kopf. »Wir haben nur sein Gesicht gesehen.« Er schluckte. »Er wirkte ... friedlich.« Der Schmerz war beinahe greifbar. »Warum stellen Sie diese Fragen? Warum jetzt? Hat sich etwas Neues ergeben?«

Tim versuchte ein Lächeln. »Nein. Das ist Vorschrift«, log er. »Stichproben.«

»Wir hatten immer befürchtet, dass es im Kampfeinsatz passieren könnte«, sagte der Mann. »Aber mit so etwas hatten wir nicht gerechnet.« Er rieb sich mit den Händen das Gesicht. »Ein Unfall. Das war so«, er machte eine Pause, um nach dem passenden Wort zu suchen, »*ironisch*.«

Tim ahnte, wie er sich fühlte. Allerdings mahnte ihn die Uhr zur Eile. Wie es aussah, gab es hier auch keine Antworten auf seine Fragen. Es war wie verhext! »Wenn Ihnen doch noch etwas einfällt, würden Sie mich dann anrufen?« Er schrieb seine Handynummer auf. Jetzt, wo die Katze aus dem Sack war, ging er damit kein großes Risiko mehr ein.

»Ja.« Der Mann stand auf und streckte ihm die Hand entgegen. »Danke.« Er begleitete Tim bis zur Tür und blieb dort stehen, bis er aus seinem Blickfeld verschwunden war.

Im Hof angekommen, sah Tim sich nach allen Seiten um. Seine Kopfhaut prickelte, und er spürte, wie sich die Härchen auf seinen Unterarmen aufrichteten. Sie wussten, wo er war. Seine Hand glitt in die Tasche und umklammerte das Schweizer Messer. Wenn er doch nur, wie im Auslandseinsatz, eine Dienstwaffe dabei hätte! Er öffnete das schmiedeeiserne Tor und trat zurück auf die Straße. Nichts. Keine verdächtigen Gestalten, die im Schatten herumlungerten, um das Haus zu beobachten. Keine verkehrswidrig geparkten Fahrzeuge. Alles wirkte normal und frühsommerlich entspannt. In dem kleinen Biergarten des »Herzog Ulrich« brach eine Gruppe Mädchen in Gelächter aus. Tim sah ein letztes Mal die Straße entlang, dann joggte er zu seinem Wagen. Als die Autotür hinter ihm zufiel, fühlte er sich erleichtert. Er hatte ihnen ein Schnippchen geschlagen! Die dritte Familie auf seiner Liste konnte er per Telefon befragen, ohne Gefahr zu laufen, dass man ihm dort auflauerte. Außerdem würde er morgen auschecken und sich eine andere Bleibe suchen. Sicher war sicher. Er ließ den Motor an, drehte die Lüftung voll auf und holperte über den Randstein. Zurück auf der B27 wälzte er alles, was er bisher in Erfahrung gebracht hatte, in Gedanken hin und her.

Knapp eine Stunde später kam er vor seinem Hotel in Zuffenhausen an. In dem kleinen Industriegebiet war nicht mehr viel los, nicht mal im Hof der Kletterwelt um die Ecke. Tim stellte den Opel ab und betrat das Hotel. Sein Magen knurrte schon wieder. Sobald er die Uniform gegen Zivilkleidung getauscht hatte, würde er etwas essen gehen. Vielleicht verschwand dann auch endlich das hämmernde Kopfweh. In seinem Zimmer packte er seine Tasche und brachte das, was er nicht mehr brauchte, ins Auto. Dann schälte er sich aus dem

Feldanzug, stieg kurz in die Dusche und warf sich, nur mit der Unterhose bekleidet, aufs Bett. Nur fünf Minuten die Augen zumachen.

Als er von einem kratzenden Geräusch aus dem Schlaf gerissen wurde, war es draußen bereits dunkel. Das Licht der Straßenlaternen fiel durchs Fenster und machte die Umrisse der Möbel erkennbar. Allerdings brauchte Tims Verstand einige Sekunden, um zu begreifen, was passiert war. Er war eingeschlafen. Es war warm – so warm, dass sein gesamter Körper mit einem Schweißfilm überzogen war. Mit einem leisen Stöhnen rollte er sich auf die Seite, um nach der Wasserflasche zu tasten, die er neben das Bett gestellt hatte. Doch ein erneutes Kratzen ließ ihn mitten in der Bewegung innehalten. Was war das? Er hielt den Atem an und lauschte in die Dunkelheit. Da war es wieder! Jemand machte sich an seiner Tür zu schaffen. So leise wie möglich glitt er von der Matratze und tastete nach seinen Kleidern. Er hatte sich gerade die Einsatzstiefel zugebunden, als das Schloss mit einem »Klack« nachgab. Während das Blut in seinen Ohren rauschte, kauerte er sich zwischen Bett und Fenster und beobachtete, wie sich ein schmaler Lichtstreifen ins Zimmer fraß. Lautlos bewegte sich die Tür weiter, bis Tim deutlich die Silhouetten zweier Männer sehen konnte. Groß, breit und ganz sicher nicht vom Hotel. Der größere der beiden schob seinen Vordermann über die Schwelle und drückte die Tür hinter sich ins Schloss. Ein paar Augenblicke lang verharrten sie regungslos. Dann näherten sie sich Tims Versteck. Als das Licht der Straßenlampen auf die Hand des vorderen fiel, blitzte eine Klinge auf.

KAPITEL 11

Ulm, 25. Mai 2016

Mark Becker hätte beinahe das Dienstende verpasst. Als die Uhr Viertel nach vier anzeigte, saß er, versunken in die Akte, die er über Tim Baumann angelegt hatte, in seinem Büro und zermarterte sich den Kopf. Was am Morgen nach einer langweiligen Routineermittlung ausgesehen hatte, war inzwischen eine ziemlich harte Nuss. Das größte Rätsel war der Feldanzug, den er sich beim besten Willen nicht erklären konnte. Warum hatte Baumann sich eine alte Uniform aus der Wohnung seiner Freundin geholt? Wieso war er nicht einfach nach Hause gegangen, wo er sicher einen ganzen Stapel davon hatte? Er lehnte sich in seinem Bürostuhl zurück und legte die Füße auf den Schreibtisch. Zeit genug hätte er doch gehabt. Schließlich war die Meldung über seine eigenmächtige Abwesenheit erst heute bei ihnen eingegangen. Mark schloss die Augen, um sich besser konzentrieren zu können. Mehrmals war er bereits versucht gewesen, Fischer von der SchuPo anzurufen, um nachzuhaken, ob er etwas über Baumann in Erfahrung gebracht hatte. Allerdings hätte der sich sicherlich gemeldet, falls es so gewesen wäre.

War Tim Baumann wirklich ein Drogendealer? Irgendwie passten die Details nicht zusammen, ergaben ein Bild, das Mark verwackelt und unscharf vorkam.

»Willst du hier Wurzeln schlagen?« Der Spieß steckte den Kopf durch die Tür. Er hatte einen hochroten Kopf und trug verschwitzte Sportklamotten.

Mark sah auf die Uhr. »Nö.« Er ließ die Füße auf den Boden fallen. »Eigentlich wollte ich auch noch eine Runde laufen.«

Der Spieß trocknete sich mit dem Ärmel seines T-Shirts das Gesicht. »Hättest du was gesagt, dann hätte ich auf dich gewartet. Alleine ist es schon mächtig zäh.«

»Das nächste Mal«, versprach Mark. Er lief lieber daheim im Wald als hier in Ulm. Außerdem war ihm die eigene Dusche lieber als der truppeneigene Waschraum. Er kam auf die Beine.

Der Spieß gab einen Laut von sich, der an ein prustendes Walross erinnerte, bevor er Mark den Rücken kehrte und den Gang entlang verschwand.

Mark schielte zu seinem Lauftrikot. Es hing an einem Griff des Schranks, in dem er seine Dienstanzüge aufbewahrte. Von dem Aktenschrank daneben baumelte ein rotes Frotteehandtuch. Ein Paar Turnschuhe lugte unter dem Tisch bei dem braunen Sofa hervor. Die fruchtlosen Ermittlungen hatten ihn kribbelig gemacht. Sobald er in Heidenheim war, würde er auch eine Runde joggen gehen, um den Kopf freizubekommen. Von wegen!, flüsterte ihm eine innere Stimme zu. Damit du nicht mit Julia reden musst. Mark blinzelte ärgerlich. Er war kein Feigling. Allerdings hatte er heute wirklich nicht den geringsten Nerv, um mit seiner Verlobten ein Beziehungsgespräch zu führen. Er verstaute die Akte über Tim Baumann in seinem Schreibtisch und schaltete den Computer aus. Dann goss er die Palme neben dem Monitor und ging um den Tisch herum. In der Ecke neben einem weiteren Aktenschrank stand ein Blecheimer mit einem hölzernen Toilettensitz. Außerdem stapelten sich dort Wüstentarnanzüge und schusssichere Westen mit dicken Bleiplatten im Brustbereich. Der Anblick erinnerte ihn an seinen letzten Einsatz in Afghanistan. Tausendmal lieber würde er einen General zu einem Treffen mit einem Vertreter der ANA – der afghanischen Nationalarmee – begleiten, als sich mit Julia auf eine Diskussion über Familienplanung einzulassen. Er seufzte. Die Magenschmerzen vom ständigen Staubschlucken konnten nicht größer sein als die, die der Gedanke an das Ende seiner Laufbahn ihm bereitete. Er griff nach seinem Rucksack und verließ das Büro. Dann gab er seine Waffe im Dienstkommando ab, verabschiedete sich von den Kameraden und trat kurz darauf ins Freie. Sein Passat köchelte in der prallen Sonne so vor sich hin, dass Mark erst einmal alle Türen aufmachte, um wenigstens ein bisschen durchzulüften. Sobald er keinen augenblicklichen Hitzschlag mehr befürchten musste, stieg er ein und ließ die Seitenscheiben herunter. Der Wind kühlte ihm das Gesicht, als er den Berg hinauf in Richtung Langenau fuhr. Dort reihte er sich in den Verkehr auf der A7 ein und passierte kurz nach fünf das Ortsschild von Heidenheim. Auf dem Weg in die Stadt begegnete ihm eine Rennradgruppe, die in zügigem Tempo gegen den Wind anstrampelte. Arbeiter und Büroangestellte strömten aus den Toren der beiden größten Firmen der Stadt, und beim Konzerthaus bildete sich wegen eines Abbiegers ein kleiner Stau. Schüler saßen rauchend auf den Treppen des pompösen Jugendstilgebäudes, tippten auf Smartphones herum und nippten Energydrinks aus Dosen. Mark verzog den Mund. Besser wäre es, ihr würdet euch bewegen, dachte er und erinnerte sich an das Lamento von Jan, einem von Julias Kollegen. Dieser war Sportlehrer und hatte bei einem Stammtisch lauthals beklagt, dass die Kinder keine motorischen Fähigkeiten mehr hatten.

»Die können nicht mal mehr auf einem Bein stehen!«, hatte er gestöhnt. »Und denen soll ich Turnen beibringen!«

Mark wandte den Blick von den Jugendlichen ab und zuckelte weiter. Als er schließlich in seine Straße einbog, verspürte er leise Enttäuschung, weil Julias Nissan Micra bereits vor der Tür stand. Wenn er ehrlich zu sich war, hatte er gehofft, dass sie noch mit den Kindern und ihren Kolleginnen im Wald war. Da alle Parkplätze in der Nähe belegt waren, drehte er eine Ehrenrunde und stellte seinen Passat am anderen Ende der Straße ab. Er angelte gerade seinen Rucksack vom Beifahrersitz, als sein Handy klingelte.

»Becker.«

»Hi, Mark«, tönte es aus dem Lautsprecher. »Uli. Hast du heute Abend Lust auf ein Bier?«

Mark grinste. Konnte sein bester Kumpel Gedanken lesen? »Klar, warum nicht. Bei *dem* Wetter ...«

»Lukas ist im Lande«, informierte ihn der Anrufer. »Er kommt auch. Um acht im ›Stattgarten‹?«

»Alles klar. Bis dann.« Mark legte auf und steckte das Handy in die Hosentasche. Uli hatte schon immer ein unheimliches Talent dafür gehabt, den richtigen Moment zu wählen. Schon in der Schule, wenn Mark oder Lukas in Schwierigkeiten gesteckt hatten. Uli, der Besonnene. Marks Grinsen wurde breiter, als er sich an den Ärger erinnerte, den er und Lukas wegen ein paar verfaulten Fischen in der Klimaanlage der Schule bekommen hätten, wenn Uli nicht für sie in die Bresche gesprungen wäre. Sie waren alle auf dem Fußballplatz gewesen. Unmöglich, dass jemand Mark und Lukas gesehen hatte. Und weil Uli auch bei den Lehrern als besonnen galt, hatte man ihm natürlich geglaubt. Mark schloss seinen Passat ab und trabte die Straße entlang. Der bevorstehende Abend hatte plötzlich seinen Schrecken verloren. Er pfiff einen Ohrwurm, den er seit Tagen nicht mehr loswurde.

Einige der neueren Nachbarn warfen seiner Uniform misstrauische Blicke zu – vermutlich, weil sie ihre feierabendliche Gartenidylle störte. Überall rauchten Holzkohlegrills, und Mark spürte, wie ihm das Wasser im Mund zusammenlief. Als er kurz darauf die Haustür aufschloss, hörte er die Dusche rauschen.

»Bin zu Hause«, rief er, aber Julia schien ihn nicht zu hören. Er warf den Rucksack neben den Elefantenfußbaum, schlüpfte aus dem Feldanzug und ging ins Schlafzimmer. Dort kramte er ein Funktions-Shirt und eine Laufhose aus dem Schrank. Nachdem er sich seine Turnschuhe gebunden hatte, steckte er den Kopf ins Bad.

Julia stieß einen spitzen Schrei aus. Sie stand, nur in ein Handtuch gewickelt, mit tropfenden Haaren auf den Fliesen. »Erschreck mich doch nicht so!«, schimpfte sie.

»Ich hab ganz laut gerufen«, rechtfertigte Mark sich.

»Du weißt doch, dass ich nichts höre, wenn ich in der Dusche bin«, brummte sie. Sie bückte sich, warf die Haare über den Kopf und schlang ein zweites Handtuch wie einen Turban darum. »Willst du laufen gehen?«, fragte sie mit einem Blick auf seine Kleidung, als sie sich wieder aufgerichtet hatte.

Mark nickte.

Sie funkelte ihn wütend an, sagte aber nichts. »Wann bist du zurück?«, fragte sie schließlich kühl.

Mark spürte einen leisen Stich des schlechten Gewissens. »Uli hat angerufen.«

Julia trocknete sich wortlos ab und fing an, sich einzucremen.

»Wir – Lukas, Uli und ich – treffen uns heute Abend.« Mark hatte Schwierigkeiten, bei der Sache zu bleiben, weil Julia ihm ihr pralles Hinterteil zukehrte, um dieses mit Bodylotion zu bearbeiten. Ihr Busen wogte dabei mit jeder Bewegung auf und ab. Machte sie das mit Absicht?

»Aha.« Ihr Ton war eisig.

»Ich bleib nicht lange«, versprach Mark. Eigentlich hatte er gar keine Lust mehr, das Haus zu verlassen. Er trat auf Julia zu und nahm ihr die Bodylotion ab. »Soll ich dir den Rücken eincremen?«

Sie funkelte ihn an und schnappte wie eine Kobra nach der Flasche. »Danke, das kann ich selber.« Sie schob ihn zurück zur Tür. »Dann gehe ich heute doch mit den anderen zum Lehrerstammtisch«, sagte sie. »Eigentlich hatte ich abgesagt. Aber in dem Fall ...«

Mark kam sich vor wie ein Vollidiot. Gott, warum musste nur alles immer so furchtbar kompliziert sein? Er zuckte die Achseln. »Wann gehst du?«, fragte er lahm.

»Um halb sieben.«

Er sah auf die Uhr. Bis dahin würde er vermutlich noch nicht wieder zurück sein. Er überlegte kurz, ob er ihr einen Kuss geben sollte, entschied sich aber dagegen. So, wie sie gelaunt war, würde er sich vermutlich einen Nasenstüber einfangen. »Viel Spaß«, war alles, was ihm einfiel. Er zögerte noch einen Moment, dann sagte er »bis später« und verließ das Haus.

Der Lauf durch den Wildpark und den daran anschließenden Wald vertrieb das schale Gefühl, das das Gespräch mit Julia hinterlassen hatte. Sie würde sich schon wieder einkriegen. Während die Mücken über ihn herfielen und der Schweiß ihm von Kinn und Nase tropfte, lief Mark sich den Ärger von der Seele. Vorbei an Spaziergängern, Hundebesitzern und Mädchen auf Inline-Skates joggte er Richtung Alb und versuchte, seinen Kopf zu leeren. Als seine Muskeln brannten und sein Puls sich in Regionen jenseits der 180 befand, verlangsamte er schließlich das Tempo und trabte nach einem letzten Sprint gemächlich über den Talhof und die Berufsschule zurück zur Stadtmitte. Ein Blick auf die Uhr verriet ihm, dass er fast zwei Stunden unterwegs gewesen war. Julias Nissan Micra war verschwunden, und die Erleichterung darüber, das Haus leer vorzufinden, war immens. Nachdem er sich eine Apfelschorle gemischt hatte, schwitzte er kurz auf der Terrasse ab. Dann stieg er in die Dusche und ließ eiskaltes Wasser auf seinen Rücken prasseln. Kurz vor acht machte er sich auf den Weg in den Biergarten.

Der Abend mit seinen beiden ältesten Freunden war wie eine Auszeit vom echten Leben. Beide waren Singles, und als Mark ihnen von Julias Forderung erzählte, schüttelten sie den Kopf.

»Die hat doch nicht mehr alle Tassen im Schrank!«, empörte sich Lukas. Er nahm einen tiefen Schluck aus seinem Bierglas. »Hat die sich mal überlegt, was das für dich bedeutet?« Sein rundes Gesicht glühte, das dünne blonde Haar klebte trotz Gel in seiner Stirn.

Uli war, wie immer, weniger emotional. »Ich kann ihre Angst schon verstehen«, sagte er. Die grauen Augen hinter der rahmenlosen Brille blickten Mark ernst an. Er drehte eine protzige Uhr, die viel zu groß war für sein mageres Handgelenk, hin und her. »Aber ihr muss doch klar gewesen sein, auf was sie sich einlässt.«

»Ach, die sind doch alle gleich«, brummte Lukas. Er lehnte sich zurück und verschränkte die Arme vor seinem nicht gerade flachen Bauch. »Wenn sie dich nicht wie Knetmasse so hinbiegen können, wie sie dich haben wollen, hast du verloren.« Er winkte ab. »Deshalb hab ich mich von Ari getrennt. Die dachte auch, sie könnte mich zu einem anderen umerziehen.«

Mark zupfte an einem Bierdeckel und sah sich um. Er wollte nicht, dass der ganze Biergarten mithörte. Allerdings war die Gefahr gering, weil der Geräuschpegel so hoch war, dass man sich schon anstrengen musste, die Bedienung zu verstehen. »Ich lasse jetzt erst mal Gras über die Sache wachsen«, sagte er. »Ist vielleicht das Beste.« Bisher hatte diese Taktik eigentlich immer funktioniert.

»Darauf trinken wir.« Uli hob sein Glas, und sie stießen an. »Themenwechsel«, schlug er vor.

Den Rest des Abends verbrachten sie mit angenehmeren Themen, und Mark wäre am liebsten noch länger geblieben. Allerdings gewann die Vernunft die Oberhand, sodass er sich um Viertel nach zehn von seinen Freunden verabschiedete. »Der Sommer ist noch lang«, sagte er. »Wird definitiv wiederholt.« Sie schüttelten sich zum Abschied die Hände.

Lukas klopfte ihm auf die Schulter. »Lass dich nicht in die Pfanne hauen«, riet er angeheitert, dann winkte er der Bedienung, um noch ein Bier zu bestellen.

Mark grinste. So war Lukas. Keine überflüssigen Gedanken an Dinge verschwenden, die Verdruss brachten. Das war seine Devise. Er stapfte durch den Kies zum Ausgang und wandte sich nach rechts in Richtung Rathaus. Vor dem Eiscafé auf dem Rathausplatz brummte es noch geschäftig, auch der Italiener neben dem Altersheim hatte noch auf. Offenbar hatte der warme Abend alle aus den Häusern gelockt. Selbst Kinder fuhren noch mit ihren Rädern die Behindertenrampe zum Eingang des Rathauses hinauf und die breiten Treppen wieder hinunter. Das Schloss thronte, von Scheinwerfern beleuchtet, hoch über der Stadt und verlieh ihr aus dieser Perspektive beinahe etwas Malerisches. Solange man sich nicht umdrehte und den hässlichen Klotz sah, in dem die Stadtverwaltung untergebracht war, konnte Heidenheim als nettes Städtchen durchgehen.

Julia war noch nicht von ihrem Stammtisch zurück, als Mark zu Hause ankam, was ihn jedoch nicht weiter störte. Mit müden Muskeln und leicht angesäuselt vom Bier fiel er ins Bett und schlief sofort ein.

Am nächsten Morgen war Julia bereits auf, als sein Wecker klingelte. Die Fragen nach ihrem Stammtisch beantwortete sie einsilbig, gab sich kühl und distanziert. Mark, der keine Lust auf Spielchen hatte, ignorierte ihr zickiges Gehabe und machte sich früher als sonst auf den Weg nach Ulm. Dort verbrachte er den halben Tag damit, erfolglos in Tim Baumanns Vergangenheit zu graben. Den anderen halben Tag jagte er Spuren hinterher, die eigentlich keine waren. Als am Nachmittag Fischer von der SchuPo anrief, um ihm mitzuteilen, dass den Kollegen von der Kripo nichts über Tim Baumann bekannt war, gab er auf und schaltete seinen Computer aus. Wenn sich nicht bald etwas ergab, das Klarheit in das Durcheinander brachte, war er mit seinem Latein am Ende.

KAPITEL 12

Stuttgart, 26. Mai 2016

»Ich muss los. Sonst komm ich zu spät zum Training.« Lisa Schäfer, Oberkommissarin bei der Kripo Stuttgart, verabschiedete sich von ihren Kollegen vom D11, dem Dezernat für Todesermittlungen, und schulterte ihre

Sporttasche. Dann rannte sie an der Kantine vorbei die Treppen hinab zum Drehkreuz der »Hahma«, dem Polizeipräsidium in der Hahnemannstraße am Pragsattel, und trabte zum unteren Ende des Parkplatzes. Obwohl sie in einem der Bungalows direkt gegenüber vom Präsidium wohnte, hatte sie ihre Sportsachen in weiser Voraussicht am Morgen schon mitgenommen. Als sie bei ihrem knallroten Mini ankam, pfefferte sie alles in den Kofferraum und sah auf die Uhr. Noch 20 Minuten. Das war machbar. Sie rutschte auf den Fahrersitz und warf einen Blick in den Spiegel. Ihr kurzes blondes Haar war wie immer verwuschelt und stand in alle Himmelsrichtungen von ihrem Kopf ab. Sie fuhr mit den Fingern durch, schnitt eine Grimasse, als sie das Ergebnis sah, und startete den Wagen. An den Flaschencontainern vorbei zuckelte sie zum Kreisel an der Pragstraße und ließ das Präsidium und den daran angrenzenden Weinberg hinter sich. Schneller als erlaubt düste sie in Richtung Bahnhof, in der Hoffnung, dass keiner ihrer Kollegen sie blitzte. Das wäre bereits ihr dritter Strafzettel in diesem Monat, was zum einen ins Geld ging und zum anderen keinen besonders guten Eindruck hinterließ. Sie stellte den Mini im Parkhaus der LB BW ab, ignorierte den vorgegebenen Fußgängerweg und nahm stattdessen den schmalen Steig, der parallel zur Einfahrt nach oben führte. Gegenüber, in der »Fitness Company« im Gebäude der Sparda Bank, schwitzten hinter den Panoramafenstern bereits zahllose After-Work-Sportler auf Spinning Bikes und Laufbändern. Lisa nutzte eine Lücke zwischen zwei Pkws, um die Straße zu überqueren, stürmte die Treppen hinauf und stand wenig später am Tresen des Fitness Clubs. Die Bar war voll besetzt mit Verschwitzten, die nach dem Work-out ihre Elektrolytspeicher auffüllen wollten.

»Schlüssel?«, fragte die gestresst wirkende junge Frau hinter dem Tresen.

»Ja.« Lisa schob ihr die Mitgliedskarte zu. Dann schnappte sie sich den Schlüssel und lief die Metallstufen hinab zu den Umkleiden. Hitze schlug ihr entgegen. Sie zwängte sich zwischen zwei jungen Mädchen mit Föhnen in den Händen hindurch und suchte den Spind, der zu ihrer Schlüsselnummer passte. Nachdem sie aus ihren Schuhen geschlüpft war, ohne sie aufzubinden, zog sie sich um und warf Boxhandschuhe, Tiefschutz, Brustschutz und Zahnschutz in ihre Tasche. Man konnte nie wissen, welche Übungen die Trainerin auswählte. »Krav Maga« war eine sehr abwechslungsreiche Art der Selbstverteidigung – weshalb Lisa sich dafür entschieden hatte, anstatt jahrelang dieselben Karateübungen durchzuexerzieren. Draußen klemmte sie sich eine Pratze – ein Schlagpolster – unter den Arm und keuchte die Treppen ins erste Obergeschoss hinauf.

Die anderen hatten bereits angefangen, und als Lisa die Tür öffnete, dröhnte ihr AC/DC entgegen. 14 Teilnehmer – allesamt Männer – und die Trainerin waren beim Warm-up. Das dauerte normalerweise 40 Minuten, war extrem schweißtreibend und nichts für Anfänger.

»Und noch mal«, brüllte die tätowierte junge Frau am Kopfende des Raumes. »Mehr Tempo!«

Lisa reihte sich ganz hinten ein und fing an, auf der Stelle zu trippeln. Während sie abwechselnd nach vorn, nach oben oder nach unten boxten, wurden sie immer schneller. Bereits nach wenigen Minuten tropfte der Schweiß von Lisas Stirn, sodass sie für die nächste Übung ihr Handtuch auf den Boden legte, um nicht abzurutschen.

»Burpees!«, rief die Trainerin. Sie ließ sich auf den Boden fallen, machte einige Liegestützen, schnellte hoch und sprang in die Luft. »Los, los, schlaft nicht ein!«

Lisa verkniff sich ein Stöhnen. In dem Raum war es wie in einer Sauna. Den ganzen Tag über war die Sonne auf die Scheiben geknallt und hatte die Temperatur in die Höhe getrieben. Zwar hatten die anderen bereits alle Fenster aufgerissen, doch das laue Lüftchen brachte nicht viel Abkühlung.

»Mann, seid ihr heute schlapp«, lästerte die Trainerin. »Auf den Rücken! Hände hinter den Kopf und Sit ups. Eins, zwei, drei, vier, fünf ...«

Nach den Sit ups kamen Hampelmänner, noch mehr Burpees und Kerzen. Am Ende des Aufwärmens hüpften sie locker auf und ab und schüttelten die Arme aus. Als die Trainerin endlich die Musik leiser machte, hatte nicht nur Lisa einen krebsroten Kopf. Einige der Kursteilnehmer wechselten ihre T-Shirts, dehnten sich und wischten dort, wo sie gestanden hatten, den Boden trocken. Lisa leerte eine halbe Flasche Wasser. Dann gesellte sie sich zu den anderen, die sich im Halbkreis um die Trainerin aufgestellt hatten.

Die frotzelte: »Sterben einstellen, es geht los. Thema heute: 360-Grad-Block.«

Lisa rollte die Schultern. Ihr Herz hämmerte immer noch so heftig, dass sie es in ihrer Kehle spüren konnte.

»Ein 360-Grad-Block ist eigentlich das Gleiche wie eine Messerattacke«, sagte die Trainerin. »Wenn mich jemand so angreift, muss ich immer davon ausgehen, dass er ein Messer in der Hand haben kann.«

Das Klingeln eines Telefons unterbrach ihre Ausführung.

Lisa zog den Kopf ein. »Sorry«, sagte sie. »Muss meins sein. Kommissionsdienst.«

Da die meisten der Anwesenden Polizeibeamte waren, warfen sie ihr mitleidige Blicke zu. Kein Mensch war scharf darauf, direkt nach Feierabend wieder zum Dienst gerufen zu werden.

Während die Trainerin mit ihrer Erklärung fortfuhr, kramte Lisa mit einer Hand das Telefon aus ihrer Tasche und trocknete sich mit der anderen das Ohr ab. »Schäfer«, meldete sie sich.

»Hasselmann.«

Der Polizeiführer vom Dienst! Das konnte nur eines bedeuten. Lisa spürte das Adrenalin in ihre Adern schießen.

»Vergiss deinen Feierabend. Verdacht auf Tötungsdelikt in Zuffenhausen«, bestätigte der PvD ihren Verdacht. Er nannte ihr die Adresse eines Hotels. »Streifen vom PR7, PR8 und PR6 sind schon unterwegs. Außerdem zwei KDD-Besatzungen von der K-Wache.«

»Was ist mit dem Täter?«, wollte Lisa wissen. Ihre Hand zitterte.

»Offenbar nicht mehr am Tatort.«

»Alles klar«, sagte Lisa. Sie wischte sich mit dem Handtuch die Stirn und sammelte ihre Gedanken. Die Verantwortung war immens. Wenn sie als Kommissionsbeamtin vom D11 etwas verbockte... »Hast du die Kriminaltechnik schon informiert?«, fragte sie. Die Streifenbeamten und die Kollegen vom Kriminaldauerdienst würden den Tatort und die Zufahrtsstraßen weiträumig absperren. Außerdem würden sie die ersten Befragungen und Sachverhaltsabklärungen durchführen. Allerdings durfte niemand den Tatort betreten, bevor die Spurensicherung ihn nicht freigab.

»Ja, die wissen Bescheid.«

»Gut, dann rufe ich Thomas an und fordere mehr Leute an.« Lisa verabschiedete sich vom PvD und wählte die Nummer ihres Chefs. Als Thomas Fuchs abnahm, erklärte sie ihm die Lage.

»Gut«, sagte er. »Fahr du schon raus, um dir einen ersten Überblick zu verschaffen. Ich informiere die von der GRUS vorab und trommle die anderen zusammen.«

Lisa warf das Handy zurück in die Tasche und verließ den Raum. Ihre Handflächen waren feucht, ihr Mund trocken, die Erschöpfung wie weggewischt. Wie immer, wenn solch ein Anruf einging, brummte Aufregung in ihr. Man wusste nie, was bei einem Tötungsdelikt auf einen zukam. Ein Fahndungsmord war besonders nervenaufreibend, weil die Suche nach dem Täter immens aufwendig werden konnte. Wenn der Täter flüchtig war, zählte jede Sekunde. Vermutlich würde der Polizeiführer vom Dienst sofort eine Ringalarmfahndung auslösen, bei der strategische Punkte von Streifenpolizisten besetzt wurden, die sämtliche Kennzeichen notierten. Wenn nötig, würde auch die Hubschrauberstaffel zum Einsatz kommen.

Sie rannte die Treppen hinab zur Umkleide und riss sich die verschwitzten Kleider vom Leib. Wer diese Woche wohl Bereitschaft hatte bei der GRUS – der

Gesellschaft für gerichtsmedizinische Untersuchungen? Hoffentlich nicht dieser arrogante Arsch von Hochstätter! Der Typ hielt sich für ein Geschenk Gottes an die Weiblichkeit, und Lisa hätte ihm schon oft am liebsten einen Tritt in den Hintern versetzt. Sie drehte die Dusche voll auf, seifte sich ab und wusch ihre Haare. Dann schlüpfte sie in Jeans und Poloshirt. Kurz die Haare trocken rubbeln, Schuhe anziehen und los.

Die Reifen ihres Minis quietschten auf dem Betonboden des Parkhauses, als sie schnittig auf die Ausfahrt zusteuerte, um schnellstens ihren Mini gegen einen Dienstwagen einzutauschen und ihre Waffe aus dem Präsidium zu holen. Dank des dichten Verkehrs in der Stadtmitte brauchte sie fast 40 Minuten bis nach Zuffenhausen, wo die »Raureiter«, die Motorradpolizisten, die Zufahrtstraßen abgeriegelt hatten und nur Einsatzfahrzeuge durchließen. Einige genervte Pendler verschafften ihrem Ärger hupend Luft, und Lisa blieb nichts anderes übrig, als das Magnetblaulicht aufs Dach zu pappen.

Als sie endlich vor dem Hotel ankam, parkte sie ihren Dienstwagen in zweiter Reihe neben einem Streifenwagen. Wie erwartet, hatten die Uniformierten von den drei umliegenden Polizeirevieren den Außenbereich des Tatorts bereits umstellt und zusammen mit den Kollegen vom KDD mit der Befragung der Hotelgäste und der Suche nach Zeugen begonnen. Sobald die erste »Chaosphase« vorbei war, würden sie großräumig um das Hotel herum ein Trasseband ziehen, um die Überwachung zu vereinfachen.

»Was wisst ihr bis jetzt?«, fragte Lisa, als sie einen der Männer vom Kriminaldauerdienst entdeckte.

»Tag, Lisa«, grüßte der. »Bis jetzt nicht viel. Wir haben die Hotelgäste in der Lobby zusammengetrommelt und mit den ersten Festlegevernehmungen angefangen. Du weißt ja: je frischer der Eindruck, desto besser.«

Lisa nickte. Viele Zeugen änderten ihre Aussagen, wenn sie zu einem späteren Zeitpunkt noch einmal befragt wurden, weil sich dann Erinnerungen mit Erwartungen oder der Angst, etwas Falsches zu sagen, vermischten. »Ist die Spusi schon da?«

»Ja, Dieter und seine Leute sind schon drin.« Der KDDler zeigte mit dem Daumen über die Schulter, wo just in diesem Moment eine Gestalt in einem weißen Einweganzug auftauchte. Der Vermummte befestigte rot-weißes Absperrband am Treppengeländer und an einigen Pfosten und legte schwarze Plastikkarten mit weißen Nummern auf den Boden.

»Blutspuren?«, fragte Lisa mit einem Blick auf die Kärtchen.

Der Mann vom Kriminaldauerdienst bejahte. »Das ist eine Riesensauerei da drin«, sagte er. »Ich hab nur kurz reingeschaut. Kein Wunder ist der Hotelmanager hysterisch geworden.«

»Hat er die Leiche entdeckt?«

»Ja. Anscheinend hing ein »Bitte nicht stören«-Schild an der Tür. Aber die Gäste im Nachbarzimmer haben sich über einen komischen Geruch beschwert. Und über die vielen Fliegen. Da ist er nachgucken gegangen. Als keiner auf sein Klopfen reagiert hat, ist er mit dem Generalschlüssel rein.« Der KDDler verzog das Gesicht. »Den Anblick wird er vermutlich nicht so schnell vergessen.«

»Wer hat das Zimmer gebucht?«
Der Beamte sah in sein Notizbuch. »Eingetragen hat er sich als Peter Müller. Aber der Manager hat zugegeben, dass niemand einen Ausweis vorlegen muss. Es reicht, wenn die Gäste den Meldeschein ausfüllen.« Er verzog den Mund. »Und Peter Müllers gibt's wie Sand am Meer.«
Lisa bedankte sich und machte sich auf die Suche nach dem verantwortlichen Sachbearbeiter der Kriminaltechnik. Wegen seiner zu Berge stehenden karottenroten Haare hatten ihm die Kollegen den Spitznamen »Beaker« gegeben. »Darf ich rein?«, fragte sie, als sie ihn im Eingangsbereich ausfindig machte.
Er warf ihr einen missmutigen Blick zu. »Immer wieder das Gleiche«, motzte er. »Du kennst doch die Regeln!«
»Ja«, gab Lisa wenig beeindruckt zurück. »Kann ich mir einen Einweganzug von euch ausleihen?« Sie hatte ihren Tatortkoffer zwar im Wagen, aber die Kollegen von der Spurensicherung schleppten die eingeschweißten Ganzkörperkondome haufenweise mit sich herum.
»Mit Füßlingen und Mundschutz«, brummte er. »Und nur mit Abstand. Wir sind noch nicht fertig.«
Lisa tat wie geheißen, kämpfte sich in eines der Dinger und folgte wenig später einem Kriminaltechniker den Korridor entlang zu einem Zimmer. Auf dem grauen Teppich des Flurs lagen in regelmäßigen Abständen die gleichen schwarzen Karten, die der Beamte im Freien verteilt hatte. Im Verlauf einer Ermittlung bekam jede Spur eine eigene Asservatennummer, die sie den ganzen Fall über behielt. Lisa rümpfte die Nase. Der Geruch war

schon von Weitem zu erkennen. Metallisch und süßlich zugleich, unverkennbar und stechend. Je näher sie dem Zimmer kamen, desto deutlicher wurden die blutigen Schuhabdrücke. Sie führten den Korridor entlang ins Freie, waren weit voneinander entfernt, als ob der Fliehende gerannt wäre. Auf den letzten Metern bereitete Lisa sich mental auf den Tatort vor. Keine Vorurteile!, schärfte sie sich ein. Für alles offen bleiben! So banal es auch klang, war das oft das Schwierigste bei einem neuen Fall. Sie wich den blutigen Schuhspuren auf der Türschwelle aus und betrat den Raum – darauf bedacht, der Trasse der Spurensicherung zu folgen.

Alles in dem Hotelzimmer war so, wie die Kriminaltechniker es vorgefunden hatten. Nichts wurde verändert, alles fotografiert und im Tatortbericht festgehalten. Lisa vermied es, den Blick sofort auf die Leiche neben dem Bett zu richten. Zuerst die anderen Details: ein umgeworfener Stuhl, ein zerwühltes Bett, ein offenes Fenster und herabgerissene Vorhänge. Überall Blut. Als ob jemand mit einem Schlauch um sich gespritzt hätte. Das Summen der Fliegen war selbst durch das Rascheln der Overallkapuze gut zu hören. Das Zimmer war spartanisch eingerichtet, in die winzige Nasszelle passten vermutlich nur schlanke Menschen. Während Lisas Blick von den Blutspritzern zu den Schuhabdrücken wanderte, versuchte sie, den Tathergang zu rekonstruieren. Offenbar waren mindestens drei Leute im Raum gewesen. Der Tote, derjenige, der die blutige Spur im Korridor hinterlassen hatte, und jemand, der durch das Fenster geflohen war. Dort befand sich ebenfalls ein Schuhabdruck – dieser allerdings etwas kleiner und mit einem markanteren

Profil. Sie wollte ihre Aufmerksamkeit gerade der Leiche zuwenden, als eine ihr nur zu bekannte Stimme an ihr Ohr drang.

»Jaja, ich muss trotzdem rein«, dröhnte Dr. Hochstätter, der Rechtsmediziner, den Lisa leiden konnte wie Zahnweh.

Es folgte ein kurzer, heftiger Wortwechsel mit »Beaker«, der um die Spurenhygiene seines Tatortes fürchtete, dann herrschte Ruhe. Kurz darauf erschien Hochstätter in einen Einweganzug gehüllt, betont lässig und mit Wildlederschuhen unter den blauen Füßlingen.

Lisa verdrehte die Augen. War der Typ ein Klischee!

»Dann lasst mich mal ran! Ihr habt die Leiche ja schon abgearbeitet«, posaunte der hochgewachsene Enddreißiger, der sich selbst in dem lächerlichen Einmalanzug bewegte wie ein Filmstar. Er drängte sich an Lisa und den Kollegen von der Kriminaltechnik vorbei, kramte ein Leichenthermometer aus der Tasche und nahm den Toten in Augenschein. Nachdem er eine Digitalkamera und ein Diktiergerät gezückt hatte, machte er sich an die Arbeit. »Die Totenflecken sind fixiert«, sagte er wenig später in diesem leicht näselnden Tonfall, der Lisa die Wand hochtrieb. »Totenstarre komplett.« Er zog das Thermometer aus dem Rektum der Leiche und las es ab. Dann maß er auch noch die Raumtemperatur. »Vermutlicher Todeszeitpunkt zwischen elf Uhr Montagnacht und drei Uhr Dienstagmorgen. Genaueres kann ich erst nach der Obduktion sagen.« Er schenkte Lisa ein strahlendes Zahnpastalächeln.

»War das die Todesursache?« Lisa zeigte auf den Griff eines Messers, das im Hals der Leiche steckte.

»Tststs.« Hochstätter schüttelte den Kopf. »Obduktion.« Er betastete die Gelenke des Mannes. Als er den rechten Arm hob, stieß er einen Pfiff aus. »So was habe ich schon mal gesehen«, sagte er.

»Was?« Lisa trat näher.

Hochstätter zeigte auf ein Tattoo an der Innenseite des Unterarms.

Auch Lisa kannte das Symbol. »Albanische Mafia«, murmelte sie.

KAPITEL 13

Stuttgart, 26. Mai 2016

»Mafia?« Lisas Chef klang gestresst.

Lisa zog sich noch weiter ans Ende des Korridors zurück und wechselte das Telefon vom linken zum rechten Ohr. »Vermutlich. Ich habe dir ein Foto von dem

Tattoo gemailt. Holst du die Kollegen von der Inspektion 4 dazu?« Die Abteilung für organisierte Kriminalität wusste sicher Genaueres zu dem Motiv.

»Mach ich. Wie sieht es mit den Zeugen aus? Irgendwas Brauchbares?«, fragte der SOKO-Leiter.

»Bis jetzt anscheinend noch nicht.« Vor dem Telefonat mit ihrem Chef hatte Lisa beim Verantwortlichen des Kriminaldauerdienstes nachgefragt. »Irgendjemand hat gegen ein Uhr heute Morgen einen Verdächtigen zu einem Wagen rennen sehen.« Sie schwitzte schon wieder. Deshalb zog sie sich die Kapuze vom Kopf und wischte die Haare aus der Stirn. »Das passt zum geschätzten Todeszeitpunkt.«

»Details?«, fragte Thomas Fuchs. »Fahrzeugtyp, Kennzeichen? Irgendwas?«

»Ein Kleinwagen«, sagte Lisa. »Aber die Frau war sich nicht sicher, ob es ein Polo, ein Golf oder ein Opel war.«

Der SOKO-Leiter seufzte. »Na super. Lass mich raten, die Farbe wusste sie noch.«

Lisa konnte seine Frustration nachvollziehen. Besonders bei Fahrzeugtypen waren die Aussagen von Zeugen meistens vollkommener Blödsinn. »Blau oder schwarz. Mehr hat sie nicht erkannt.«

»Was ist mit dem Fahrer?«, wollte Fuchs wissen. »Hat sie den beschreiben können?«

»Mittelgroß und ziemlich breit. Das war alles. Trifft auf den Mann zu, der sich als Peter Müller registriert hat. Kann aber genauso gut der Dritte gewesen sein. Oder ein ganz anderer, der mit der Sache nichts zu tun hat.« Lisa zuckte die Achseln, obwohl der SOKO-Leiter sie nicht sehen konnte.

»Mach weiter«, bat ihr Chef. »Die anderen sind auf dem Weg. Vielleicht kriegt ihr genug Infos für ein Phantombild zusammen. SOKO-Besprechung morgen um acht.« Er beendete das Gespräch mit einem Seufzen.

Lisa stopfte das Handy in ihre Tasche und ging zurück zum Tatort, um die blutigen Schuhabdrücke auf dem Teppich im Flur genauer ins Auge zu fassen. Derjenige, der sie hinterlassen hatte, lebte auf ziemlich großem Fuß. Das Profil war sehr ausgeprägt, keines dieser Standardprofile, und würde sicher zu einem Treffer in der Schuhspurendatenbank BW führen. Allerdings dauerte es immer eine Weile, bis die Untersuchungsberichte vorlagen.

»Der Obduktionssaal im RBK ist gleich morgen früh um sechs frei«, riss die Stimme des Rechtsmediziners sie aus der Betrachtung. Er war hinter ihr aufgetaucht, ohne dass sie ihn bemerkt hatte. »Das FLZ hat den Bestatter für den Abtransport der Leiche verständigt«, sagte er.

Lisa nickte. Das passte. Dann hatte sie für die SOKO-Besprechung vielleicht schon Genaueres zur Todesursache und zur Identität des Mannes, der weder eine Brieftasche noch einen Ausweis dabei hatte.

»Das wird eine kurze Nacht«, stellte der Rechtsmediziner überflüssigerweise fest.

Wieder dieses Zahnpastalächeln! Lisa bedachte ihn mit einem Blick, der jeden Verdächtigen in Grund und Erdboden hätte versinken lassen. Hochstätter zeigte sich jedoch wenig eingeschüchtert von ihren eisblauen Augen. Anstatt die Fliege zu machen, tanzte er weiter um sie herum, während auch sie ein paar Fotos von den Abdrücken und Blutspuren schoss, und machte in ihren

Augen vollkommen dämliche Kommentare. Am liebsten hätte sie ihm etwas an den Kopf geschmissen. »Der flirtet mit dir«, hatte eine ihrer Kolleginnen vor einiger Zeit behauptet. »So, wie der dich immer anguckt ...« Die Erinnerung war wie ein schlechter Geschmack in Lisas Mund. Er war einfach so ganz und gar nicht ihr Typ! Ein Geck. Sie mochte es, wenn die Männer, mit denen sie schlief, stark und ein bisschen dämlich waren, weil es so weniger Scherereien gab. Nur mit Mühe hielt sie sich davon ab, ihn zur Seite zu schieben, als sie noch einmal das Zimmer betrat. Während die Kriminaltechniker Haare und Fasern in kleinen Tütchen und auf Klebestreifen sicherten, die glatten Oberflächen mit Rußpulver bepinselten und Blutproben asservierten, machte sie noch ein paar Bilder von der Leiche. Dann schälte sie sich aus dem Einweganzug und überließ Dieter »Beaker« Nowitzki und seine Kollegen ihrer Arbeit, um die Beamten vom KDD bei der Zeugenbefragung zu unterstützen.

Die Lobby des Hotels war erstaunlich geschmackvoll eingerichtet. Große Kübelpflanzen und ein terracottafarbener Fliesenboden sorgten für ein mediterranes Flair, genau wie die Acrylbilder an den Wänden. Diese zeigten ein türkisfarbenes Meer und weiß getünchte Häuser, Segelboote und orthodoxe Kirchen. Für die Befragung der Zeugen hatten die Kollegen den Frühstücksraum gewählt, in dem es nach frischem Kaffee roch. Diejenigen, die noch auf ihre Vernehmung warteten, standen in einem abgegrenzten Bereich des Raumes um eine Art Bar herum, mit Tassen oder Gläsern in den Händen. Alle wirkten angespannt, unsicher oder schlichtweg verärgert.

»Ich habe überhaupt nichts gesehen«, patzte eine aufgedonnerte Blondine mit Stöckelschuhen, auf denen Lisa seekrank geworden wäre. Ihre Lippen waren eindeutig mit Botox aufgespritzt, schreiend pink angemalt und irgendwie zu groß für den Rest ihres Gesichtes.

»Setzen Sie sich bitte«, sagte Lisa. Sie zeigte auf einen Stuhl.

Die Frau ließ sich widerwillig hineinfallen und betrachtete ihre lackierten Fingernägel. »Ich weiß nicht, was hier los ist«, brummte sie. »Kann ich endlich gehen?« Sie sah demonstrativ auf eine kleine mit Brillanten besetzte Uhr.

Lisa notierte ihren Namen und ihre Adresse. Dann fragte sie: »Ist Ihnen letzte Nacht irgendetwas aufgefallen?«

Die Frau schnaubte. »Hören Sie, Schätzchen«, fauchte sie. »Falls Sie es noch nicht kapiert haben, ich war *beschäftigt*!« Sie verdrehte die Augen.

Lisa verstand. Das »Schätzchen« überhörte sie geflissentlich. »Mit wem waren Sie beschäftigt?«, fragte sie.

»Das geht Sie nichts an!«

Lisa beugte sich vor und bohrte den Blick in die Augen der Aufgedonnerten. »Ich kann Sie auch mit auf die Dienststelle nehmen«, drohte sie.

Die Blondine holte empört Luft. »Warum? Was soll ich denn mit irgendeinem Toten hier zu tun haben? Ich war mit einem Mann zusammen, okay. Aber wenn seine Frau davon erfährt ...« Sie ließ den Satz unbeendet.

Lisa tippte mit der Spitze ihres Kulis auf das Papier ihres Notizblockes. »Geben Sie mir seinen Namen, damit wir das überprüfen können. Alles andere interessiert uns nicht.« Sie milderte ihren Tonfall. »Außer, ob Sie etwas Verdächtiges bemerkt haben.«

Die Frau zog eine Schnute. Nachdem sie kurz überlegt hatte, seufzte sie schließlich und gab Lisa den Namen ihres Liebhabers. »Er war es auch nicht, das kann ich Ihnen versichern!«

Obwohl sie ihr lieber geraten hätte, sich einen neuen Kosmetiker zu suchen, bedankte Lisa sich bei ihr und winkte den nächsten Zeugen zu sich. Sobald sie seine Personalien notiert hatte, stellte sie ihm die gleichen Fragen wie der Blondine.

»Ich war bis elf nebenan beim Klettern in der Kletterwelt«, sagte er. »Danach war ich im Café ›Brasil‹ um die Ecke.«

»Wann waren Sie wieder im Hotel?« Das Zeitfenster passte. Vielleicht hatten sie Glück und der Junge hatte was gesehen. Da er nicht besonders kräftig gebaut war, verwarf Lisa den Gedanken, dass die Zeugin vielleicht ihn gesehen haben könnte.

»Das weiß ich nicht mehr genau.« Er wurde rot. Offensichtlich war ihm irgendetwas peinlich.

»Ungefähr?«, hakte Lisa nach.

Er zuckte die Achseln. »Ich war mit einem Bekannten unterwegs.« Bei dem Wort »Bekannten« wurde er noch einen Hauch röter. »Wir haben was getrunken. Vielleicht ein bisschen zu viel.«

Es dauerte ein paar Sekunden, bis bei Lisa der Groschen fiel. Doch dann kapierte sie. Er war schwul und offenbar noch nicht ganz im Reinen damit. »Ihnen ist also niemand aufgefallen, als Sie wieder ins Hotel gekommen sind?«

Er schüttelte den Kopf. »Es war ja dunkel ...«

Lisa verkniff sich den Hinweis auf die Straßenlaternen und drückte ihm eine Visitenkarte in die Hand. »Falls Ihnen noch etwas einfällt, melden Sie sich bitte.«

Die Befragung der nächsten Zeugen brachte auch nicht viel Aufschlussreiches ans Licht. Bei den meisten der Gäste handelte es sich um Geschäftsleute, die in einer der umliegenden Firmen arbeiteten. Als Lisas Kollegen vom D11 endlich eintrafen, war sie kein Stück weiter.

»Wo ist die Frau, die den Mann auf dem Parkplatz gesehen hat?«, wollte ein Kollege vom Erkennungsdienst wissen. Er hatte einen Laptop dabei, mit dem er versuchen würde, ein Phantombild zu erstellen.

Lisa zeigte zum anderen Ende des Raumes. Dann winkte sie den Kollegen von der Abteilung für organisierte Kriminalität zu sich und hielt ihm ein Foto des Tattoos unter die Nase. »Kannst du damit was anfangen?«

Er nahm ihr das Telefon aus der Hand und drehte es so, dass die Tätowierung nicht mehr auf dem Kopf stand. »Hm. Auf alle Fälle albanisch, aber um Genaueres sagen zu können, muss ich das zum LKA schicken.«

»Tu das.« Lisa nahm ihm das Handy wieder ab und wollte gerade die Aufgaben verteilen, als »Beaker« auftauchte und sie zu sich winkte. »Habt ihr was gefunden?«, fragte sie.

»Könnte man sagen. Ich weiß nur nicht, wie lange das da schon lag.« Er hielt eine durchsichtige Tüte mit einem weißen Plastikkärtchen in einem blauen Rahmen darin hoch.

Lisa kniff die Augen zusammen, um die Aufschrift besser lesen zu können. »Das ist jetzt nicht dein Ernst?

Ein Namensschild?« Sie sah »Beaker« fassungslos an. »Lag irgendwo auch noch ein Schuldgeständnis mit Unterschrift?«

Der Kriminaltechniker lachte. »Das hat Heiner hinter dem Nachttisch gefunden. Kann sein, dass die Putzfrau nicht besonders sorgfältig war.« Er legte den Kopf zur Seite, sodass seine karottenroten Haare in Schieflage gerieten. »Aber wenn ich mich nicht völlig irre, haben die Schuhabdrücke beim Fenster das typische Profil von Einsatzstiefeln.«

Lisa runzelte die Stirn. »Dann sollten wir uns«, sie las den Namen auf dem Schild, »Hauptfeldwebel Tim Baumann dringend vorknöpfen.«

»Sehe ich auch so«, mischte sich ein Kollege vom KDD ein. »Mehrere der Zeugen haben ausgesagt, in den vergangenen Tagen einen Mann in Uniform im Hotel oder auf dem Parkplatz gesehen zu haben.«

KAPITEL 14

Ulm, 27. Mai 2016

Es war kurz nach halb acht am Freitagmorgen, als das Diensttelefon von Mark Beckers Chef klingelte. Sie hatten sich gerade zur Morgenbesprechung im Büro des Hauptmanns versammelt, um die anstehenden Aufgaben durchzugehen. Nach einem kurzen Blick aufs Display des Telefons nahm der Kompanieführer den Hörer ab.

»Ja?«

Die Antwort klang wie das Gequäke von Kermit dem Frosch. Marks Chef stellte auf Lautsprecher um.

»Wir haben sein Namensschild an einem Tatort gefunden«, sagte ein Mann am anderen Ende. »Es handelt sich eindeutig um ein Tötungsdelikt. Meine Leute sind gerade bei der Obduktion.«

»Hauptfeldwebel Baumann ist seit Montag bei uns als eigenmächtig abwesend gemeldet«, erwiderte Marks Chef. »Oberleutnant Becker ist der zuständige Ermittler.« Er wollte Mark den Hörer reichen.

Aber der Mann am anderen Ende der Leitung war schneller. »Könnten Sie ihn uns als Berater nach Stuttgart schicken? Dann verschieben wir die SOKO-Besprechung, bis er da ist.«

Der Hauptmann warf Mark einen fragenden Blick zu. Mark nickte.

»Er macht sich sofort auf den Weg. Wo soll er hinkommen?«

»Zum Polizeipräsidium am Pragsattel«, sagte der SOKO-Leiter. »Einfach am Empfang melden, dann holt ihn jemand ab.«

Die beiden Männer beendeten das Gespräch. Mark erhob sich. »Soll ich Müller mitnehmen?«, fragte er.

Der Hauptmann schüttelte den Kopf.

»Was genau ist passiert?«, wollte Mark wissen.

»Das Meiste habt ihr mitgehört«, erwiderte sein Chef. »Sie haben in einem Hotelzimmer in der Schützenbühlstraße in Zuffenhausen eine Leiche mit einem Messer im Hals gefunden. Und Baumanns Namensschild. Offenbar hatte er sich in dem Hotel eingemietet. Mehr weiß ich auch nicht.«

Mark packte seine Papiere zusammen. »Dann fahr ich sofort los.« Er verließ das Büro des Hauptmanns und stürmte die Treppen zu seinem eigenen Dienstzimmer hinauf. Dort tauschte er seine Feldmütze gegen das rote Barett der Feldjäger, steckte Baumanns Akte in eine Tasche und holte sich die Schlüssel für einen VW-Bus. Wenig später saß er im Wagen.

Die Fahrt dauerte beinahe zwei Stunden, weil es sich in Stuttgart in jedem Tunnel und an jeder Ampel staute. Der SOKO-Leiter hatte bereits zwei Mal angerufen, um nachzufragen, wo er blieb, als Mark endlich das Präsidium erreichte. Das ehemalige Krankenhausgebäude lag idyllisch inmitten eines Weinberges, auf den die Sonne herab lachte. Eine Biene verfolgte Mark bis zu dem Glashäuschen neben den beiden Drehkreuzen am Eingang.

»Es kommt gleich jemand«, sagte die dunkelhaarige Beamtin mit einem Lächeln, nachdem sie ihn gemeldet hatte. Sie schob einen Besucherausweis unter der Panzerglasscheibe hindurch. »Bitte so tragen, dass man ihn gut sehen kann.« Sie schenkte ihm ein weiteres Lächeln. »Wenn Sie wollen, können Sie ruhig draußen warten. Hier ist es schon sehr eng.«

Mark folgte ihrem Rat und verließ das winzige Kabuff. Neben einem der Drehkreuze lag ein Stapel Zeitungen auf einem Hocker. Er spielte gerade mit dem Gedanken, sich eine davon zu nehmen, als eine schlanke junge Frau die Treppen hinab auf ihn zu kam. Ihr kurzes blondes Haar und ihre sportliche Figur verliehen ihr ein knabenhaftes Aussehen. Allerdings nur von Weitem.

»Oberleutnant Becker?«, fragte sie. Ihre Augen waren verstörend blau und musterten ihn mit einem leicht amüsierten Ausdruck.

Mark widerstand der Versuchung zu salutieren. Stattdessen nickte er.

»Lisa Schäfer«, sagte sie.

Kein Rang.

Sie streckte die Hand aus. Ihr Händedruck war verbindlich, aber nicht zu fest. »Danke, dass Sie gekommen sind.« Sie ging voraus die Treppen hinauf. »Die anderen warten schon.«

Mark folgte ihr zu einer Glastür in den Eingangsbereich, in dem es trotz der frühen Stunde schon nach Essen roch.

»Die Kantine.« Lisa Schäfer zeigte mit dem Daumen nach links zu einem gläsernen Anbau, als hätte sie Marks Gedanken erraten. Dann steuerte sie auf ein Treppenhaus zu, in dem eine schwarz-rot-goldene Fahne hing. Im ersten Stock führte sie ihn einen kahlen Korridor mit grauem PVC-Boden entlang, bis sie einen Raum erreichten, in dem es geschäftig brummte. Überall modernste Technik. Die dunklen Jalousien waren heruntergelassen, und ein Mann um die 50 war damit beschäftigt, einen Beamer an seinen Computer anzuschließen.

»Der SOKO-Leiter, Thomas Fuchs«, stellte Lisa Schäfer ihn vor.

Mark gab ihm die Hand.

»Dann sind jetzt alle da«, sagte er ein wenig kurz angebunden. Vermutlich, weil sie wegen Mark hatten warten müssen.

»Das sind die Leiter der Abschnitte ›Operative Maßnahmen‹ und ›Operative Auswertungen‹«, machte Marks Begleiterin ihn bekannt. »Der Sachbearbeiter der Kriminaltechnik ist noch am Tatort. Ich leite den Abschnitt Ermittlungen.«

Mark war beeindruckt. Gut zwei Dutzend weiterer Polizisten drängten sich in dem mit Hightech vollgestopften Raum: Ermittler, IT-Spezialisten und Beamte des Erkennungsdienstes. Diese teilten sich vier Tische am Kopfende des Raumes, auf denen fest installierte Rechner und Telefone standen.

Lisa Schäfer wies Mark einen der schwarzen Drehstühle zu, dann wandte sie sich an ihren Chef. »Können wir anfangen?«

»Ja.« Der SOKO-Leiter erhob sich und schrieb »SOKO Schütz« auf ein Whiteboard neben einer Leinwand. Darunter listete er auf:

»Einsatzabschnitt Ermittlungen: Auftrag, beauftragte Person, Erreichbarkeit und erledigt (Zeit)«

Auf die Flipchart daneben schrieb er die Überschrift »Problemerfassung«. Darunter:

»Objektiver Tatbefund«
»Subjektive Tatumstände«
»Tatort/e«
»Zeugen/Verdächtige«
»Opfer« und
»Erkenntnisse bzgl. des Tatverdächtigen (Täter/Motiv)«

Dann stellte er Mark kurz allen anderen Anwesenden vor und wandte sich an Lisa Schäfer. »Was hat die Obduktion ergeben?«

»Nicht viel Neues«, erwiderte die junge Frau. »Wenn die toxikologischen Ergebnisse dem nicht widersprechen, war die Todesursache Verbluten durch das Durchtrennen der *arteria carotis* des Opfers.«

Der SOKO-Leiter hielt diese Information auf der Flipchart fest, direkt unter dem Todeszeitpunkt.

»Die Fingerabdrücke auf der Tatwaffe hat die KT ans LKA geschickt«, fuhr Lisa Schäfer fort. »Aber das wird sicher etwas dauern.« Sie stand auf und hängte mehrere Fotos von Tätowierungen an eine Pinnwand. »Wie sieht es aus?«, fragte sie, an einen Kahlköpfigen gewandt. »Kommen die dir auch bekannt vor?«

Der Mann nickte. »Ich hab sicherheitshalber bei der Inspektion 420 vom LKA nachgefragt.« Er erhob sich ebenfalls und ging nach vorn, um auf drei der Bilder zu tippen. »Diese Tattoos sind typisch für die albanische Mafia. Allerdings gibt es wohl auch ein paar Spinner, die sich die Motive aus Spaß oder Dämlichkeit stechen lassen, weil sie sie im Internet gesehen haben.«

Mark runzelte die Stirn. Das wurde ja immer abenteuerlicher! Während er sich fragte, ob Tim Baumann bei einem Kosovo-Einsatz die entsprechenden Kontakte geknüpft hatte, fummelte der SOKO-Leiter an dem Kommunikationssystem auf dem Tisch herum. Kurz darauf erschien das Gesicht eines Mannes mit einer Art Punk-Frisur auf einem der vielen Bildschirme. »Wie sieht's bei euch aus, Dieter?«, erkundigte sich der SOKO-Leiter. »Habt ihr den Tathergang inzwischen rekonstruieren können?«

Der Mann auf dem Bildschirm nickte. »So gut wie möglich.« Das Bild wackelte, als er seinen Laptop drehte, um die eingebaute Kamera auf ein Zimmer zu richten, dessen Wände über und über mit Blut bespritzt waren. Nach einem 360-Grad-Schwenk näherte er sich einer Lache aus getrocknetem Blut. »Hier lag die Leiche«, informierte er die Versammlung. »Wie es aussieht, sind er und ein anderer«, die Kamera wanderte zu mehreren Schuhabdrücken, die durch die Tür in den Korridor führten, »in das Zimmer eingedrungen. Wir haben Einbruchspuren am Schloss entdeckt.« Die Kamera zeigte zuerst die Tür des Zimmers, dann das Bett, neben dem die Leiche offenbar gelegen hatte. »Alles deutet darauf hin, dass es einen Kampf gab, bei dem unser Opfer getötet worden ist.«

Mark lehnte sich vor und stützte die Ellenbogen auf den Tisch. Dann war es möglich, dass Tim Baumann in Notwehr gehandelt hatte? Er behielt den Gedanken für sich und hörte weiter zu.

»Die beiden anderen sind vermutlich auch verletzt«, fuhr der Kriminaltechniker fort. Das Bild wackelte erneut, als er auf den Flur hinausging, um den Mitgliedern der SOKO die Bluttropfen neben den Schuhabdrücken zu zeigen. »Der, zu dem diese Abdrücke gehören, hat eindeutig geblutet.« Er kehrte ins Zimmer zurück. Dort gab es ein zweites Paar Schuhabdrücke. »Derjenige, der durchs Fenster ist, auch. Wir haben Blut im Gras und auf dem Parkplatz gefunden. Sobald die Analysen da sind, wissen wir mehr.«

»Was ist mit anderen Spuren? Fasern? Fingerabdrücke?«, wollte Lisa Schäfer wissen.

Der Kriminaltechniker schnaubte. »Das wird eine Sisyphosarbeit. Die Putzfrauen scheinen ihren Job nicht so genau genommen zu haben. Wir werden vermutlich nicht nur in DNA ertrinken, sondern auch in Fingerabdrücken.«

Der SOKO-Leiter stöhnte. »Macht weiter«, sagte er. Dann wandte er sich an die Cybercrime-Beamten. »Was ist mit dem Handy des Verdächtigen?«

Einer der IT-Experten schüttelte den Kopf. »Laut Netzbetreiber ist er nicht in ihrem Netz eingebucht. Das heißt entweder, dass er sein Telefon ausgeschaltet hat, oder dass er sich ins Ausland abgesetzt hat. Wir konnten ihn jedenfalls nicht orten.«

»Scheiße!«, schimpfte der SOKO-Leiter. Er fuhr sich mit den Handflächen übers Gesicht. »Hat der Staatsanwalt den Durchsuchungsbeschluss für die Bankkonten von Baumann ausgestellt?«

Lisa Schäfer nickte. »Die Bankdaten müssten jeden Moment eintrudeln«, sagte sie. »Die Fahndung nach ihm läuft bereits auf Hochtouren.« Sie wandte sich an Mark. »Was können *Sie* uns zu Tim Baumann sagen?«

KAPITEL 15

Schaffhausen, 27. Mai 2016

Tim Baumann hatte keine Augen für die Schönheit der Stadt Schaffhausen. Ziellos fuhr er durch die Straßen, blind für den spektakulären Anblick des Munots, der sich trutzig über die Dächer erhob. Die Sonne lachte aus einem blitzblanken Himmel auf die Weinberge rund um die Festung herab und lockte die Menschen ins Freie. Überall schlenderten junge Mädchen in Shorts und Spaghetti-Tops die Gehwege entlang, Eistüten oder kalte Getränke in den Händen. Alle schienen fröhlich zu sein und zu lachen, was Tims niedergedrückte Stimmung noch verstärkte. Als er den Rhein überqueren wollte, geriet er in einen Stau, da sich offenbar ein Unfall auf der Brücke ereignet hatte. Beinahe zehn Minuten brutzelte sein Opel in der Sonne vor sich hin, bis die ersten Sirenen zu hören waren. Zwei Rettungswagen und ein Löschzug der Feuerwehr bahnten sich einen Weg durch die Pkws, und Tim versuchte, sich so klein wie möglich zu machen, als ein Streifenwagen an ihm vorbeifuhr. Als der Verkehr endlich wieder zu fließen begann, waren seine Nerven kurz vor dem Zerreißen. Seit seiner kopflosen Flucht aus Stuttgart hatte er kaum geschlafen – nie mehr als ein oder zwei Stunden auf einem abgelegenen Parkplatz. Er schwamm im Fluss der Fahrzeuge mit, bis er endlich das Ufer erreichte, wo er sich nach Osten wandte, um so schnell wie möglich das Stadtzentrum zu verlassen. Er brauchte dringend eine Unterkunft. Wenn er nicht bald einige Stunden am Stück ausruhen konnte, würde er vermutlich am Steuer seines Wagens einschlafen. Wäre er nicht so müde gewesen, hätte er den Grenzübergang rechtzeitig gesehen und das Risiko einer Fahrzeugkontrolle vermieden. So allerdings war ihm erst aufgefallen, dass er sich bereits in der Schweiz befand, als sich die Farbe der Straßenschilder geändert hatte. Er hielt sich dicht beim Rheinufer, bis er schließlich eine winzige Pension entdeckte, die mit Fremdenzimmern warb. Zu müde, um weiterzusuchen, stellte er seinen Corsa im Schatten einer Birke ab, trug sich unter falschem Namen ein und fiel kurz darauf auf eine weiche Matratze. Er schaffte es nicht einmal, die Schuhe auszuziehen, bevor ihn der Schlaf übermannte.

Als er vier Stunden später wieder aufwachte, fühlte er sich ein bisschen besser. Das taube Gefühl in seiner Magengegend war zwar immer noch da. Aber der

Schmerz an seinem Arm hatte nachgelassen. Er setzte sich auf, rieb sich die Augen und holte sich eine Flasche »Rivella« aus dem kleinen Kühlschrank in der Ecke des Zimmers. Dann ließ er sich wieder auf dem Bett nieder und begann, die einzelnen Blätter der Akte vor sich auszubreiten. Einige Zeit lang starrte er blicklos darauf hinab, dann fingen die Buchstaben an, vor seinen Augen zu tanzen. Er konnte sich einfach nicht konzentrieren! Dass er vermutlich einen Menschen getötet hatte, nagte an ihm, fraß sich wie Säure in seine Eingeweide. Das hohle Gefühl in seinem Inneren breitete sich immer weiter aus, auch wenn sein Verstand ihm sagte, dass er keine Wahl gehabt hatte. Was hätte er denn tun sollen? Sich von den beiden abstechen lassen wie ein Stück Schlachtvieh? Er schloss die Augen, als ihn die Erinnerung an den Kampf übermannte. Waren die beiden nicht mit der eindeutigen Absicht, ihn zu ermorden, in sein Zimmer eingedrungen? Hätte ihn nicht zufällig ein Geräusch aus dem Schlaf aufgeschreckt, wäre es sein Hals gewesen, in den die Klinge des Messers eingedrungen war. Er zog die Beine an und legte das Kinn auf die Knie. Wie es ihm gelungen war, den Angreifer mit dem Messer zu entwaffnen, wusste er nicht mehr. Er konnte sich lediglich an den Wutschrei des Zweiten erinnern, als er ihm die Klinge ins Bein getrieben hatte. Und an das ekelerregende Gefühl des Blutes, das ihm ins Gesicht gespritzt war. Sein Blick wanderte zu den Bandagen an seinem linken Arm. Auch er war nicht unverletzt geblieben. Allerdings war keine der Wunden so tief, dass er sie hätte nähen müssen. Eine Gänsehaut kroch seinen Rücken hinauf, als er an die Folgen seiner

Tat dachte. Jetzt suchten ihn nicht nur die Feldjäger und Silchers Handlanger. Auch die Polizei würde alles daransetzen, einen flüchtigen Mordverdächtigen zu verhaften. Er schob mit dem Fuß die Papiere in der Akte auseinander, sodass er die Namen der Verstorbenen lesen konnte. War es wirklich klug, selber in diesem Morast zu graben? Sollte er sich nicht lieber stellen und seinen Verdacht äußern? Würde man ihm glauben? Er spürte Wut in sich aufsteigen. Natürlich würde ihm nach dem, was in dem Hotelzimmer passiert war, kein Mensch mehr zuhören! Wenn es ihm nicht gelang, Beweise für das zu finden, was vermutlich im BWK vorging, hatte er keine Chance. Er streckte die Beine aus und zog die Akte näher zu sich. Wenn er recht hatte mit seinem Verdacht, musste es Spuren der Tat geben. Die Frage war nur, ob sein Verdacht Hand und Fuß hatte? Er massierte sich die Schläfen, um den sich anbahnenden Kopfschmerz zu vertreiben. Wie war er eigentlich darauf gekommen, dass Silcher und seine Kollegen heimlich mit Organen handelten? War es der Anblick des zugedeckten Körpers gewesen? Oder die Flucht durch die EVA? Als er die Operationstische und Sterilisationsgeräte in dem Bunker gesehen hatte, war die Sache für ihn klar gewesen. Warum sonst sollte jemand versuchen, Tote am System vorbeizuschmuggeln? Er verstärkte den Druck auf seine Schläfen, bis sich der Schmerz zurückzog. Man konnte Organe nicht einfach entnehmen, als ob man in einem Supermarkt einkaufen wäre. Dazu brauchte man einen Operationssaal und die entsprechenden Instrumente.

Ein Klopfen an der Tür riss ihn aus der Grübelei.

»Wer ist da?« Instinktiv griff Tim nach seinem Schweizer Taschenmesser.
»Die Wirtin. Möchten Sie für heute Abend einen Tisch im Restaurant reservieren?«
Tim ließ die Hand mit dem Messer sinken. »Nein danke«, rief er. »Ich gehe vermutlich in die Stadt.«
»Dann wünsche ich Ihnen viel Spaß.« Die Wirtin klang enttäuscht. »Wann möchten Sie morgen Frühstück?«
Tim dachte einen Augenblick nach. »Um sieben?«
»Gerne.«
Er lauschte auf ihre sich entfernenden Schritte, dann griff er nach seiner Tasche. Darin befanden sich eine SIM-Karte, zahlreiche Prepaid Kreditkarten von mehreren Tankstellen und ein Handy, das er sich unterwegs gekauft hatte. Er steckte die Karte in das Handy und schaltete das Telefon ein. Jetzt konnte er endlich gefahrlos das Internet durchforsten und bei der Familie des dritten Opfers anrufen, die vielleicht seinen Verdacht bestätigen konnte.

*

Sontheim an der Brenz, 27. Mai 2016

Oberfeldarzt Markus Silcher hätte am liebsten einen Mord begangen. Die beiden Handlanger, die er losgeschickt hatte, um Baumann aus dem Weg zu räumen, hatten nicht nur versagt. Einer von ihnen war außerdem so dämlich gewesen, sich umbringen zu lassen! Er tigerte in seinem Arbeitszimmer auf und ab und fragte sich, wie er jemals wieder aus diesem verdammten Schlamassel herauskommen sollte. Warum hatte er Baumann nicht einfach abhauen lassen? Einem Flüchtigen hätte doch sowieso niemand geglaubt. Er ließ sich in einen Sessel fallen und unterdrückte einen Fluch. Alles war so perfekt gewesen! Das Konto in der Karibik, von dem seine Frau nichts wusste, platzte aus allen Nähten. Und in zwei Jahren hätte er in aller Ruhe in Pension gehen können. Der Plan hätte narrensicher sein müssen! Er ballte die Hände zu Fäusten. Während er sich ausmalte, was passieren würde, wenn ans Licht kam, was er getan hatte, schlich sich unaufhaltsam Angst in sein Herz. Wovor fürchtete er sich mehr? Davor, dass die Polizei an seine Tür klopfte? Oder davor, dass seine Auftraggeber ihn aufsuchten? Der Gedanke ließ ihn trotz der sommerlichen Temperaturen frösteln. Es gab nur eines: die Flucht nach vorn. Er griff nach seinem Telefon und wählte die wohlbekannte Nummer.

KAPITEL 16

Stuttgart, 27. Mai 2016

Lisa versuchte, Mark Becker nicht anzustarren, als er von seinen Nachforschungen zu Tim Baumann berichtete. Er war gebaut wie eine Schrankwand und hielt sich so aufrecht, als ob er einen Stock verschluckt hätte. Die dunklen Augen und dichten Brauen verliehen ihm ein grimmiges Aussehen, das durch die offenbar mehrfach gebrochene Nase unterstrichen wurde. Irgendwie wirkte er auf Lisa arrogant, und sie hatte das irrationale Bedürfnis, ihm zu widersprechen.

»Wieso ist die Uniform so wichtig?«, fragte sie.

Becker wandte ihr den Blick zu. »Es macht einfach keinen Sinn. Er hätte sich die Uniform aus seiner Wohnung holen können. Jeder Soldat hat einen ganzen Stapel davon.«

»Vielleicht wollte er da nicht hin, weil er wusste, dass die albanische Mafia hinter ihm her ist«, sagte Lisa süffisant. Das lag doch wohl auf der Hand.

Becker zuckte die Achseln. »Möglich. Aber für mich passt das alles nicht richtig zusammen.«

»Warum nicht?«, fragte der SOKO-Leiter. »Drogen, Mafia – da bleiben kaum Fragen offen, würde ich sagen. Das wäre doch nicht das erste Mal, dass einer Ihrer Männer im Kosovo Kontakte geknüpft hat.«

Lisa sah Ärger in Beckers Augen aufblitzen. »Bleibt

trotzdem die Frage, wozu er die Uniform gebraucht hat. Außerdem gibt es bisher nicht einen einzigen Beweis dafür, dass es wirklich *er* war, der die Medikamente entwendet hat. Das hätte so gut wie jeder tun können.«

»Halten Sie seinen Chef für unglaubwürdig?«, fragte Thomas Fuchs.

Becker schien einen Moment zu überlegen, bevor er antwortete. »Er war sich selber nicht ganz sicher.«

»Was ist mit der Freundin?«, wollte Lisa wissen. »Haben Sie die nach den Drogen gefragt?«

»Maria Frech, die Ex-Freundin«, sagte Becker. »Nein, wir haben sie nicht darüber befragt.«

»Dann sollte das vielleicht nachgeholt werden«, schlug der SOKO-Leiter vor. »Lisa, begleite Oberleutnant Becker zu der Freundin. Ich sage den Kollegen vor Ort Bescheid. Ich nehme an, der Staatsanwalt hat den Kollegen in Ulm kontaktiert. Sobald der einen Durchsuchungsbeschluss für Baumanns Wohnung ausgestellt hat, solltet ihr euch die auch ansehen.« Er wandte sich an die übrigen Anwesenden und verteilte weitere Aufgaben. Dann löste er die Versammlung auf. »Nächste SOKO-Besprechung heute Abend um sieben.«

Lisa schielte zu Becker. Super. Ermitteln mit Popeye – hatte sie sich schon immer gewünscht. Sie packte ihre Sachen zusammen. »Hältst du mich auf dem Laufenden, was Baumanns Konto angeht?«, bat sie ihren Chef.

»Natürlich.« Er nickte Becker kurz zu, dann verschwand er aus dem SOKO-Raum, um sich um all den Papierkram zu kümmern, der bei einer Mordermittlung anfiel.

Lisa beneidete ihn nicht darum.

»Sollen wir in einem Auto fahren?«, wollte Becker wissen.

Lisa verkniff sich ein »Bloß nicht!«

»Ich nehme an, Sie wollen mich bei der Besprechung heute Abend auch dabei haben«, sagte Becker.

»Ja schon.« Lisa hörte selbst, wie zögernd sie klang.

»Dann nehmen wir Ihren Wagen«, entschied Becker. Hätte er sie nicht wenigstens fragen können, ob es ihr recht war? Lisa spürte Ärger in sich aufsteigen. Irgendwie fühlte sie sich von seiner Art provoziert. Er benahm sich, als ob es *seine* Ermittlung war. Sie schluckte den Unwillen und klemmte sich ihre Tasche unter den Arm. Professionalität!, schärfte sie sich ein. Ganz egal, wie sehr dieser Becker sie irritierte, sie würde sich nicht von ihm beeinflussen lassen. »Kommen Sie«, sagte sie und ging voraus ins Geschäftszimmer des Dezernats. Dort nahm sie sich einen Autoschlüssel vom Haken, schob das Kärtchen mit dem Kennzeichen des Dienstwagens auf dem Magnetboard neben ihren Namen und sagte der Sekretärin Bescheid, dass sie nach Ulm fuhren.

»Ist das euer Berater?«, fragte Tanja, die Sekretärin, und schenkte Becker ein strahlendes Lächeln.

Der tippte sich mit zwei Fingern an das alberne rote Mützchen und lächelte zurück.

Prima, dachte Lisa. Irgendwie zog sie die Kerle, die sich für Supermann hielten, an wie Scheiße die Fliegen. Erst Hochstätter, jetzt Becker. Konnte sie denn nie mit einem ganz normalen Mann zusammenarbeiten? Warum zog sie immer die Arschkarte? »Bis später«, sagte sie, geflissentlich die Frage der Sekretärin ignorierend. Dann angelte sie noch ein Mini-Snickers aus der Süßigkeitenschale auf dem Tisch und machte sich auf den Weg ins Erdgeschoss. Wenig später saß sie am Steuer einer silbernen C-Klasse. Die ganze Fahrt über versuchte sie, Becker so weit wie möglich zu ignorieren. Für sie war der Fall klar: Tim Baumann hatte sich mit den falschen Leuten eingelassen und sich den Zorn der Mafia zugezogen. Alles andere waren esoterische Theorien, für die es höchstens Platz im Vorabendprogramm gab. Nicht in ihrer Mordermittlung. Warum Becker die Sache mit der Uniform so merkwürdig vorkam, begriff sie nicht.

Aber was konnte man schon von jemandem erwarten, der meinte, in einem vierwöchigen Fachlehrgang lernen zu können, wofür Polizisten drei Jahre lang studierten? Sie verzog spöttisch den Mund. Halt! Sie hatte das vierwöchige Praktikum vergessen, das die Feldjäger nach ihrem Lehrgang bei der Kripo absolvierten. Das Grinsen war da, bevor sie sich dessen bewusst war.

»Was ist so komisch?«, fragte Becker.

Lisa sah aus dem Augenwinkel, dass er sie anstarrte. Er war wirklich riesig. Sein Kopf streifte fast am Dach des Wagens. »Nichts«, erwiderte sie viel zu schnell – und fühlte sich ertappt.

»Aha.« Er verschränkte die Arme vor der Brust und schwieg. Erst nach einer ganzen Weile sagte er: »Wir sind auf der gleichen Seite.«

»Hat niemand etwas anderes behauptet«, patzte Lisa.

Becker bedachte sie mit einem Blick, der ihr unangenehm war. »Dann wäre das ja geklärt.«

Die Luft im Auto schien plötzlich dicker geworden zu sein, weshalb Lisa die Seitenscheibe hinabließ. Draußen herrschte schon wieder eine Affenhitze. Am

Horizont schoben sich die ersten Gewitterwolken an den Höhenzügen der Schwäbischen Alb zusammen. Wenn die Vorhersage stimmte, würde es spätestens am Mittag zu heftigen Unwettern kommen. Lisa lenkte ihre Aufmerksamkeit zurück auf die Straße und wich jedem weiteren Versuch, Konversation zu betreiben, aus.

Als sie kurz vor Ulm waren, rief sie Thomas Fuchs an. »Ist der Durchsuchungsbeschluss für Baumanns Wohnung schon da?«

»Das dauert noch«, war die Antwort.

»Okay. Dann fahren wir zuerst zu seiner Freundin.«

»*Ex*-Freundin«, verbesserte Becker, als sie aufgelegt hatte.

Meinetwegen, dachte Lisa. War doch vollkommen egal. Wenn sie immer noch Uniformen von Baumann hatte, waren sie bestimmt nicht *ganz* so getrennt, wie alle annahmen. Sie folgte der Ausschilderung nach Unterelchingen und parkte die C-Klasse schließlich vor Maria Frechs Haus. Beim Aussteigen wehte ihnen ein ländlicher Geruch entgegen. Lisa rümpfte die Nase. Kuhmist. Da sie steif war von der Fahrt, reckte sie sich, bis das Ziehen in ihren Nackenmuskeln nachließ.

Becker warf ihr einen weiteren schiefen Blick zu. »Das Haus da drüben«, informierte er sie und ging voran.

Lisa folgte ihm über die Straße durch einen Vorgarten, dessen Blütenpracht beeindruckend war. Alles wirkte ordentlich und gepflegt, selbst das Gras zwischen den Pflastersteinen des Weges war geschnitten. Becker führte sie an einer Eingangstür vorbei zu einer Außentreppe.

Sie hatten die Treppe noch nicht ganz erreicht, als eine Frau mittleren Alters aus dem hinteren Teil des Gartens auf sie zukam. Sie trug Rosenhandschuhe. »Sie schon wieder?« Sie runzelte missfällig die Stirn. »Maria ist nicht da.«

Becker lächelte sie an. »Wir haben noch ein paar Fragen. Wissen Sie, wo sie ist?«

Die Frau, von der Lisa annahm, dass es sich um Maria Frechs Mutter handelte, musterte sie von oben bis unten. »Gehören Sie auch zur Bundeswehr?«, fragte sie.

Lisa zückte ihre Dienstmarke. »Nein, zur Polizei.«

Die steilen Falten zwischen den Brauen der Frau vertieften sich. »Polizei? Das wird ja immer bunter!« Sie stemmte die Hände in die Hüften. »Ganz egal, was dieser Tim Ihnen erzählt hat, meine Maria hat damit nichts zu tun!«

Lisa schob sich an Becker vorbei. »Wir wollen Ihre Tochter nur zu Tim Baumann befragen«, sagte sie. »Wo können wir sie erreichen?«

Maria Frechs Mutter schüttelte den Kopf. »Sie ist nach München gefahren.«

»Wann kommt sie zurück?«, fragte Becker. Er baute sich so dicht neben Lisa auf, dass sie einen Schritt zur Seite machte.

Konnte der Kerl denn keinen Abstand halten?

»Ich glaube, sie übernachtet in München«, erwiderte Frau Frech. »Sie hat ihre Entwürfe mitgenommen und wollte sich mit einigen ihrer Autoren treffen.«

»Autoren?«, hakte Lisa nach.

»Sie illustriert Kinderbücher. Manche ihrer Autoren sind sehr heikel und wollen die Entwürfe erst sehen, bevor sie an die Verlage gehen. Sie ist aber noch nicht lange fort.«

Lisa zog ihr Telefon aus der Tasche. »Würden Sie mir ihre Handynummer geben?« Sie tippte mit. »Geht direkt auf die Mobilbox«, sagte sie kurz darauf. »Ist das normal bei Ihrer Tochter?«

Frau Frech zuckte die Achseln. »Ab und zu vergisst sie, den Akku aufzuladen. Sie ist ...«, sie suchte nach dem richtigen Wort, »manchmal ein bisschen schusselig.«

Lisa wollte das Handy gerade zurück in die Tasche stecken, als ein »Ping« ihr mitteilte, dass sie eine SMS erhalten hatte. »DB für Wohnung ist da«, ließ der SOKO-Leiter sie wissen. Sie bedankte sich bei Frau Frech und drückte ihr eine Visitenkarte in die Hand. »Für alle Fälle.«

Die Frau sah ihnen besorgt nach, als sie den Garten verließen und wieder in die C-Klasse stiegen.

»Der Durchsuchungsbeschluss für Baumanns Wohnung ist da«, sagte Lisa. »Vielleicht finden wir da etwas, das uns weiterbringt.«

KAPITEL 17

Ulm, 27. Mai 2016

Mark hoffte ebenfalls, dass die Durchsuchung der Wohnung endlich Licht in die Angelegenheit bringen würde. Allmählich fühlte er sich an der Nase herumgeführt, und das stank ihm gewaltig.
Zwei Uniformierte und ein Kripobeamter erwarteten sie vor Baumanns Tür. Die dicke Mutti von nebenan lauerte hinter der angelehnten Haustür und verfolgte das Geschehen zweifelsohne voller Genugtuung. Das Gequengel der Kinder aus dem Inneren der Wohnung war nicht zu überhören, und Mark fragte sich, ob die Erhöhung des Betreuungsgeldes wirklich eine gute Idee gewesen war. Von den übrigen Bewohnern des Hauses war keine Spur zu entdecken.
»Einer von euren Leuten?«, fragte der Kriminalkommissar an Mark gewandt, nachdem er sie begrüßt hatte. Die Frage war rhetorisch.
Mark nickte. Obwohl keinerlei Veranlassung dazu bestand, war es ihm inzwischen fast peinlich, dass Tim Baumann ein Angehöriger der Bundeswehr war. Schließlich gab es überall faule Äpfel, nicht nur bei ihnen. Vermutlich war es die schroffe Art seiner Begleiterin, die seine Geduld auf eine ziemlich harte Probe stellte. Hätte er nicht mit ihr zusammenarbeiten müssen, hätte er ihr schon längst die Meinung gegeigt. So jedoch ließ er ihre

kleinliche Arroganz an sich abprallen und dachte sich seinen Teil. Vermutlich war sie mit dem falschen Fuß aufgestanden oder hatte sonst ein Problem, von dem er nichts wissen wollte. Der Gedanke an ihre Zickigkeit führte unweigerlich zu Julia, weshalb er ihn hastig beiseiteschob und sich die Latexhandschuhe überstreifte, die einer der Uniformierten ihnen reichte. Dann betrat er die Wohnung.

Der Eingangsbereich war vollgestellt mit Pappkartons und Bierkästen, die Garderobe leer bis auf eine dunkelblaue Jacke. Von der winzigen Diele ging es geradeaus in den Wohnbereich. Rechts gab es drei Türen, hinter denen sich eine Toilette, eine Abstellkammer und ein Durchgang zu einer offenen Küche befanden. In dem geräumigen Wohnzimmer gab es eine Sitzecke, einen Fernseher, einige Bücherregale und eine teure Stereoanlage, deren Boxen auf der Küchenbar standen. Ein Bad und ein Arbeitszimmer gingen vom Wohnzimmer ab. Eine Wendeltreppe führte ins Obergeschoss.

»Ich fange oben an«, sagte er. Obwohl die beiden Uniformierten draußen geblieben waren, fühlte er sich beengt.

»Ist mir recht«, brummte Lisa Schäfer. Während Mark sich auf den Weg nach oben machte, steuerte sie schnurstracks auf das Bad zu.

Mark zog den Kopf ein, um sich nicht an den Balken des offenen Fachwerks zu stoßen, und beäugte die Holzstufen, als diese knarzend gegen sein Gewicht protestierten. Oben angekommen öffnete er eine Glastür und betrat einen kleinen Raum mit einem Doppelbett. Im Raum gegenüber lehnte eine Matratze an einem Schrank.

An den geraden Wänden waren Bücherregale befestigt, vollgestopft mit billigen Taschenbüchern und einigen hochwertigeren Hardcover-Bänden. Die Abtrennungen zwischen den beiden Zimmern waren aus Glas, durch ein Dachfenster und zwei kleine Luken fiel Sonnenlicht auf den Boden. Mark löste die altmodische Verriegelung des Fensters und steckte den Kopf ins Freie. Ein Panorama aus Giebeln, Dachterrassen und Fachwerk erstreckte sich unter ihm. Links konnte er sogar einen Teil der Glaspyramide der Ulmer Stadtbibliothek sehen. Das Stimmengewirr der Cafégäste und Touristen war hier oben gedämpft, das Schimpfen der Spatzen, die im Efeu des Nachbarhauses nisteten, hingegen ohrenbetäubend. Er ließ den Blick schweifen. Kein übler Ausblick. Obwohl sich die Wolken im Norden inzwischen zu riesigen Türmen aufgeschoben hatten, war der Himmel über diesem Teil von Ulm noch strahlend blau. Er zog den Kopf zurück und blinzelte. Als sich seine Augen wieder an das Licht im Zimmer gewöhnt hatten, machte er sich an die Arbeit. Er zog Bettdecke, Kissen und Matratze ab, klopfte die Daunenfüllung ab, hob den Lattenrost hoch und stellte alles in Tim Baumanns Schlafzimmer auf den Kopf. Nichts. Als er auch den Nachttisch, den Kleiderschrank und eine Holzkiste voller Bettwäsche durchwühlt hatte, betastete er die einzelnen Segmente des Parketts. Es wäre nicht das erste Mal, dass jemand Drogen unter dem Fußboden versteckte. Allerdings war Baumanns Parkett fachmännisch ohne Zwischenräume verlegt, genau wie die Sockelleisten, die Mark sich als Nächstes vornahm. Zum Schluss zog er jedes einzelne Buch aus dem Regal und schüttelte die

Seiten aus, in der Hoffnung, dass Baumann etwas dazwischen versteckt hatte. Wieder Fehlanzeige. Nachdem er auch noch die Dachbalken abgesucht hatte, gab er schließlich auf und ging zurück nach unten.

»Kein Erfolg«, ließ er Lisa Schäfer wissen, als diese ihn fragend ansah. Sie steckte bis zum Ellenbogen in Gummihandschuhen und kniete vor der Kloschüssel. Mark rümpfte die Nase. Toller Job.

»Hier ist auch nichts«, sagte sie und kam auf die Beine. Sie zog die Handschuhe aus und ließ sie in einen Müllbeutel fallen. »Küche oder Arbeitszimmer?«, fragte sie.

Mark überlegte nicht lange. »Arbeitszimmer.«

Lisa Schäfer bedachte ihn mit einem Blick, in dem »Zimperliese« geschrieben stand, was Mark jedoch nicht im Geringsten störte. Sollte sie sich doch durch Müll und vergammelte Lebensmittel wühlen. Vielleicht würde das ihrer Aufgeblasenheit ein wenig die Luft ablassen. Er wollte sich gerade abwenden, als ihr Handy klingelte.

»Ja, Schäfer.«

Mark hörte nicht, was der Anrufer sagte, aber ihr Gesichtsausdruck sprach Bände.

»Dann haben wir ihn bald«, sagte sie, bevor sie auflegte.

Mark sah sie fragend an.

»Mein Chef«, erklärte sie. »Baumanns Bankdaten. Er hat sich vor zwei Tagen einen Opel Corsa bei einer Autovermietung hier in Ulm gemietet.« Sie nannte den Namen des Verleihs. »Jetzt haben wir außer seiner Kreditkarte und seinem Bild noch ein Kennzeichen, mit dem wir nach ihm fahnden können. Er hat zwar auch reichlich Bargeld abgehoben. Aber wenn er kein krimineller Mastermind ist, werden ihn früher oder später die Kollegen von der Streife aufgreifen.« Sie funkelte Mark triumphierend an. »Sobald wir hier fertig sind, fahren wir zu der Autovermietung, um sicherzugehen, dass es wirklich Baumann war, der für den Wagen bezahlt hat. Wenn wir Glück haben, können die ihn sogar über GPS orten.«

»Ist das nicht unzulässig?«, fragte Mark.

Lisa Schäfer grinste. »Nur, wenn es ohne Zustimmung des Kunden geschieht. Aber wer liest sich schon das Kleingedruckte in so einem Mietvertrag durch?«

»Na, dann hoffen wir das Beste«, sagte Mark und machte sich auf in Baumanns Arbeitszimmer. Allerdings gab es auch hier keine Hinweise, die Licht ins Dunkel hätten bringen können.

»Nichts«, sagte er, als er fertig war.

Lisa Schäfer schnitt eine Grimasse. Sie stand hinter dem Küchentresen und beäugte einen vertrockneten Basilikumstock in einem blauen Topf. »Hier auch nicht. Außer, man zählt schimmeligen Käse und verfaultes Gemüse als Erfolg.«

Sie verabschiedeten sich von den Ulmer Beamten und saßen wenig später wieder im Auto. Während Lisa in Richtung Blaubeurer Ring fuhr, zuckten die ersten Blitze über den inzwischen bleigrauen Himmel. Ein gewaltiger Donner folgte, dann klatschten dicke Regentropfen auf die Windschutzscheibe.

»Klasse«, schimpfte Lisa. »Das musste ja jetzt sein.«

Mark grinste schadenfroh und schielte auf ihr dünnes Poloshirt. Sah sicher interessant aus, wenn das Ding nass wurde. Bevor seine Fantasie mit ihm durchgehen konnte, wandte er den Blick wieder ab und rief, »Vorsicht!«, als Lisa in den Kreisverkehr einbiegen wollte. Der war für Ortsfremde kaum als solcher zu erkennen, weshalb es an dieser Stelle andauernd krachte. »Wer baut denn so was?«, zeterte sie nach einer Vollbremsung.

Mark schluckte die Antwort, die ihm auf der Zunge lag, und passte stattdessen mit auf den Verkehr auf. Sobald sich eine Lücke auftat, schoss Lisa quer über die Fahrbahn, bog Richtung Blaustein ab und parkte kurz darauf vor dem Gebäude der Autovermietung. Inzwischen prasselte der Regen sintflutartig auf die Scheiben, prasselte auf die Bäume und riss junge Blätter von den Zweigen. Der Blütenstaub der letzten Wochen sammelte sich in gelben Rinnsalen und in Pfützen, floss in Gullys und lief in Streifen von den Autodächern.

»Ich warte, bis es nachlässt«, sagte Lisa. Sie warf Mark einen trotzigen Blick zu, als erwarte sie eine blöde Bemerkung von ihm.

Da er auch keine Lust hatte, sich bis auf die Knochen durchnässen zu lassen, sagte er jedoch »Gute Idee« und lehnte sich zurück.

Der Spuk war schnell vorbei. Sobald es nur noch ein bisschen tröpfelte, öffnete Lisa die Tür, und sie sprinteten zusammen über den nassen Asphalt. Sie war ganz schön schnell, stellte Mark beeindruckt fest.

Die blonde junge Frau am Empfangstresen lächelte sie etwas verstört an. »Wie kann ich Ihnen helfen?«, fragte sie mit professioneller Freundlichkeit.

Lisa zeigte ihren Dienstausweis. »Sie haben vor zwei Tagen einen Opel Corsa an einen Tim Baumann vermietet«, sagte sie. »Ist das Fahrzeug über GPS zu orten?«

Die Augen der Blonden weiteten sich. »Hat er etwas verbrochen?«, fragte sie atemlos.

Lisa ignorierte die Frage und hielt ihr stattdessen ihr Handy mit einem Bild von Baumann hin. »Erinnern Sie sich an den Mann?«

Die junge Frau betrachtete das Foto mit zusammengekniffenen Augen. »Ja, der hatte auch eine Uniform an«, sagte sie schließlich. »Aber nicht so eine.« Sie zeigte auf Mark. »Eine weiße.«

»Seine Sanitäteruniform«, erklärte Mark.

»Können Sie seinen Wagen orten?«, fragte Lisa ungeduldig.

»Da muss ich erst im Vertrag nachsehen. Einen Augenblick bitte.« Die Frau verschwand in einem angrenzenden Büro. Zwei Minuten später kam sie mit einem ausgefüllten Vertragsvordruck zurück. »Nein«, sagte sie bedauernd. »Es ist ein älteres Modell ohne GPS. Tut mir leid.«

»Gibt es sonst eine Möglichkeit festzustellen, wo sich der Wagen befindet?«, hakte Mark nach.

»Nein. Erst, wenn er ihn bei einer unserer anderen Filialen abgegeben hat.«

»Mist«, murmelte Lisa.

Mark war ebenfalls frustriert. Die Suche nach Baumann gestaltete sich immer mehr wie die Suche nach der Nadel im Heuhaufen. Nur, dass sie noch nicht einmal den Heuhaufen gefunden hatten.

»Bitte rufen Sie mich umgehend an, falls er das Auto zurückgibt«, sagte Lisa und schob der Blonden eine Visitenkarte über den Tresen. Zurück im Auto stieß sie einen Fluch aus, den Mark ihr gar nicht zugetraut hätte.

»Was jetzt?«, fragte er.

Sie zuckte die Achseln. »Am besten fahren wir noch kurz im Bundeswehrkrankenhaus vorbei. Ich will mir diesen Raum ansehen, in dem die Drogen aufbewahrt werden.«

Sie hatte gerade den Motor gestartet, als ihr Telefon klingelte. »Hallo, Thomas«, sagte sie. »Habt ihr Neues zu Baumanns Kreditkarte?« Sie schaltete auf Lautsprecher, damit Mark mithören konnte.

»Nein«, antwortete der SOKO-Leiter. »Wir haben was Besseres. Der Wagen, den Baumann gemietet hat, wurde am Dienstag an einer Tankstelle in Stockach am Bodensee aufgezeichnet.«

Lisa wollte etwas sagen, aber ihr Chef kam ihr zuvor. »Es wird noch besser: Es haben sich zahlreiche Zeugen auf unseren öffentlichen Fahndungsaufruf hin gemeldet. Und zwei davon behaupten, Baumann gestern in Schaffhausen gesehen zu haben.«

»Die Schweiz. Natürlich«, sagte Lisa. »Liegt im wahrsten Sinne des Wortes nahe.«

»Ich sage bei den Kollegen in Schaffhausen Bescheid, dass ihr auf dem Weg seid«, verkündete der SOKO-Leiter. »Die gehen den Hinweisen bereits nach und befragen die Zeugen. Vielleicht haben sie Baumann gefasst, bis ihr ankommt. Das BKA informiere ich auch.«

Lisa warf Mark einen fragenden Blick zu.

Er nickte. Was denn sonst? Sollte er jetzt aussteigen und ihr die Show alleine überlassen? Kam ja gar nicht infrage!

»Ich will aber erst noch mal in Baumanns Wohnung«, sagte sie. »Da lagen ein paar Stadtpläne rum. Vielleicht finden wir einen Anhaltspunkt, wo genau er untergeschlüpft ist.«

KAPITEL 18

Zwischen Ulm und Augsburg, 27. Mai 2016

Maria Frech wusste nicht, wie lange sie aus dem Fenster des Schnellimbisses gestarrt hatte. Nur, dass inzwischen ein Gewitter gekommen und sich wieder verzogen hatte. Obwohl sie alles tat, um nicht an ihn zu denken, spukte Tim in ihrem Kopf herum. Der Trip nach München war eigentlich völlig überflüssig, auch wenn sie ihrer Mutter etwas anderes erzählt hatte. Allerdings erhoffte sie sich davon Ablenkung, die sie offenbar dringend brauchte. Seit seinem plötzlichen Besuch ging ihr Tim nicht mehr aus dem Sinn, und sie fragte sich, in was für einen Schlamassel er sich hineinmanövriert hatte. Er war schon immer ein Shit-Magnet gewesen – auch ein Grund, warum sie sich von ihm getrennt hatte. Sie fuhr sich mit den Fingern durch die Haare. Der andere Grund war seine Verschlossenheit gewesen, die Maria in den Wahnsinn getrieben hatte. Sie hatte einfach nicht glauben können, dass es nichts gab, über das er nach seinen Einsätzen in Afghanistan reden musste. Auch wenn er darauf beharrte.

»Du schließt mich aus«, hatte sie ihm immer wieder vorgeworfen. Und er hatte nicht einmal protestiert.

Sie seufzte, stellte den Kaffeebecher auf ihr Tablett und erhob sich. Nachdem sie ihren Abfall aufgeräumt hatte, verließ sie den Imbiss und überlegte einen

Augenblick. Sie wurde erst in drei Stunden in München erwartet, und die Gegend hier hatte sie schon immer gereizt. Vielleicht war es ein Wink des Schicksals, dass sie ausgerechnet hier abgefahren war, weil sie aufs Klo musste. Warum nicht ein paar Fotos machen, die sie später als Vorlage für ihre Bilder benutzen konnte? Als die Sonne hinter den Wolken hervortrat und die Tropfen auf den Blättern zum Glitzern brachte, wertete sie das als positives Omen. Sie stieg in ihren Wagen, einen drei Jahre alten Fiat 500, und zuckelte zur Ausfahrt des Parkplatzes. Nach kurzem Überlegen blinkte sie links und fuhr die breite Landstraße entlang, bis sie zu einem malerischen Dorf kam. Dort folgte sie einem braunen Hinweisschild, das die Naturschönheiten der Gegend anpries, und landete kurz darauf auf einem Wanderparkplatz. Genau das Richtige, dachte sie und wollte gerade aussteigen, als ihr ein dunkler Mercedes auffiel, der ebenfalls auf den Parkplatz zusteuerte. Hatte sie so einen Wagen nicht schon vor dem Schnellrestaurant gesehen? Er war ihr aufgefallen, weil es eines der neueren Modelle mit den merkwürdigen Frontscheinwerfern war. Sie schüttelte den Kopf über sich selbst, als das Auto das entgegengesetzte Ende des Parkplatzes ansteuerte. Vermutlich irgendeine Oma, die mit ihrem Fiffi Gassi gehen wollte.

Maria nahm ihre Handtasche vom Beifahrersitz, stieg aus und schloss den Wagen ab. Dann kramte sie in der Tasche herum, bis sie ihr Handy fand. Die Kamera war erstklassig, machte beinahe bessere Bilder als ihre teure »Canon«. Als sie das Display einschalten wollte, rührte sich jedoch nichts.

»Ach du Schande«, murmelte sie. Hatte sie etwa schon wieder vergessen, den Akku zu laden? Ärgerlich über sich selbst, versuchte sie es erneut, aber das Telefon zeigte keine Reaktion. »Na super.« Sie pfefferte das Handy zurück in die Tasche. Wie konnte man nur so dämlich sein?

Eine Bewegung im Augenwinkel ließ sie aufblicken. Und einen spitzen Schrei ausstoßen. Ohne dass sie es bemerkt hatte, waren zwei Männer aus dem Mercedes ausgestiegen und hatten sich ihrem Fiat genähert. Beide waren dunkelhaarig und sahen wenig vertrauenerweckend aus. Sie waren so nah, dass Maria die Aknenarben im Gesicht des kleineren erkennen konnte.

Wollten die sie überfallen? Voller Panik wühlte sie in der Handtasche nach dem Schlüssel, den sie eben erst hineingeworfen hatte. Als ihre Fingerkuppen endlich das Metall des Schlüsselbundes ertasteten, waren die Männer bis auf wenige Schritte herangekommen.

»Was wollen Sie?«, rief Maria. Sie hörte die Furcht in ihrer Stimme.

Die beiden zeigten keinerlei Reaktion. Der Ausdruck, mit dem sie sie ansahen, jagte ihr Angst ein. Ganz sicher wollten die sie nicht nach dem Weg fragen!

Maria blieben nur Sekunden, um eine Entscheidung zu treffen. Ohne nachzudenken, schleuderte sie dem größeren der beiden ihre Handtasche an den Kopf und rannte an ihm vorbei in Richtung Wald. Ein Teil von ihr wusste, dass es das Dümmste war, das sie in solch einer Situation tun konnte. Ein anderer Teil schrie ihr zu, so schnell zu laufen, wie sie konnte. Wenn sie Glück hatte, konnte sie sich vor den beiden verstecken oder über die an den Wald angrenzenden Felder zurück zum Dorf rennen und dort um Hilfe rufen.

Ihr Herz hämmerte so wild, dass es sich anfühlte, als ob es aus ihrer Brust fliehen wollte. Ohne zu sehen, wo sie hinlief, stolperte sie über Wurzeln und Äste, strauchelte, als ihr Fuß gegen einen großen Stein stieß, und kollidierte um ein Haar mit einem Baumstamm. Bereits nach wenigen Metern brannten ihre Lungen, und ihre Seiten begannen zu stechen. Der Wald schien mit jedem Schritt dichter zu werden. Dornige Büsche versperrten den Weg und zwangen sie auszuweichen, sodass sie schon bald die Orientierung verlor.

Was sollte sie nur tun?

Das Knacken von Ästen und die lauten Stimmen der beiden Männer verrieten, dass sie ihr dicht auf den Fersen waren. Aber Maria wagte nicht, sich umzusehen, aus Angst, dabei den Halt zu verlieren oder gegen irgendein Hindernis zu prallen.

Hätte sie doch nur andere Schuhe angezogen! Die schicken roten Pumps passten zwar wunderbar zu ihrer roten Bluse. Allerdings drangen die Absätze bei jedem Schritt so tief in den weichen Waldboden ein, dass es sich anfühlte, als würde sie durch Knetmasse waten.

»Oh Gott!«, wimmerte sie, als ihre Fußspitze sich unter einer Wurzel verhakte und sie beinahe lang hinschlug. Im letzten Augenblick gelang es ihr, sich zu fangen, doch das Missgeschick hatte sie wertvolle Zeit gekostet. Während die Furcht drohte, ihr den Boden unter den Füßen wegzuziehen, schlug sie Haken wie ein Hase und rannte blindlings weiter.

Die Erkenntnis, dass sie keine Chance hatte, den Männern zu entkommen, traf sie einen Sekundenbruchteil vor dem ersten Schlag. Dieser schleuderte sie mit solcher Gewalt zu Boden, dass sie meinte, ihre Rippen brechen zu hören. Ein Schrei baute sich in ihr auf. Allerdings kam er nicht dazu, ihren Mund zu verlassen, da sie vorher eine Faust an der Schläfe traf.

KAPITEL 19

Ulm, 27. Mai 2016

Als Mark und Lisa die Wohnung von Tim Baumann zum zweiten Mal verließen, meldete Marks Magen sich mit einem peinlich lauten Knurren zu Wort. »Sollen wir erst noch was essen, bevor wir losfahren?«, fragte er. Leider hatte die Suche nach den Stadtplänen wenig ergeben, da Baumann ihnen nicht den Gefallen getan hatte, irgendetwas darauf zu markieren oder zu notieren.

Lisa sah auf die Uhr. »Sollten wir irgendwann tun«, räumte sie ein. »Ohne Mampf, kein Kampf. Das hat schon unser Ausbilder immer gesagt.« Sie grinste.

Wenn sie lächelte, sah sie gar nicht so biestig aus, dachte Mark. Eigentlich war sie sogar sehr attraktiv, wenn auch auf eine burschikose Art und Weise. Er zeigte auf einen Betonbau mit einer Front aus Glas direkt gegenüber von Baumanns Wohnung. Rechts davon ragte die Pyramide der Stadtbibliothek in den Himmel, dahinter zog die bunt bemalte Fassade des alten Rathauses Touristen mit Kameras und Stadtplänen in der Hand an. »Liegt nah und ist lecker.«

»Meinetwegen«, gab Lisa zurück. »Hauptsache, was zu essen.« Sie ging voraus über den Platz, suchte einen Tisch weitab von den anderen Gästen aus und bestellte sich eine Gemüselasagne und ein Mineralwasser.

Mark nahm ein Bauernfrühstück: Bratkartoffeln, Toast, Speck und Spiegelei und dazu einen Kaffee.

Sie aßen schweigend. Lisa las nebenher ihre Emails, Mark informierte seinen Kompanieführer über die neuesten Entwicklungen. Dann hing er seinen Gedanken zu Tim Baumann nach. Er wusste nicht genau, warum, aber er wollte einfach nicht glauben, dass der Sanitäter sich mit Drogendealern eingelassen hatte. Die Durchsuchung seiner Wohnung hatte Marks Eindruck bestätigt, dass Baumann ein ganz normaler Krankenpfleger war. Mark hatte in seiner Zeit als Feldjäger oft genug mit Leuten zu tun gehabt, die sich – besonders im Kosovo – mit zwielichtigen Gestalten eingelassen hatten. Aber bei jedem Einzelnen davon hatten sich irgendwelche Hinweise auf kriminelle Aktivitäten finden lassen. Baumann hingegen wirkte eher wie jemand, der für seine Arbeit lebte. Mark erinnerte sich an die Titel der gebundenen Bücher. Fast alles Fachliteratur über medizinische Themen.

Er wischte seinen Teller mit einem Stück Toast sauber und bestellte noch ein alkoholfreies Bier, das er in einem Zug zur Hälfte leerte. Mann, hatte er einen Durst! Er rutschte etwas weiter in den Schatten des Sonnenschirms und grübelte über den Toten in Stuttgart nach. Für ihn sah das eindeutig nach Notwehr aus. Zwei Männer waren in Baumanns Zimmer eingedrungen, und er hatte sich gegen sie gewehrt. Warum er sich nicht stellte, begriff Mark allerdings nicht. Dafür gab es nur eine logische Erklärung, und die wollte ihm ganz und gar nicht gefallen: Baumann traute dem System nicht. Der Gedanke bereitete ihm Bauchschmerzen. Vielleicht sollte er Dr. Silcher noch mal genauer unter die Lupe nehmen.

»Fertig?«, unterbrach Lisa seine Grübelei.

»Ja.« Er winkte die Bedienung heran.

Nachdem sie bezahlt hatten, machten sie sich auf den Weg zum Auto und kämpften sich in Schrittgeschwindigkeit durch die Fußgängerzone zur Neuen Straße.

»Bis Schaffhausen sind es knapp zwei Stunden über die B30«, sagte Lisa, sobald das Navigationsgerät die Route berechnet hatte.

»Glauben Sie, dass er noch dort ist?«, fragte Mark.

»Wenn nicht, ist er vermutlich noch nicht weit gekommen«, erwiderte Lisa. »Es ist jedenfalls ein Anhaltspunkt. Selbst wenn er abgehauen ist und das Auto wechselt, erkennt ihn sicher wieder jemand aufgrund des Fahndungsfotos. Weit kommt er nicht.« Sie kramte in der Seitenablage und schob sich ein Bonbon in den Mund.

»Vielleicht ist den beiden Zeugen etwas Wichtiges aufgefallen.«

Mark hoffte, dass sie recht behielt. Diese ganze Angelegenheit wuchs sich allmählich zu einem Staatsakt aus. Wenn sie Baumann nicht bald fanden, würde sich vermutlich die Verteidigungsministerin höchstpersönlich einmischen. Und seine Karriere war beim Teufel. Er nahm sein Barett ab und fuhr sich durch die Haare. Gott, war das eine Affenhitze! Während Lisa die C-Klasse in den Verkehr einfädelte, stellte Mark die Klimaanlage ein paar Grad runter. »Stört Sie doch nicht, oder?«

Lisa schüttelte den Kopf.

Mark schloss die Augen und lehnte sich zurück. Die kühle Luft auf seiner Haut tat gut, und das Geräusch des Motors wirkte einlullend. Als er wieder aufwachte, waren sie bereits kurz vor der Grenze.

»Guten Morgen, Dornröschen«, frotzelte Lisa.

Mark blinzelte irritiert und reckte sich. »Wie spät ist es?«

»Kurz vor drei. Wir sind gleich da.«

Mark rieb sich mit den Handflächen übers Gesicht, bis er ganz bei sich war. Dann tippte er mit dem Finger an seine Waffe. »Können wir die mitnehmen?«

»Ja, die wissen Bescheid. Das sollte kein Problem sein.«

Der Rest der Fahrt verlief reibungslos, nicht einmal an der Grenze hielt sie jemand an.

»Wenn Baumann auch so einfach rübergekommen ist, wundert mich nichts mehr«, sagte Lisa.

»Das sind halt die Nachteile des Schengen-Abkommens.« Marks Handy unterbrach ihn mit dem Geräusch für eine SMS. Er sah aufs Display. Julia. Augenblicklich breitete sich ein ungutes Gefühl in seiner Magengegend aus. Als er die Nachricht öffnete, teilte sie ihm jedoch lediglich mit, dass sie an diesem Abend mit einer ihrer Kolleginnen ins Kino gehen wollte. Mark stieß erleichtert die Luft aus. »Bin dienstlich unterwegs«, schrieb er zurück. »Kann sein, dass ich auswärts übernachte. Wird auf alle Fälle spät.« Er schickte die Nachricht ab und schob das Telefon zurück in seine Tasche.

»Was Wichtiges?«, wollte Lisa wissen.

»Nein.« Während sie den Schildern zum Polizeikommando Schaffhausen folgte, loggte Mark sich mit seinem Feldjäger-Account bei Facebook ein, um zum vierten Mal an diesem Tag Tim Baumanns Konto zu checken. Er war immer noch offline. Mark gab die Hoffnung nicht auf, dass er irgendwann den kleinen grünen Punkt neben seinem Namen entdecken würde, der ihm sagte, dass Baumann aktiv war. Nach kurzem Überlegen schickte er ihm eine Nachricht. »*Melden Sie sich. Ich kann Ihnen helfen.*« Wenn es ihm gelang, Baumann ausfindig zu machen, würde Lisa Schäfer vielleicht auch den Rest ihrer Arroganz ablegen.

Das Polizeikommando lag direkt neben einem alten Kloster in der Nähe des Rheins. Lisa und Mark wurden von einem Beamten des »Kommissariats Fahndung« empfangen, einem grauhaarigen Mann mit einem verschmitzten Gesicht. Nachdem sie Hände geschüttelt und sich vorgestellt hatten, führte er sie ins Gebäude, wo die beiden Zeugen warteten.

»Wir haben sie gebeten, noch hierzubleiben, falls Sie ihnen auch noch ein paar Fragen stellen wollen«, sagte der Schweizer. Er händigte Mark und Lisa das Protokoll der Vernehmung aus. Beide Zeugen waren junge Frauen, die Baumann an einer Tankstelle in der Nähe der Grenze gesehen hatten. Beide waren sicher, dass es sich um den Gesuchten handelte. Ihre Aussagen waren klar, aber Lisa beschloss trotzdem, kurz mit ihnen zu sprechen. Getrennt.

Sobald sie mit der ersten Frau in einem Vernehmungszimmer saßen, bat Lisa sie, Baumann zu beschreiben. »Er hatte hellbraune Haare, grüne oder graue Augen und war ungefähr so groß.« Sie stand auf und hielt die Hand etwas mehr als fünf Zentimeter über ihren Scheitel. »Mir ist er nur aufgefallen, weil er sich dauernd umgesehen hat«, sagte sie. »Und weil er ein Ulmer Kennzeichen hatte.« Sie lächelte Mark an. »Meine Schwester wohnt in Ulm. Deshalb.«

Die zweite Zeugin beschrieb Baumann genauso zutreffend und erkannte ihn auch auf dem Foto, das Lisa ihr vorlegte. Mehr wussten die beiden allerdings nicht. Sobald auch die zweite Frau das Zimmer wieder verlassen hatte, sagte Lisa: »Dann fahren wir jetzt am besten zu der Tankstelle.«

»Meine Männer waren schon dort«, informierte sie der Schweizer. »Der Chef der Tankstelle hat uns die Aufzeichnungen ihrer Videokameras zur Verfügung gestellt.« Er öffnete die Tür und machte eine einladende Geste. »Kommen Sie.«

Mark und Lisa folgten ihm den Gang entlang zu einem dunklen Kabuff, in dem zahlreiche Monitore vor sich hin flimmerten. Ein Mann mit krummem Rücken und dünnem Haar rollte mit seinem Schreibtischstuhl von einem Bildschirm zum anderen und tippte auf mehreren Tastaturen herum. Nach einem unverständlichen Austausch in schnellem Schweizerdeutsch nickte der Beamte und wandte sich dem größten der Monitore zu. Er klickte sich durch ein Menü, und wenig später erschien das körnige Bild einer Überwachungskamera auf dem Schirm. Es zeigte das Innere eines Tankstellen-Shops.

»Da«, sagte er und hielt das Bild an.

Mehr oder weniger deutlich konnte man im Hintergrund erkennen, wie Tim Baumann den Laden betrat.

»Das ist er, oder?«, fragte der Grauhaarige.

Mark lehnte sich vor, um besser sehen zu können. »Ja, das ist Baumann«, bestätigte er schließlich.

Der Mann an der Computermaus ließ die Aufzeichnung weiterlaufen.

»Was tut er?«, fragte Lisa.

»Sieht aus, als ob er sich eine Handvoll Prepaid-Kreditkarten kauft«, erwiderte der Schweizer.

Tatsächlich griff Baumann in einen Ständer, in dem Kärtchen in Geldbeutelfachgröße steckten. Auf den ersten Blick hatte Mark sie für Telefon-, iTuneskarten oder etwas Ähnliches gehalten.

»Na super«, stöhnte Lisa. »Damit ist er so gut wie nicht aufspürbar.«

»Wieso?«, wollte Mark wissen. »Sind die nicht auf ihn ausgestellt?«

Lisa schnaubte. »Von wegen! Da kann man jeden Namen drauf drucken lassen, den man will. Es würde vermutlich nicht mal jemand komisch gucken, wenn man sich Donald Duck nennt!«

»Ehrlich?« Das war Mark neu.

»Ja. Ehrlich.«

Sie verfolgten, wie Baumann bezahlte und dann den Laden wieder verließ.

»Das war's. Mehr Material haben wir nicht.«

Bevor Mark nach Außenaufnahmen fragen konnte, bimmelte das Telefon des Grauhaarigen. »Ja?« Er hörte dem Anrufer gespannt zu. »Merci.« Als er aufgelegt hatte, sagte er: »Man hat den Wagen gefunden. Er steht auf dem Parkplatz der ›Migros‹ in der Bahnhofstraße gleich um die Ecke.«

»Nichts wie hin!« Lisa sprang auf.

Ihr Eifer war bewundernswert, fand Mark. Auch die Art und Weise, wie sie mit den Zeuginnen umgegangen war, hatte seine Meinung über sie verbessert. Sie war zwar ihm gegenüber immer noch patzig, aber von ihrem Job verstand sie was. Er folgte ihr und dem Schweizer aus dem schummerigen Raum und saß kurze Zeit später wieder auf dem Beifahrersitz der C-Klasse.

Als sie auf dem Parkplatz des Supermarktes ankamen, tauschte der Beamte der Schaffhauser Polizei einige Worte mit der Besatzung des Streifenwagens, die den Corsa entdeckt hatte. »Sie haben nichts angerührt«, teilte er Lisa mit.

Obwohl Mark sicher war, dass Tim Baumann keinen Hinweis auf seinen momentanen Aufenthaltsort im Auto zurückgelassen hatte, wartete er geduldig, bis Lisa sich Latexhandschuhe übergezogen und den Innenraum durchsucht hatte.

»Nichts«, sagte sie resigniert. »War ja zu erwarten.«

»Dann war Ihr Ausflug wohl ein Schlag ins Wasser«, stellte der Schweizer bedauernd fest.

Lisa nickte. Sie schien zu überlegen, welche Schritte sie als Nächstes unternehmen sollten, als ihr Telefon klingelte. »Was ist denn jetzt schon wieder?«, fauchte sie und ging etwas abseits, um den Anruf entgegenzunehmen.

Mark beobachtete ihr Gesicht. Zuerst wirkte sie wütend, dann trat etwas in ihren Blick, das ihn an eine Bulldogge erinnerte. »Bingo«, hörte er sie sagen.

»Ihr Chef?«, fragte er, als sie sich wieder zu ihnen gesellte.

»Ja.« Sie fasste ihn forschend ins Auge, als ob sie sich plötzlich nicht mehr sicher war, ob sie ihm trauen konnte. »Die Fingerabdrücke auf dem Messer sind identifiziert worden. Einige sind von Tim Baumann. Die anderen gehören zu einem aktenkundigen Mitglied der albanischen Mafia. Einem Aleksander Berisha.«

KAPITEL 20

Engen im Hegau, 27. Mai 2016

Tim Baumann sah sich verstohlen in dem Optikerladen in Engen im Hegau um. Niemand achtete auf ihn, da drei alte Damen mit blau gefärbten Haaren alle Angestellten mit Beschlag belegten. Der einen gefiel die Farbe der Rahmen nicht, die andere brauchte eine Lupe, um den Preis eines Gestells zu lesen. Die dritte lamentierte über ihre Gleitsichtgläser, mit denen sie sich nicht einmal traute, die Straße zu überqueren.

»Das ist so gefährlich«, zeterte sie. »Ich sehe immer alles doppelt. So was darf doch nicht passieren!«

Die Filialleiterin versuchte erfolglos, den Drachen zu beruhigen, während Tim sich so weit wie möglich aus ihrem Blickfeld stahl. Ungeschickt probierte er ein Gestell nach dem anderen auf, betrachtete sich im Spiegel und behielt gleichzeitig die Angestellten im Auge. Als er sicher war, dass keine in seine Richtung sah, ließ er ein besonders auffälliges Gestell in seiner Jackentasche verschwinden und bückte sich gleichzeitig nach einem anderen, das er hatte fallen lassen.

»Ich bin gleich bei Ihnen«, flötete eine der Verkäuferinnen.

Tim zuckte kaum wahrnehmbar zusammen. Hatte sie gesehen, was er getan hatte? Er spürte Schweiß auf seine Oberlippe treten. Als die Angestellte durch eine

Tür in den Bereich hinter dem Laden verschwand, wurde ihm noch mulmiger zumute. Wenn sie ihn beim Ladendiebstahl ertappten, würden sie zweifelsohne die Polizei rufen. Dann würde eines zum anderen führen und man würde ihn als Mörder verhaften. Keine Sekunde zweifelte er daran, dass inzwischen jede Polizeidienststelle sein Fahndungsbild kannte, hatte er sich doch erst vor ein paar Stunden im Internet bewundert. Deshalb hatte er sich in einem kleinen Drogeriemarkt im Ort eine Dose Rasierschaum, eine Schere und einen neuen Rasierapparat gekauft und die wahnwitzige Idee gehabt, sich eine Brille zu stehlen. Allerdings kam ihm die Idee jetzt nicht mehr so genial vor wie noch vor einigen Minuten. Warum bezahlte er das Gestell nicht einfach? Geld genug hatte er noch.

Weil die ganze Verkleidung dann nichts bringt, beantwortete er sich die Frage selbst. Noch hatte ihn keine der Verkäuferinnen aus der Nähe gesehen. Wenn er jetzt verschwand, würden sie ihn nicht beschreiben können. Obwohl seine Hände so sehr schwitzten, dass er fürchtete, von der Türklinke abzurutschen, schob er sich in Richtung Ausgang und floh aus dem Laden. Gezwungen ruhig schlenderte er an den Schaufenstern der nächsten fünf Läden vorbei, bis er zu einer kleinen Seitengasse kam. Sobald er die Ecke umrundet hatte, begann er zu rennen.

Es dauerte nicht lange, bis er zu einem kleinen Park kam, wo er sich heftig keuchend auf eine Bank fallen ließ. Seine Seiten stachen und ihm war schwindlig, weil er seit Stunden nichts gegessen hatte. Sobald er das Fahndungsbild entdeckt hatte, war er aus der Pension verschwunden, hatte den Corsa auf einem öffentlichen Parkplatz abgestellt und sich in den ersten Bus gesetzt, der vom Schaffhauser Bahnhof abfuhr. Nach einer Fahrt durch eine malerische Landschaft hatte ihn beinahe der Schlag getroffen, als ein Grenzübergang vor ihnen auftauchte. Doch niemand hatte den Bus aufgehalten, sodass er schließlich in Engen ausgestiegen war. Das Städtchen schien die richtige Größe zu haben. Groß genug, dass nicht jeder jeden kannte, und klein genug, um nicht von Polizisten zu wimmeln. Obwohl er sich wieder in Deutschland befand, fühlte er sich hier sicherer als in Schaffhausen. Er stemmte die Ellenbogen auf die Knie und wartete, bis sich sein Atem beruhigt hatte. Dann zog er das gestohlene Brillengestell aus der Tasche, entfernte das Preisschild und setzte es auf. Er zog das Prepaid-Handy aus der Tasche, um ein Foto von sich zu schießen. Das Ergebnis war nicht übel. So würde ihn auf den ersten Blick niemand erkennen. Wenn er sich jetzt noch den Kopf rasierte ...

Er googelte die Stadt und fand ein Museum nicht weit von seinem Standort entfernt. Dort würde um diese Uhrzeit sicher nicht die Hölle los sein. In der Nähe gab es einige Cafés und Restaurants, in denen er endlich etwas essen konnte. Mit deutlich mehr Mut als noch vor einer halben Stunde, schulterte er seine Tasche und trottete in Richtung Museum davon. Als er dort ankam, war es kurz nach vier. Eine wortkarge Dame mit Perlenohrringen und einer Turmfrisur nahm ihm zwei Euro ab und wandte sich dann wieder der Lektüre eines Taschenbuches zu. Außer Tim befand sich kein Mensch in Sichtweite, und seine Schritte hallten unheimlich laut durch den Eingangsbereich. Nachdem er sicher war, dass die Empfangsdame ihm keine Beachtung schenkte, suchte er die nächstgelegene Toilette und packte seine Einkäufe aus. So schnell, dass er sich zwei Mal fast am Ohr verletzt hätte, schnitt er sich die Haare ab, seifte die Stoppeln ein und rasierte sich den Kopf. Obwohl er versuchte, sich dabei nicht völlig einzusauen, war sein Hemd danach so durchnässt, dass er es auszog und unter den Händetrockner hielt. Danach wischte er das Waschbecken mit einer Handvoll Papiertücher sauber, warf alles in einen Tretmülleimer und betrachtete sich im Spiegel.

Die Veränderung war beinahe unheimlich. Auf den ersten Blick hätte ihn nicht einmal seine Mutter erkannt. Er legte den Kopf schief und fasste einen weiteren Entschluss. Ohne lange zu fackeln, rasierte er sich auch die Augenbrauen, was sein Gesicht vollkommen verfremdete. So konnte er selbst in einem Polizeirevier auftauchen, ohne Angst haben zu müssen, dass ihn jemand identifizierte. Er starrte eine Weile in den Spiegel. Erleichterung breitete sich in ihm aus. Wenn die Polizei ihn nicht erkannte, würden sich auch seine Verfolger schwer tun. Schließlich stopfte er alles zurück in die Tasche und verließ die Toilette.

Weit und breit war niemand in Sicht. Die Dame am Eingang war immer noch in ihren Roman vertieft und sah nicht einmal auf, als Tim an ihr vorbei ins Freie verschwand. Vor der Tür schien das Atmen plötzlich leichter zu fallen. Er fuhr sich mit der Hand über den Kopf, dessen Haut sich wie Leder anfühlte. Dann wandte er sich nach Norden, schlenderte zurück in Richtung Park und suchte sich ein Restaurant mit einem schattigen Biergarten. Dort bestellte er sich ein riesiges Schnitzel und ein Radler und fragte nach dem WLAN-Passwort. Sobald die Bedienung ihm sein Getränk gebracht hatte, loggte er sich ein und fuhr mit seiner Recherche zu den drei toten Soldaten fort. Nachdem seine wiederholten Anrufe bei der Familie des dritten Opfers erfolglos geblieben waren, hatte er beschlossen, sich im Internet auf Spurensuche zu begeben. Er begann mit ihren Profilen bei den sozialen Netzwerken. Vielleicht fand er dort Hinweise darauf, wo sich ihre Leben überschnitten hatten.

KAPITEL 21

Zwischen Schaffhausen und Stuttgart, 27. Mai 2016

»Ich finde das zu einfach.« Mark warf Lisa einen wütenden Blick zu. Wie konnte man nur so verbohrt sein?

Sie tat so, als ob sie ihn nicht gehört hätte, und überholte eine Reihe holländischer Wohnwagen.

»Nur weil die Fingerabdrücke dieses Aleksander Irgendwas auf der Mordwaffe waren, heißt das noch lange nicht, dass Baumann mit Drogen gedealt hat!«
Lisa schnaubte. »Ach, und was heißt es sonst?« Sie schüttelte den Kopf. »Für mich ist die Sache klar. Für meinen Chef übrigens auch. Der Kerl hat sich im Kosovo mit den Albanern eingelassen, und jetzt ging was schief. Vermutlich wollte er auf eigene Rechnung arbeiten.« Ihre Wangenmuskeln arbeiteten, als sie die Zähne aufeinanderbiss.

Mark spürte, wie sich der Ärger in ihm verstärkte. »So einfach, ja?«

»Genau, so einfach! Es muss nicht immer alles kompliziert sein. Wir sind hier nicht in Hollywood.« Sie zog die Oberlippe hoch, als hätte sie auf etwas Ekliges gebissen.

»Vielleicht hätten wir noch weitere Zeugen in Schaffhausen gefunden«, brummte Mark. »Das alles dem BKA und den Schweizern zu überlassen, finde ich nicht sehr befriedigend.«

Lisa gab einen Laut von sich, der klang wie das Knurren eines Hundes. »Ganz ehrlich? Es ist mir egal, ob Sie das befriedigend finden oder nicht. Ihr Hauptfeldwebel steckt bis über beide Ohren im Dreck.« Sie machte eine wegwerfende Bewegung. »Und wenn Sie mich fragen, hat seine Freundin, Entschuldigung, *Ex*-Freundin, auch was damit zu tun. Warum sonst sollte die sich auch einfach in Luft auflösen?«

Mark biss sich auf die Zunge, um nichts Unüberlegtes zu sagen. Auch wenn die Fingerabdrücke auf dem Messer gewisse Rückschlüsse zuließen, kam ihm die ganze Sache mehr und mehr wie ein Schattenspiel vor. Und die Frage nach dem Feldanzug war immer noch nicht beantwortet. Bestimmt hatte Baumann den nicht gebraucht, um Drogen an den Mann zu bringen! Die ganze Angelegenheit hatte etwas mit der Bundeswehr zu tun. Nur was? »Sie hat sich nicht in Luft aufgelöst«, erwiderte er. »Sie hat nur vergessen, ihr Handy zu laden.«

»Wie praktisch!«

»Wie viele Leute, die sich mit der Mafia einlassen, sind so vollkommen unauffällig und normal wie Baumann?«, fragte er. »Bis jetzt war er ein unbeschriebenes Blatt. Man wird doch nicht über Nacht zum Mitglied der Mafia oder zu jemandem, der für sie arbeitet. Außerdem dachte ich, die Albaner wären in Familienclans organisiert.«

»Irgendwann fängt jeder mal an«, schoss Lisa zurück. »Baumann ist eben gleich groß eingestiegen.« Den Einwand mit den Clans ignorierte sie geflissentlich.

»So ein Quatsch!«

Lisa funkelte ihn an. »Passen Sie mal auf«, fauchte sie. »Wir sind die Profis, wir machen das jeden Tag. So eine Verbindung zum organisierten Verbrechen ignoriert man nicht einfach. Dieser Berisha hat ein ellenlanges Vorstrafenregister. Das ist nicht nur irgendein tätowierter Spinner. Und das macht die Sache definitiv eine Nummer zu groß für Sie. Ihr spielt Polizei, wir *sind* die Polizei!«

Mark hätte ihr am liebsten eine geklebt – hier und jetzt. Eine Ohrfeige würde vielleicht die Arroganz aus ihrem Gesicht wischen. Er schob die Hände unter die Oberschenkel, um sich davon abzuhalten.

Sie schien zu spüren, dass sie einen Schritt zu weit gegangen war, weil sie ihm einen Seitenblick zuwarf und auf ihre Waffe schielte.

»Keine Angst«, sagte Mark giftig. Allerdings hättest du da keine Chance, fügte er in Gedanken hinzu. Da sind *wir* nämlich die Profis.

Lisa ignorierte ihn, und der Rest der Fahrt verlief in schmollendem Schweigen. Als sie wieder in Stuttgart ankamen, war es kurz nach sieben. Sie hatten nur einmal eine Pipi-Pause gemacht und einen Kaffee gekauft, weshalb Marks Magen schon wieder in den Kniekehlen hing.

»Warten Sie hier«, sagte Lisa, nachdem sie den Dienstwagen auf dem Parkplatz hinter dem Präsidium abgestellt hatte. »Ich rede kurz mit meinem Chef.« Dann verschwand sie und ließ Mark stehen wie bestellt und nicht abgeholt.

Fassungslos sah er ihr nach, als sie durch eine gesicherte Glastür verschwand. Wofür hielt die blöde Kuh sich eigentlich? Für Miss Unfehlbar? Er verschränkte die Arme vor der Brust und starrte grimmig vor sich hin, bis ein paar Minuten später der SOKO-Leiter aus dem Gebäude auftauchte. Von Lisa Schäfer war weit und breit keine Spur mehr zu entdecken.

»Oberleutnant Becker«, kam der Chef des Dezernats gleich zur Sache. »Danke für Ihre Hilfe.« Er streckte Mark die Rechte entgegen. »Ihre Ausführungen zu Tim Baumann haben uns sehr geholfen.«

Mark nickte knapp. »Ihre Kollegin ...«, begann er.

»Ich habe Ihrem Hauptmann schon Bescheid gesagt, dass die Bundeswehr Sie ab sofort wieder ganz zu ihrer Verfügung hat«, unterbrach Lisas Chef ihn.

Mark glaubte, seinen Ohren nicht zu trauen. »Soll das heißen, ich bin raus aus dem Fall?«

Der SOKO-Leiter hob abwehrend die Hände. »So würde ich es nicht ausdrücken«, wiegelte er ab. »Aber nachdem wir den Toten inzwischen identifiziert haben und sowohl das BKA als auch sämtliche Landespolizeien nach Baumann fahnden, denken wir, dass wir Sie nicht länger mit Beschlag belegen sollten.« Er lächelte schief. »Sie haben sicher genug andere Dinge zu tun.«

Mark spürte, wie ihm das Blut in den Kopf stieg. Kanzelte der Kerl ihn hier einfach ab wie einen Erstklässler? Hatten die nicht mehr alle Birnen im Kronleuchter? »Das ist nicht Ihr Ernst, oder?«, fragte er fassungslos.

»Es tut mir leid«, versetzte der SOKO-Leiter. »Wie gesagt, vielen Dank für Ihre Hilfe.« Er streckte Mark erneut die Hand entgegen, dann machte er auf dem Absatz kehrt und verschwand ebenfalls im Präsidium.

Mark stand da wie ein begossener Pudel. Was hatte diese Zicke über ihn erzählt? Einen Sekundenbruchteil war er versucht, dem Hauptkommissar hinterher zu stürmen, Lisa Schäfer zu finden und sie anzubrüllen. Allerdings würde das nicht besonders zielführend sein. »Scheiß Weiber!«, fluchte er. Warum war der sachbearbeitende Ermittler kein Mann? Der hätte sich bestimmt nicht so bescheuert angestellt und auf seine Einwände gehört. Er murmelte ein »Leck mich!« und stapfte vom Hof zum Parkplatz, wo er seinen VW-Bus abgestellt hatte. Nachdem er die Tür zugeknallt hatte, fuhr er mit quietschenden Reifen davon, während er Lisa Schäfer in Gedanken eine ordentliche Tracht Prügel verabreichte. Wer austeilte, musste auch einstecken können. Aber vermutlich war sie eine von diesen verdammten Emanzen, die dachten, dass man als Frau alles durfte. Ein Teil von ihm wusste, dass er ihr niemals körperlich etwas angetan hätte. Ein anderer Teil schwelgte dagegen kurzfristig in blumigen Szenarien.

Kochend vor Wut drückte er, kaum hatte er die Autobahn erreicht, das Gaspedal durch. Der Ärger hatte den Hunger kurzfristig vertrieben, aber ein paar Kilometer hinter dem Stuttgarter Flughafen kehrte er zurück. Daher fuhr Mark ab, kaufte sich zwei belegte Brötchen und eine Flasche Zitronenlimo und aß im Freien. Der Abend war lau und immer noch sonnig. Wenn er nicht so stinkig wäre, hätte er sich auf einen gemütlichen Ausklang des Tages auf seiner Terrasse gefreut. Allerdings brachte der Gedanke an Julia auch nichts als Verdruss. Die hatte nämlich immer noch nicht auf seine SMS geantwortet – vermutlich, weil sie die beleidigte Leberwurst spielte. Er stöhnte. Was war es nur mit ihm und den Frauen? Konnte es nicht einmal im Leben einfach sein? Er stopfte den letzten Bissen des zweiten Brötchens in sich hinein und legte die restliche Strecke mit mieser Laune zurück.

In Ulm wechselte er das Auto und hatte um zehn nach neun, als er endlich vor seinem Haus ankam, gehörig die Schnauze voll. Julias Nissan Micra parkte halb auf dem Gehweg, außerdem ein Auto ohne Anwohnerausweis. Mark quetschte seinen Passat in eine viel zu kleine Lücke und schloss kurz darauf die Haustür auf. Er wollte gerade Julias Namen rufen, als er ein Geräusch aus dem oberen Stockwerk hörte, das ihn mitten in der Bewegung innehalten ließ.

»Jaaaaaaa.« Es war kein Schrei und kein Stöhnen, sondern etwas dazwischen. Und es kam eindeutig aus Julias Mund.

Einige Sekunden stand er wie versteinert da, während es über ihm rhythmisch rumste.

»Ja, ja, ja«, hörte er Julia stöhnen.

Und begriff. Mit einem Wutschrei schleuderte er seinen Rucksack auf den Boden, trampelte die Treppen hinauf und prallte auf der Schwelle des Schlafzimmers zurück, als ob er gegen eine unsichtbare Wand gelaufen wäre. Julia lag rücklings auf dem Bett – splitterfasernackt. Ein Mann kniete zwischen ihren Beinen.

Sie stieß einen Schreckensschrei aus, rutschte panisch von der Bettkante zurück und zog die Bettdecke über sich.

Der Kerl auf dem Boden hatte eine längere Leitung. Bevor er begriff, was passiert war, war Mark bei ihm, grub die Finger in seine Haare und riss ihn auf die Beine.

»Mark! Nicht!«, rief Julia.

Aber Mark hörte nichts außer dem Dröhnen seines Herzschlags in seinen Ohren. Er sah im wahrsten Sinne des Wortes Rot. Ohne nachzudenken, holte er aus und rammte dem Nackten die Faust ins Gesicht. Das Geräusch der brechenden Nase war Musik in seinen Ohren. Blut spritzte, als er ein zweites, drittes und viertes Mal zuschlug.

Julia kreischte hysterisch.

Doch Mark hörte immer noch weder sie noch das Wimmern ihres Liebhabers. Der hing inzwischen schlaff in seinem Griff – ein Auge zugeschwollen, die Braue über dem anderen aufgeplatzt. Sein bestes Stück baumelte schlaff zwischen seinen Beinen. Obwohl Mark ihn am liebsten zu Brei geprügelt hätte, gewann er schließlich die Kontrolle über sich zurück und ließ ihn los.

Augenblicklich sackte der Kerl wie eine Marionette zu Boden.

»Oh Gott, oh Gott, oh Gott«, wisperte Julia. Sie war kreidebleich an die Wand zurückgewichen und starrte Mark fassungslos an. »Was hast du getan?«

Mark steckte die Fäuste unter die Achseln, um sich davon abzuhalten, ihr ebenfalls eine reinzuhauen. Erst jetzt erkannte er den Typ auf dem Boden. Es war Jan, ihr Kollege. Der Sportlehrer, der sich über die mangelnden motorischen Fähigkeiten von Kindern ausgelassen hatte. Mark hätte ihm am liebsten noch einen Tritt in die Familienjuwelen versetzt.

»Mach, dass du aus meinem Haus verschwindest«, knurrte er, mühsam beherrscht, an Julia gewandt.

»*Dein* Haus?«, ereiferte die sich.

Mark machte einen drohenden Schritt auf sie zu. »Raus«, wiederholte er leise. Als Julia keine Anstalten machte sich zu rühren, packte er ihren Lover am Arm und zog ihn unsanft in die Höhe. »Den kannst du mitnehmen.« Ohne auf das Gejammer des Kerls zu achten, schleifte er ihn aus dem Zimmer, die Treppe hinab, öffnete die Haustür und schmiss ihn raus.

»Meine Kleider«, wagte der Sportlehrer zu protestieren. Doch als Mark den Fuß auf die Treppe setzte, flitzte er zu seinem Auto und versteckte sich so gut wie möglich dahinter.

Mark knallte die Tür zu. Dann holte er einen großen Koffer aus dem Keller. Er warf ein paar von Julias persönlichen Dingen hinein und trug ihn ins Schlafzimmer. Julia saß immer noch regungslos auf dem Bett. Mark schleuderte den Koffer aufs Bett. »Pack das Nötigste. Den Rest kannst du dir holen, wenn ich nicht da bin.«

»Mark!«, flehte sie. In ihren Augen schwammen Tränen.

»Fang bloß nicht an zu flennen«, warnte er. »Wenn du nicht willst, dass die ganze Nachbarschaft deinen ...«, er rang nach Worten, »Stecher sieht, solltest du dich beeilen!« Ohne auf eine Antwort zu warten, ließ er sie sitzen. Im Erdgeschoss verbarrikadierte er sich in der Küche und versuchte, seinen rasenden Puls unter Kontrolle zu bringen. Noch nie in seinem Leben war er so wütend gewesen. Hätte ihn nicht ein letzter Funken Vernunft davon abgehalten, hätte er den Typ zu Tode geprügelt. Er ließ sich auf einen Stuhl fallen und vergrub das Gesicht in den Händen. Diese falsche Schlange!

Er wusste nicht, wie lange er so dagesessen hatte, als er schließlich die Tür ins Schloss fallen hörte. Draußen vermischten sich die aufgebrachten Stimmen der beiden Ertappten in einem lautstarken Streit, der mit dem Zuschlagen von Autotüren endete. Mark lehnte sich zurück. Da das Adrenalin allmählich abebbte, begannen seine Knöchel zu schmerzen. Er betrachtete seine Hände eine Weile, als ob sie einem anderen gehörten, dann stand er auf und hielt sie unter kaltes Wasser. Als das Pochen ein wenig nachließ, öffnete er den Kühlschrank. Mit einem Bier in der Hand ging er auf die

Terrasse hinaus und verwünschte den Tag, die Woche und sein ganzes Leben.

KAPITEL 22

Ulm, 28. Mai 2016

Am nächsten Morgen sah die Welt kein bisschen besser aus. Marks Kopf dröhnte von dem Whisky, den er sich irgendwann kurz vor Mitternacht eingegossen hatte. Der Himmel war bleigrau, und als er zu seinem Passat ging, wehte ein kühler Wind. Er hatte die Nacht auf der Couch verbracht, weshalb ihm seine Schulter und sein Nacken wehtaten. Seine rechte Hand war grün und blau, einer der Knöchel auf das Doppelte seiner normalen Größe angeschwollen. Die neugierigen Blicke der Nachbarn, die das ganze Drama vermutlich hinter ihren Gardinen mit angesehen hatten, trugen auch nicht dazu bei, dass er sich besser fühlte. Die Enttäuschung über Julias Betrug saß tief – viel tiefer, als er sich eingestehen wollte. Während er nach Ulm fuhr, dachte er über all das nach, was sie sich irgendwann einmal versprochen hatten. Als sein Handy klingelte und er Julias Namen auf dem Display sah, stieß er einen wüsten Fluch aus.

»Lass mich bloß in Frieden!«, knurrte er und schaltete das Telefon auf stumm. Wenn sie meinte, dass sich die Angelegenheit durch ein tränenreiches Gespräch aus der Welt schaffen ließ, täuschte sie sich gewaltig. Wenn er daran dachte, dass sie von ihm gefordert hatte, seine Karriere für eine Familie mit ihr aufzugeben, schwoll ihm erneut der Kamm. Hätte sie wenigstens einen richtigen Mann für ihren Seitensprung gewählt! Der Gedanke war völlig blödsinnig. Aber es nagte an ihm, dass sie ihn mit einem schmalbrüstigen Hänfling betrogen hatte. »Fuck!«

Als er in der Kaserne ankam, war es bereits zwei Minuten vor sieben, weshalb er atemlos beim Morgenappell ankam. Sein Chef warf ihm einen fragenden Blick zu, ignorierte ihn aber, bis die Kompanie wieder abgetreten war.

»Was war denn da in Stuttgart los?«, fragte er, nachdem er Mark in sein Büro zitiert hatte. »Der SOKO-Leiter meinte, sie bräuchten dich nicht mehr.« Er goss Kaffee in zwei Becher und stellte einen davon vor Mark. »Haben sie Baumann gefasst?«

Mark schnaubte. »Die fahnden noch nach ihm.« Er erklärte, was sich im Lauf des gestrigen Tages ergeben hatte.

»Und du denkst, sie liegen falsch mit der Annahme, dass Baumann für die Mafia gearbeitet hat?« Der Hauptmann wirkte skeptisch. »Die Fakten scheinen doch alle dafür zu sprechen.«

Mark schüttelte den Kopf. »Das sehe ich nicht so. Für mich sieht es eindeutig nach Notwehr aus. Diese Drogendealer-Theorie macht in meinen Augen keinen Sinn.« Er setzte seinem Chef auseinander, was er auch Lisa Schäfer hatte verständlich machen wollen.

Allerdings war der genauso wenig überzeugt von Marks Argumenten. »Das ist jetzt Angelegenheit der Staatsanwaltschaft und der Kripo«, sagte der Hauptmann. »Wenn die dich nicht mehr brauchen, ist der Fall für dich erledigt. Du weißt, dass sie nicht verpflichtet sind, uns zu informieren.«

Mark sah ihn ungläubig an.

»Guck nicht so. Ich kann auch nichts dran ändern.« Der Hauptmann kramte in den Akten auf seinem Schreibtisch und zog ein Blatt Papier hervor. »Vergiss Baumann. Ich habe einen anderen Job für dich.«

Mark stellte den Kaffeebecher ab, weil der Inhalt plötzlich wie Galle schmeckte.

»Die Vorbereitung für die Materialprüfung steht an«, informierte ihn sein Chef.

»Was?« Mark glaubte, seinen Ohren nicht zu trauen. Er sollte sich jetzt um die alle zwei Jahre fällige Inventur kümmern?

Der Hauptmann schob ihm das Schriftstück zu.

Mark starrte es wortlos an, während es in seinem Kopf fieberhaft arbeitete. Er konnte den Fall doch nicht einfach fallenlassen wie eine heiße Kartoffel! Dazu waren noch viel zu viele Fragen unbeantwortet. Was war mit Maria Frech? Hatte sie wirklich nur vergessen, ihren

Handyakku aufzuladen? Außerdem hatte er vorgehabt, Dr. Silcher noch einmal genauer unter die Lupe zu nehmen. Schließlich hatte der Arzt den Ball mit den Drogen erst ins Rollen gebracht. Er zog das Blatt näher, um Zeit zu gewinnen.

»Was ist denn mit deiner Hand passiert?«, fragte sein Chef.

Die Frage brachte Mark auf eine Idee. »Ich habe sie mir in der Autotür eingeklemmt«, log er. »Eigentlich wollte ich heute damit zum Arzt.« Er machte vorsichtig eine Faust. Die Bewegung schmerzte.

Der Hauptmann runzelte die Stirn. »Dann mach das am besten gleich«, sagte er. »Vielleicht ist was gebrochen.« Er nahm Mark das Schriftstück wieder ab. »Das kann auch noch ein paar Stunden warten. Es eilt nicht.«

Mark hoffte, dass sein Chef die Lüge nicht durchschaute. Aber die Gelegenheit konnte er sich einfach nicht entgehen lassen. Er erhob sich und heuchelte Bedauern. »Ich hoffe, ich muss nicht stundenlang warten«, sagte er.

»Melde dich, sobald du zurück bist«.

»Natürlich.« Mark leerte den Kaffeebecher, drehte ihn einige Augenblicke unschlüssig in den Händen und stellte ihn schließlich neben die Kaffeemaschine. Dann verließ er das Büro seines Chefs und machte sich auf den Weg zum Parkplatz. Er ignorierte die Verwunderung im Blick des Spießes, als dieser ihn in seinen Privat-Pkw einsteigen sah, und fuhr vom Kasernengelände, um ein weiteres Mal bei Dr. Silcher anzuklopfen. Es war zwar nur ein Bauchgefühl. Allerdings hatte Mark in der Vergangenheit gelernt, auf seine Instinkte zu hören.

Wie vor drei Jahren, als sein Konvoi in Afghanistan von einem Selbstmordattentäter angegriffen worden war. Hätte Mark nicht im richtigen Moment über Funk weitergegeben, dass ihm ein Fahrzeug am Rand der Straße suspekt vorkam, wären sie und der General, den sie begleitet hatten, in Einzelteilen nach Hause zurückgebracht worden. Er erinnerte sich an den ohrenbetäubenden Knall, als der gelbweiße Toyota Corolla in die Luft geflogen war. Und an den roten Nebel, den der Wind innerhalb von Sekundenbruchteilen verteilt hatte. Nur ein Finger und ein Stück von einem Fuß waren von dem Attentäter übrig geblieben. Sonst nichts. Als hätte er sich aufgelöst.

Mark vertrieb die Bilder aus seinem Kopf und konzentrierte sich auf den Verkehr. Inzwischen hatte es angefangen zu regnen, und die anderen Fahrer benahmen sich, als befürchteten sie einen Wintereinbruch. Ein weißer BMW drei Wagen vor ihm scherte aus, um einen Kleinbus zu überholen, und wäre beinahe mit dem entgegenkommenden Auto zusammengeprallt. »Passt doch auf, ihr Idioten«, brummte Mark. Das Chaos ging ihm auf die Nerven – genau wie sein linker Scheibenwischer. Der machte bei jeder Abwärtsbewegung ein ratterndes Geräusch, das Mark nach einigen Kilometern dazu veranlasste anzuhalten, um das Wischerblatt zu verbiegen. Als er wieder im Wagen saß und weiterfahren wollte, vibrierte sein Handy.

Er sah aufs Display.

Schon wieder Julia. Was, zum Geier, wollte sie noch von ihm? Alles erklären? Ihm die Schuld zuschieben? Es war ihm egal – jedenfalls redete er sich das ein. Er steckte das Telefon in die Hosentasche und versuchte, nicht die ganze Zeit daran zu denken, wie er sie und ihren Lover vorgefunden hatte. Die Wut kochte so plötzlich in ihm hoch, dass ihm schwindlig wurde. »Himmel, Arsch und Zwirn!«, fluchte er. Wieso hatte sie diesen Kerl vögeln müssen? Nur um ihm eins auszuwischen, weil er nicht gleich Ja und Amen zu allem gesagt hatte, was sie sich wünschte? Er biss die Zähne aufeinander, als es an seinem Bein erneut vibrierte. »Leck. Mich. Am. Arsch«, zischte er. Dann schaltete er das Telefon aus und reihte sich wieder in den Verkehr ein.

Knapp eine halbe Stunde später parkte er vor Silchers Haus. Der Regen hatte inzwischen nachgelassen, und am Himmel zeigten sich schon wieder die ersten Wolkenlücken. Am Horizont spuckte das Atomkraftwerk zwei dicke Säulen Wasserdampf aus, und Mark fragte sich nicht zum ersten Mal, ob es wirklich klug war, hier zu wohnen. Er rückte sein rotes Barett zurecht, bevor er ausstieg. Dieses Mal lungerten keine coolen Bübchen in der Nähe herum. Außer ein paar Omas, die auf dem gegenüberliegenden Friedhof mit gelben Gießkannen hantierten, war weit und breit kein Mensch zu sehen. Beim Weg zum Haus bemerkte Mark, dass kein Wagen in Silchers Einfahrt stand. Hatte der Arzt die Schicht gewechselt? Er drückte den Klingelknopf und zählte bis 20. Dann klingelte er erneut. Keine Antwort. Er legte den Kopf in den Nacken und ließ den Blick über die Fassade des Hauses wandern. Alle Fenster waren geschlossen, die Rollläden halb heruntergelassen. Mark ging ums Haus herum. Doch auch im Garten deutete nichts darauf hin, dass jemand zu Hause war. Ärgerlich, weil er nicht vorher angerufen hatte, gab er schließlich auf und kehrte zurück zu seinem Passat. Vermutlich war Silcher im Urlaub, aalte sich mit seiner Frau irgendwo am Strand und trank bunte Cocktails. Warum auch nicht? Er zog die Unterlippe zwischen die Zähne und nagte darauf herum. Seltsam kam es ihm trotzdem vor. Allerdings musste er bei einem Mann wie Silcher aufpassen wie ein Schießhund. Sollte der Arzt Wind davon bekommen, dass Mark nichts mehr mit dem Fall zu tun hatte und ohne Ermächtigung hinter ihm her schnüffelte, war Ärger vorprogrammiert. Nachdem er noch ein paar Minuten vor dem Haus gewartet hatte, gab er schließlich auf und fuhr weiter nach Unterelchingen. Wenn Maria Frech nicht bereits wieder aus München zurück war, hatte sie inzwischen sicherlich bemerkt, dass ihr Handy keinen Saft mehr hatte. Im ersten Fall würde Mark ihr noch mal höflich aber bestimmt auf den Zahn fühlen. Im zweiten konnte sie ihm seine Fragen am Telefon beantworten – sobald er die Handynummer von ihrer Mutter erfahren hatte. Die hatte nämlich nur Lisa Schäfer mitgetippt, als Frau Frech sie ihnen diktiert hatte. Der Gedanke an Lisa verstärkte den ohnehin in ihm brodelnden Ärger. Er umklammerte das Lenkrad, bis seine Knöchel protestierten. Am liebsten hätte er irgendetwas kaputt geschlagen. Allerdings war das momentan keine besonders gute Idee, da seine rechte Hand immer noch heftig pochte.

Als er beim Haus der Frechs angekommen war, schloss er kurz die Augen, um sich zu beruhigen. Wut tat niemals gut, das wusste er aus Erfahrung. Wut verleitete einen dazu, Fehler zu begehen, die Deckung fallen zu lassen oder Eindeutiges nicht zu sehen. Ein wütender Gegner war das Beste, das einem im Kampf passieren konnte. Und für Mark war der Fall seit seinem Rausschmiss aus der SOKO genau das: ein Kampf, den er gewinnen wollte. Er beruhigte sich, sammelte seine Gedanken und klingelte schließlich bei Maria Frechs Mutter.

Als diese die Tür öffnete und ihn erkannte, blitzte sie ihn zornig an. »Erst die Polizei, jetzt Sie! Was denken Sie sich eigentlich?« Tränen traten in ihre Augen. »Anstatt nach ihr zu suchen, verdächtigen Sie sie!« Eine Träne kullerte die Wange hinunter. »Warum glaubt mir denn keiner, dass ihr etwas passiert sein muss?«

KAPITEL 23

In einem Bauwagen, 28. Mai 2016

Maria Frech stöhnte. Jemand schien von innen mit einem Vorschlaghammer gegen ihre Schädeldecke zu schlagen, und egal wie sehr sie sich bemühte, es wollte ihr einfach nicht gelingen, die Augen zu öffnen. Es war heiß. Furchtbar heiß. Ihr gesamter Körper schmerzte, und ihre Blase war bis zum Platzen gefüllt. Wenn sie schluckte, schmeckte sie Blut. Mit jedem Atemzug stach ihr ein ekelhafter Gestank in die Nase. Allerdings war es nicht einfach zu atmen, da etwas ihren Mund bedeckte und sich in die Haut ihrer Wangen grub.

Sie versuchte, sich zu bewegen, aber weder ihre Hände noch ihre Füße wollten ihr gehorchen. Sie war wie gelähmt.

Sie wimmerte. Wo war sie? Warum konnte sie nichts sehen? Wieso tat ihr alles weh?

Die Erinnerung kehrte schrittweise zurück. Der Parkplatz. Der Wald. Die Männer. Als sie begriff, was geschehen war, schlug die Panik wie eine Woge über ihr zusammen. Sie war gefesselt, nicht gelähmt! Verzweifelt versuchte sie, ihre Hände zu bewegen, doch die waren hinter ihrem Rücken zusammengebunden. Auch ihre Beine waren verschnürt. Sie lag auf der Seite, die Wange auf rauem Holz. Mit jedem Atemzug erlangte sie mehr Bewusstsein zurück und verstand, warum sie nichts sehen konnte. Eines ihrer Augen war zugeschwollen, die Wimpern des anderen streiften den Boden. Außerdem schien es in dem Raum, in dem man sie gefangen hielt, stockdunkel zu sein. Sie drehte den Kopf ein wenig. Augenblicklich stach ihr ein solch entsetzlicher Schmerz in die Schläfe, dass sie die Kontrolle über ihre Blase verlor. Während warmer Urin ihre Beine entlang lief, rannen Tränen ihre Wangen hinab.

Was wollten die Männer von ihr? Trotz der Hitze, die in dem Raum herrschte, spürte sie, wie sich eine Gänsehaut über ihren gesamten Körper ausbreitete. Würden sie sie töten? Oder vergewaltigen und dann wieder freilassen? Sie wimmerte erneut. Wie hatte das passieren können? So etwas gab es doch nur im Fernsehen! Ein Schluchzen raubte ihr die Luft. Alles in ihr schien sich zu verkrampfen, so heftig, dass sie fürchtete zu ersticken. Während sie die Nase hochzog, um wenigstens ein bisschen Luft zu bekommen, wurde sie immer kurzatmiger, und ihr Herz begann zu rasen. Sie würde hier sterben. Die Gewissheit traf sie wie ein Blitz. Sie würde hier elendig verrecken. Irgendwann würden Kinder oder Spaziergänger ihre Leiche finden, und sie würde zu einer dieser furchtbaren Schlagzeilen werden. Das Grauen war so immens, dass sie den Schmerz vergaß und sich zusammenrollte wie ein Kind im Mutterleib. Helft mir, dachte sie. Irgendjemand. Helft mir.

Die Gedanken waren kaum in ihrem Kopf verklungen, als sie das Schlagen einer Autotür und Männerstimmen vernahm.

Sie kamen!

Die Furcht wirkte elektrisierend. Als begriffe ihr Körper, dass er sie jetzt nicht im Stich lassen durfte, unterdrückte er den Schmerz. Mit der Kraft der Verzweiflung rollte Maria sich auf den Rücken und versuchte sich aufzusetzen. Sie hatte sich gerade ein paar Zentimeter nach hinten geschoben, wo sie eine Wand vermutete, als es draußen knarzte und ein Schlüssel ins Schloss gesteckt wurde. Wenig später ging die Tür auf. Das Licht, das durch einen breiten Spalt hereinfiel, war so gleißend, dass es wie ein Messer nach ihrem Sehnerv stach. Maria hielt instinktiv den Atem an. Sie presste die Lider aufeinander und hegte für einen Sekundenbruchteil die irrationale Hoffnung, dass sie dadurch unsichtbar wurde. Das schien jedoch nicht der Fall zu sein, da einer der Männer auf sie zukam und sie grob an den Haaren packte. Ihr Herz dröhnte so heftig in ihrer Brust, dass es sich anfühlte, als wolle es platzen.

Der Mann zischte etwas in einer Sprache, die Maria nicht verstand. Obwohl sie vor Angst schlotterte, wagte sie zu blinzeln und die Luft aus den brennenden Lungen entweichen zu lassen. Keuchend schöpfte sie Atem. Ihr Peiniger roch nach Zwiebeln, Knoblauch und etwas anderem, das Maria nicht identifizieren konnte. Während er etwas zu seinem Begleiter sagte, rang Maria die Angst nieder und versuchte, durch ihr unversehrtes Auge etwas mehr von ihrer Umgebung zu erkennen.

Der Raum, in dem sie sich befand, war nicht mehr als sechs Quadratmeter groß. Der Boden bestand aus alten Holzplanken, die Wände aus Brettern. Die Fenster schienen vernagelt zu sein. Durch die Tür sah man Bäume, einen Teil von einem Schotterweg und ein Feld. Der Gestank in dem Gefängnis schien von etwas auf einem winzigen Tisch herzurühren, um das eine Handvoll Fliegen kreiste. Der Mann bei der Tür stieß diese etwas weiter auf und schnitt eine Grimasse.

Die Hand in ihrem Haar riss sie so brutal hoch, dass Maria ein erstickter Schrei entfuhr. Ein Schlag brachte sie zum Schweigen. Finger gruben sich in ihre Wangen und bogen ihren Kopf nach hinten, während die Hand von ihrem Haar zu ihrer Bluse wanderte. Dann ließ ihr Peiniger sie unvermittelt los, um sich neben sie zu knien und sich an ihren Fußfesseln zu schaffen zu machen. Ihr Kopf fiel nach hinten und schlug hart auf dem Boden auf. Der Schmerz übergoss sie wie flüssiges Feuer. Ihr wurde übel. Galle schoss ihr in die Kehle und drohte, sie zu ersticken. Würgend warf sie den Kopf hin und her, aber den Mann schien das nicht im Geringsten zu interessieren. Unter Aufbietung all ihrer Willenskraft gelang es ihr nach einigen Momenten, die Übelkeit niederzuringen und ihren abgehackten Atem zu beruhigen. Als der Kniende sie brutal an den Knöcheln packte, stieg ein Laut in ihr auf, der kaum menschlich klang.

Keuchend zerrte der Kerl an seinem Reißverschluss.

Maria schloss die Augen, um nicht sehen zu müssen, was zweifelsohne als Nächstes kommen würde. Sie presste die Knie zusammen, als könne sie sich dadurch vor dem Unvermeidbaren schützen. Sobald das Messer die Stricke durchtrennt hatte, zwang er ihre Beine auseinander und machte sich an ihren Jeans zu schaffen. Es war, als ob es einer anderen passieren würde, und plötzlich hatte Maria keine Angst mehr – jetzt, wo sie wusste, was ihre Entführer von ihr wollten. Die Erkenntnis war beinahe wie eine Erlösung. Sie spürte, wie der Kerl ihr die Hose über die Hüfte zog und nach ihrer Unterhose grapschte. Seine Hände waren rau und zitterten, als wäre er derjenige, der sich fürchten müsste. Es würde vorübergehen, redete sie sich ein. Egal, was sie ihr antaten, irgendwann würde es vorübergehen. Dieser Gedanke war der einzige Strohhalm, an dem sie sich festhalten konnte, während sie darauf wartete, dass er sie schändete. Er zerrte so heftig an ihrem Slip, dass dieser riss, hielt jedoch plötzlich mitten in der Bewegung inne und stieß etwas aus, das nach einer Verwünschung klang. Verwirrt öffnete Maria die Augen.

Der Mann, der sich gerade noch an ihr zu schaffen gemacht hatte, sah angeekelt auf sie hinab und wischte sich die Hände an der Hose ab. Er schimpfte etwas, spuckte neben ihr auf den Boden und kam auf die Beine. Sein Begleiter lachte. Er zeigte auf Maria, sagte etwas und lachte erneut. Es war kein fröhlicher Laut. Dann wandte er sich schulterzuckend ab.

Maria spürte den Luftzug auf ihrer nackten Haut, als er die Tür noch ein bisschen weiter öffnete, um sich eine Zigarette anzustecken. Erst jetzt stach ihr der Geruch ihres eigenen Urins in die Nase. Beißend, scharf, wie der Geruch eines wilden Tieres. Sie hätte beinahe vor Erleichterung geweint, als sie begriff, dass das der Grund für den plötzlichen Sinneswandel war. Während ihr rasender Puls sich langsam wieder beruhigte, versuchte sie, so still wie möglich zu liegen. Wenn sie sich nicht bewegte, vergaßen die beiden vielleicht, dass sie da war. Sie wusste, wie abwegig der Gedanke war. Dennoch spendete er ihr wenigstens ein bisschen Trost.

Nachdem sich auch der zweite eine Zigarette angezündet hatte, tauschten die beiden einige hitzige Worte. Schließlich zog der Ältere, der bei der Tür gewartet hatte, kopfschüttelnd etwas aus der Tasche.

Marias Herz setzte einen Schlag aus. Doch dann erkannte sie, dass es sich nicht um eine Waffe, sondern um ein Telefon handelte.

»Hier. Gucken«, befahl der Mann, nachdem er auf dem Display des Handys herumgetippt hatte.

Ehe Maria begriff, was geschah, blendete sie das Blitzlicht eines Fotoapparats. Nachdem der Kerl noch ein paar Bilder geschossen hatte, tippte er erneut auf dem Display herum und kam etwas näher. Er stieß Maria mit dem Fuß an. »Bewegen!«

Als ihr klar wurde, dass er ein Video von ihr machte, versuchte sie, ihre Blöße zu bedecken.

Nach einigen Augenblicken senkte der Kerl das Handy wieder, begutachtete sein Werk und nickte zufrieden. Ohne ein weiteres Wort kehrte er Maria den Rücken. Vor der Tür folgte eine weitere wütende Diskussion. Dann warf er die Tür ins Schloss und ließ Maria wieder in völliger Dunkelheit zurück.

KAPITEL 24

Engen im Hegau, 28. Mai 2016

Tim Baumann drehte den altmodischen Schlüssel und betrat das Zimmer in der urigen kleinen Pension, in der er sich eingemietet hatte. Da er trotz seines veränderten Äußeren kein Risiko eingehen wollte, hatte er den Frühstücksraum gemieden und gewartet, bis die anderen Gäste das Haus verlassen hatten. Erst dann hatte er es gewagt, beim Bäcker um die Ecke ein paar belegte Brötchen und einen Coffee-to-go zu kaufen. Er stellte den Plastikbecher auf dem Nachttisch ab und riss die Tüte auf. Dann ließ er sich im Schneidersitz auf dem Bett nieder und checkte den Ladestatus seines Prepaid-Handys. Der Akku war so gut wie voll. Tim zog das Kabel ab, biss in ein Käsebrötchen und fuhr mit seiner Recherche zu den toten Soldaten fort. Bisher hatte er nichts herausgefunden, das ihm verriet, was die drei gemeinsam hatten.

Der Erste auf seiner Liste war der Aktivste gewesen. Sein Facebook-Konto war besonders ergiebig. Dort hatte er nicht nur alles über sein Privatleben gepostet. Es fanden sich auch Fotos aus dem Feldlager in Kundus und dem Camp Marmal in Afghanistan: Soldaten beim Grillen, beim Ausflug in eine afghanische Stadt und beim Schießtraining. Beim Betrachten der Bilder fragte sich Tim, was die Vorgesetzten des Unteroffiziers wohl davon halten würden. Er arbeitete sich durch die Chronik, erfuhr von der Geburt einer Nichte, von Familienfeiern, Einsätzen und Liebschaften. Allerdings fand er nichts, das ihm weiterhalf.

Er wollte gerade zur Chronik des zweiten Opfers wechseln, als ihm ein Geräusch verriet, dass er eine neue Privatnachricht erhalten hatte. Fünf weitere warteten bereits darauf, von ihm gelesen zu werden – eine davon von den Feldjägern. Tim runzelte die Stirn. Er zögerte einen Augenblick, bevor er auf das Briefchen klickte. Er ignorierte die Nachricht der Bundeswehr und vier offensichtliche Spammails mit aufreizenden Frauenbildern und wandte seine Aufmerksamkeit der fünften Nachricht zu. Wer zum Teufel war »Harakiri«? Ein schlechter Scherz? Ebenfalls Spam? Er wollte das Fenster gerade wieder schließen, als ihm das Profilbild ins Auge stach. Es war die verschwommene Aufnahme eines dunklen Raumes. Allerdings waren es weder die schlechte Bildqualität noch die Dunkelheit, die ihn genauer hinsehen ließen. Sondern die Gestalt auf dem Boden. Konnte es sein? Er öffnete die Nachricht.

»Soll sie überleben?«

Kein weiteres Wort. Tims Herz setzte einen Schlag aus, als er auf eine angehängte Datei klickte und damit ein wackeliges Video öffnete. Eine Frau lag halb nackt am Boden. Ihre Hände schienen hinter dem Rücken gefesselt zu sein. Ein Knebel schnitt tief in ihre Wangen ein. Ihre Augen waren so weit aufgerissen, dass man das Weiß aufblitzen sah. Ein Fuß trat sie in die Seite. »Bewegen!«, befahl eine Männerstimme.

Tim starrte entsetzt auf das Display. »Maria«, murmelte er. Der Raum schien sich plötzlich um ihn zu drehen. Als der Fuß ein weiteres Mal im Bild auftauchte, ließ er das Brötchen fallen und presste die Hand vor den Mund. »Oh mein Gott!« Entsetzt verfolgte er, wie Maria versuchte, sich vor dem entwürdigenden Abtasten mit der Kameralinse zu schützen.

Die Übelkeit überkam ihn so unvermittelt, dass er es kaum bis ins Bad schaffte. Torkelnd stolperte er über einen Schemel, stieß sich die Schulter am Türrahmen und kämpfte gegen den Schwall seiner Magensäfte an. Da ihn noch zwei Schritte von der Toilette trennten, als es aus ihm herausbrach, klammerte er sich am Waschbecken fest und erbrach sich über den Wasserhahn. Immer wieder zog sich sein Magen zusammen, bis er schließlich zitternd auf den Fliesenboden sank und das Gesicht in den Händen vergrub. Sie hatten Maria entführt!

»Ohgottohgottohgott!«

Es war seine Schuld! Er musste sie zu ihr geführt haben. Und jetzt hatten sie Maria geschnappt, weil sie seiner nicht habhaft werden konnten. Die Übelkeit kehrte mit neuer Heftigkeit zurück.

Beinahe eine halbe Stunde lang kotzte er sich die Seele aus dem Leib, bis er so fertig war, dass er sich kaum mehr aufrappeln konnte. Kalter Schweiß ließ das Hemd an seinem Rücken kleben. Nur mit größter Mühe gelang es ihm irgendwann, wieder auf die Beine zu kommen und die Sauerei wenigstens ein bisschen zu beseitigen. Auf wackeligen Beinen stakste er schließlich aus dem Bad und sank aufs Bett. Die Displaybeleuchtung war schon lange ausgegangen. Er starrte das Handy an wie eine giftige Spinne – nicht sicher, ob er es ertragen konnte, das Video noch einmal anzusehen. Sie hatten Maria! Die Dinge, die er sich ausmalte, waren so grauenvoll, dass ihm allein die Vorstellung körperliche Pein bereitete. Was hatten sie mit ihr gemacht? Hatten sie sie …? Er wagte nicht, den Gedanken zu Ende zu denken. Sie ist halb nackt, Herrgott!, schrie sein Verstand ihm zu. Was denkst du denn, was sie mit ihr gemacht haben?

Er stöhnte und wünschte sich, tot zu sein. Warum hatte er sich nicht einfach von den Kerlen im Bunker fangen lassen? Dann wäre all das nie passiert. Dann hätte er kein Menschenleben auf dem Gewissen ...

Vielleicht waren es ja bereits zwei Menschenleben. Sein Magen wollte sich ein weiteres Mal umdrehen, aber Tim biss die Zähne aufeinander. »Reiß dich zusammen!«, zischte er. Maria brauchte ihn! Wie konnte er ihr helfen, wenn er sich hier wie ein Häuflein Elend in Selbstmitleid suhlte? Er griff nach dem angebissenen Brötchen und pfefferte es gegen die Wand. »Ihr verdammten Dreckschweine!«

Die Wut kam so plötzlich wie eine Explosion. Mit einem heiseren Schrei schleuderte er auch den Kaffeebecher gegen die Wand und drosch mit den Fäusten gegen den Bettpfosten. Als seine Hände taub und seine Kehle rau waren, sprang er schließlich auf und suchte nach seiner einzigen Waffe – dem Schweizer Messer. Er würde die Arschlöcher umbringen! Er umklammerte das lächerliche Messer, als könnte es ihm Halt geben. Egal wie, er würde ihnen die Eingeweide rausreißen und sie elendig verrecken lassen, wenn sie Maria auch nur ein Haar krümmten! Heftig keuchend ließ er sich wieder aufs Bett fallen und griff nach dem Handy, als dieses einen weiteren Signalton von sich gab.

Trotz der Wut schlich sich wieder Furcht in sein Herz. Was kam als Nächstes? Er öffnete auch die zweite Nachricht.

»*Wenn du die Polizei rufst, stirbt sie. Wenn du nicht tust, was wir verlangen, stirbt sie. Wenn du dich verhaften lässt, stirbt sie. Wir melden uns wieder.*«

KAPITEL 25

Ulm, 28. Mai 2016

Mark war nicht sicher, was er von dem angeblichen Verschwinden von Maria Frech halten sollte. Er fühlte sich immer mehr wie in einem Schattentheater, hatte das Gefühl, dass hinter dem, was man sah, etwas vollkommen anderes steckte. Nachdem ihre Mutter sich ein wenig beruhigt hatte, war es ihm gelungen, ihr ein paar Fakten aus der Nase zu ziehen. Vollkommen aufgelöst hatte sie ihm berichtet, dass Maria offenbar nicht in München angekommen war.

»Ihr Agent hat mich angerufen und gefragt, ob sie krank sei«, hatte sie geweint. »Der Autor, mit dem sie verabredet war, hat sich nach ihr erkundigt, weil sie ihren Termin nicht eingehalten hat. Und da wusste ich, dass ihr was passiert sein muss.« Händeringend hatte sie zu ihm aufgesehen, als ob er das Problem lösen könnte.

»Haben Sie sich bei der Polizei erkundigt, ob sie in einen Unfall verwickelt war?«, hatte er gefragt.

»Natürlich! Aber die behaupten, nichts zu wissen.« Sie war zunehmend hysterisch geworden. »Ich *weiß* einfach, dass ihr etwas zugestoßen ist.« Sie hatte sich mit der Faust auf die Brust geklopft. »Eine Mutter spürt so etwas!«

Mark hatte jedoch einen anderen Verdacht. Für ihn wurde immer wahrscheinlicher, dass Tim Baumanns Ex-Freundin irgendetwas mit seiner eigenmächtigen Abwesenheit zu tun hatte. Gut, sie war ziemlich überzeugend gewesen, als Mark und Müller sie befragt hatten. Aber weshalb sonst sollte sie nur ein paar Tage nach Baumanns Flucht untertauchen? Er startete seinen Passat und machte sich auf den Weg zurück nach Ulm. Der Entschluss, den er am Morgen bei der Besprechung mit seinem Chef gefasst hatte, hatte sich noch verfestigt.

Er hielt unterwegs kurz bei einer Apotheke an, kaufte sich eine Salbe gegen stumpfe Verletzungen und einen Verband und bandagierte seine Hand. Dann fuhr er zurück zur Kaserne, um dem Hauptmann die Lüge aufzutischen, an der er auf dem Weg gefeilt hatte.

»Was hat der Doktor gesagt?«, fragte sein Chef, als Mark wenig später in seinem Büro auftauchte.

Mark zuckte die Achseln und hielt die bandagierte Hand in die Höhe. »Nichts Wildes, aber er meinte, ich sollte mir eine Auszeit nehmen.«

Der Hauptmann lehnte sich in seinem Bürostuhl zurück, um Mark kritisch zu mustern.

Der hoffte, dass er keine roten Ohren bekam.

»Hat er dich krankgeschrieben?«, fragte sein Chef.

Mark schüttelte den Kopf. »Das wollte ich nicht. Ich habe ja noch fast 30 Tage Urlaub. Da würde ich jetzt gerne eine Woche nehmen.« Er versuchte, sich nicht anmerken zu lassen, wie unangenehm ihm die Lüge war. Er mochte seinen Hauptmann. Ihn zu hintergehen, war nicht leicht für Mark. Aber den Fall einfach abzugeben und sich um die Inventur zu kümmern, war definitiv keine Alternative.

»Hm.« Sein Chef klickte sich durch den Dienstplan. »Ist okay«, sagte er schließlich. »Außer der Materialprü-

fung steht momentan nichts Dringendes an. Und um die kann sich auch einer der anderen Zugführer kümmern.« Er warf Mark einen besorgten Blick zu. »Ist bei dir zu Hause alles in Ordnung?«
Mark zuckte kaum merklich zusammen. »Wie kommst du denn jetzt darauf?«, fragte er.
Sein Chef zeigte auf die bandagierte Hand. »In der Autotür eingeklemmt? Ehrlich? Das glaubt doch kein Mensch.« Er lächelte schief.
Mark verschränkte die Arme vor der Brust und schwieg.
»Geht mich nichts an«, wiegelte der Hauptmann ab. »Aber wenn du drüber reden willst ... Du kannst mich jederzeit anrufen.« Er zog den Urlaubsantrag aus dem Drucker und unterschrieb ihn. »Wir können auch mal abends ein Bier zusammen trinken gehen.« Er erhob sich, um Mark auf die Schulter zu klopfen. »Manchmal hilft so eine kleine Auszeit, um den Kopf freizukriegen.«
Als Mark das Feldjägerdienstkommando verließ, fühlte er sich schmutzig. Wenn sein Chef wüsste, warum er Urlaub genommen hatte, wäre er bestimmt nicht so verständnisvoll. Er schob trotz Verband die Hände in die Hosentaschen und trottete mit gesenktem Kopf zum Parkplatz. Im Wagen starrte er einige Zeit vor sich hin, bevor er sein Handy wieder einschaltete, um Frau Frech anzurufen. »Wissen Sie, welche Strecke Maria genommen hat?«, fragte er. Das Handy ließ ihn mit einem Vibrieren wissen, dass er eine neue Nachricht hatte. Er ignorierte das Surren.
»Ja. Sie nimmt immer die A8. Warum?« Sie klang immer noch aufgelöst.

»Vielleicht hatte sie eine Panne.« Mark hörte selbst, wie lahm die Erklärung klang.

»Dann hätte sie doch angerufen!« Die Stimme der Frau überschlug sich. »Ihr muss irgendetwas Schlimmes zugestoßen sein!« Sie brach wieder in Tränen aus.

Mark bedankte sich hastig bei ihr und legte so schnell wie möglich auf. Weinende Frauen machten ihn nervöser als ein ganzes Bataillon feindlicher Panzergrenadiere. Er warf das Telefon auf den Beifahrersitz. Dann nahm er sein Barett ab und fuhr sich mit den Fingern durch die Haare. »Nadel im Heuhaufen«, murmelte er. Noch nie hatte ihn ein Fall so sehr an dieses Sprichwort erinnert. Machte es Sinn, den Weg abzufahren, den Maria Frech genommen hatte? Er schlug frustriert mit der linken Faust aufs Lenkrad. Wenn er doch nur die Möglichkeiten der Polizei hätte! Für die war es ein Kinderspiel. Vermutlich suchten sie bereits nach Maria Frechs Wagen. Er beschloss, noch einmal bei Tim Baumanns Wohnung vorbeizufahren, um die Nachbarn zu befragen, die beim letzten Mal nicht zu Hause gewesen waren.

Allerdings erwies sich das als Schlag ins Wasser. Keiner wusste etwas über Baumann, das Mark nicht schon längst bekannt war. Es war noch nicht einmal elf Uhr morgens, als Mark unverrichteter Dinge zu seinem Passat zurückkehrte. Es war wie verhext!

Er lehnte sich einen Augenblick mit dem Rücken gegen die Tür und zermarterte sich den Kopf. Viele Möglichkeiten blieben ihm nicht mehr. Die A8 hoch und runter zu fahren, in der Hoffnung, Maria Frech oder ihr Auto zu entdecken, war vollkommen sinnlos. Das Einzige, das ihm blieb, war, noch einmal bei

Dr. Silcher anzuklopfen. Vielleicht war der Vogel gar nicht ausgeflogen und die heruntergelassenen Jalousien nur ein Schutz vor der Hitze. Er warf einen Blick zum Himmel. Dieser leuchtete inzwischen wieder in einem unschuldigen Blau, als ob die Sintflut vom Morgen ein Irrtum gewesen wäre. Mark knöpfte seine Uniformjacke auf und nahm das Barett ab. Immerhin war er im Urlaub. Dann stieg er zurück in sein Auto und fuhr zum zweiten Mal an diesem Tag nach Sontheim, wo er auf dem Parkplatz der Schule gegenüber von Dr. Silchers Haus parkte. Der Hof war verwaist, die Pause schon längst vorbei. Durch die offenen Fenster konnte er das Klimpern eines Klaviers hören. Der wenig später einsetzende Gesang der Kinder erinnerte ihn an seine eigene Schulzeit. Er grinste. Die Musiklehrerin, die in der siebten Klasse den Unterricht übernommen hatte, war ein verdammt heißer Feger gewesen. Blond, jung, immer mit Stöckelschuhen und Minirock. Kein einziger Junge hatte sich aufs Notenlesen oder auf die Geschichte der Barockmusik konzentrieren können, wenn sie am Flügel gesessen und etwas vorgespielt hatte. Jeder war damit beschäftigt gewesen, ihr unter den Rock zu schielen, um herauszufinden, was für ein scharfes Spitzenhöschen sie trug. Marks Grinsen verbreitete sich, als er sich daran erinnerte, welche körperliche Wirkung sie auf ihn gehabt hatte.

Er vertrieb die Erinnerung an die heiße Musiklehrerin, lehnte den Hinterkopf an die Kopfstütze und heftete den Blick auf Dr. Silchers Haus. Irrte er sich, oder war einer der Rollläden hochgezogen worden? In der Einfahrt stand zwar immer noch kein Wagen, aber das

Garagentor war geöffnet. Ein Fahrrad mit einem Körbchen lehnte an der Wand. Wie es aussah, war zumindest Silchers Frau zu Hause.

Ohne lange zu überlegen, schnappte er sich sein Barett, knöpfte die Jacke wieder zu und stieg aus dem Wagen. Auf der anderen Straßenseite angekommen, sah er sich kurz um, ehe er den Klingelknopf drückte. Wie bei seinem ersten Besuch dauerte es eine Weile, bis die Frau des Oberfeldarztes die Tür öffnete.

Sie blinzelte ihn verwundert an. »Oh«, sagte sie. »Mein Mann ist nicht zu Hause.« Sie hatte ihr Haar wieder zu einem Pferdeschwanz zusammengebunden, in dem sich ein verirrtes Blütenblatt verfangen hatte.

Mark widerstand der Versuchung, sie darauf hinzuweisen. »Wissen Sie, wann er zurück ist?«, fragte er stattdessen.

Sie schüttelte den Kopf. »Das hat er mir nicht gesagt« Sie klang verärgert.

»Ist er dienstlich unterwegs?«, hakte Mark nach.

»Nein.« Sie betastete die Tasche ihrer dünnen Stoffhose. Als darin Schlüssel klimperten, schob sie sich an Mark vorbei ins Freie und zog die Tür hinter sich zu. »Er hat heute und morgen Urlaub genommen.«

Mark folgte ihr zu dem Fahrrad in der Garage. In dem Körbchen standen zwei Pappkartons voller Erdbeeren.

»Soll ich ihm etwas ausrichten?«, fragte sie. Sie stellte die Erdbeeren auf ein Regal und schob das Fahrrad aus der Garage.

Mark überlegte kurz. »Nein.« Er zog eine Visitenkarte aus der Tasche. »Aber würden Sie mich anrufen, wenn er zurück ist?«

Sie beäugte die Karte mit wenig Begeisterung. »Ich gebe sie meinem Mann«, sagte sie schließlich. »Dann kann er Sie anrufen.«

Mark wollte noch etwas sagen, aber sie stellte den Fuß aufs Pedal und machte Anstalten, sich in den Sattel zu schwingen. »Sonst noch etwas?«

»Nein.«

»Wiedersehen.« Sie trat das Pedal durch und rollte zur Straße. Kurz darauf bog sie in einen Feldweg am Ortsausgang ein und verschwand hinter einer Reihe Obstbäume.

Mark stand da wie ein begossener Pudel. »Na toll«, brummte er. Das war ja ein voller Erfolg! Irgendwie schien sich jeder, der mit Tim Baumann zu tun hatte, in Luft aufzulösen. Er trabte zurück zu seinem Passat und ließ die Fenster herunter, um nicht zu ersticken. Was jetzt? Konnte er hier warten, bis Silcher zurückkam? Oder würden ihm übereifrige Nachbarn die Polizei auf den Hals hetzen, weil sie ihn für einen Pädophilen hielten? Das Schrillen der Pausenglocke nahm ihm die Entscheidung ab. Wenn er hier blieb, bestand die Gefahr, dass ihn jemand meldete. Und dann würde sein Chef ganz sicher nicht mehr so verständnisvoll sein wie vorhin. Er wollte gerade den Wagen anlassen, als sein Handy erneut vibrierte. Mit einem Fluch tippte er aufs Display, um zu checken, wer ihn die ganze Zeit nervte. 15 Anrufe von Julia. Zwei Nachrichten auf der Mailbox. Er verkniff sich ein Stöhnen.

Obwohl er nicht die geringste Lust hatte, sich mit ihr auseinanderzusetzen, hörte er die Mailbox ab.

»Es tut mir leid«, schluchzte sie. »Bitte ruf mich an. Wir können doch nicht alles einfach so wegwerfen!«

Mark schnaubte. Wer hatte denn hier alles weggeworfen? Er ganz gewiss nicht! Er löschte die Nachricht und hörte die zweite ab.

»Mark! Bitte! Ruf mich an!«

»Ganz sicher nicht, du Miststück!«, fauchte er. »Der Zug ist abgefahren!« Er drehte den Schlüssel im Zündschloss und rollte rückwärts auf die Straße. Er war todmüde. Da er im Augenblick ohnehin nichts unternehmen konnte, beschloss er, nach Hause zu fahren und den verpassten Schlaf nachzuholen.

KAPITEL 26

Heidenheim, 28. Mai 2016

Als er um kurz nach vier in seinem frisch bezogenen Bett aufwachte, fühlte er sich nicht mehr ganz so beschissen. Das Pochen in seiner Hand hatte nachgelassen, weshalb er, auf dem Rücken liegend, die Bandage abwickelte.

Tatsächlich war die Schwellung soweit zurückgegangen, dass es nicht mehr aussah, als ob er an Elefantiasis litt. Er warf den Verband auf den Boden und lauschte auf das Zwitschern der Vögel vor dem offenen Fenster. Der Wind bewegte den dünnen Vorhang und wehte ihm den Geruch eines Holzfeuers in die Nase. Kinder kreischten, Bälle donnerten gegen Garagentore, und jemand pfiff gellend auf den Fingern.

»Weg von den Autos!«, brüllte ein Vater.

Die Bälle verstummten.

Mark verschränkte die Hände hinter dem Kopf und starrte an die Holzdecke. Die dunklen Astlöcher schienen ein Eigenleben zu entwickeln, je länger man sie ansah, weshalb er die Augen wieder schloss. Julias Duft stieg ihm in die Nase.

»Verdammt!«, fluchte er und setzte sich abrupt auf. Er schwang die Beine aus dem Bett. Wieso roch es immer noch nach ihr? Hatte er nicht extra das Bett abgezogen? Er griff nach seinem Kopfkissen und grub die Nase hinein. Es war zwar nur ein Hauch ihres Shampoos, doch der genügte, dass er beschloss, ein neues Kissen zu kaufen. Er pfefferte den Stein des Anstoßes in eine Ecke und stand auf. Nach einer kurzen Dusche mit kaltem Wasser war auch der letzte Rest Schläfrigkeit verschwunden. Er kochte sich einen Kaffee, schmierte sich ein Butterbrot und setzte sich mit seinem Laptop auf die Terrasse. Wenn er schon warten musste, bis Dr. Silcher wieder auftauchte, konnte er die Zeit wenigstens sinnvoll nutzen.

Er loggte sich bei Facebook ein und öffnete ein Chatfenster, um Tim Baumann eine weitere Nachricht zu schicken. Dabei fiel sein Blick auf das kleine Symbol, das anzeigte, wann jemand zuletzt online gewesen war. Offenbar hatte Baumann sich vor nicht mal einer Stunde ausgeloggt. Mark kniff die Augen zusammen. Dann hatte er seine Nachricht ganz sicher gelesen.

»Melden Sie sich. Ich weiß, dass Sie den Mann in Stuttgart in Notwehr getötet haben« schrieb er. »Maria Frech ist verschwunden. Ihre Mutter macht sich Sorgen«, setzte er nach kurzem Nachdenken hinzu. Einer spontanen Eingebung folgend, tippte er weiter. »Ich würde gerne mit Ihnen über Dr. Silcher sprechen.«

Vielleicht lockte das Baumann aus der Reserve. Als er die Nachricht gesendet hatte, öffnete er auch auf seinem Handy die Facebook-Seite, um die Antwort des Sanitäters nicht zu verpassen. Dann trank er seinen Kaffee und aß sein Brot. Die Bälle begannen wieder zu donnern, und das Gebrüll der Jungen brachte Erinnerungen an seine eigene Kindheit zurück. Er fasste einen spontanen Entschluss und wählte Ulis Nummer. Hoffentlich hatte er Zeit. Mark musste sich dringend mit jemandem unterhalten.

»Hi, Mark«, begrüßte ihn der Freund.

»Hi, Uli. Hast du heute Abend noch mal Lust auf Biergarten?«

Uli lachte. »Aber immer! Wann?«

Sie verabredeten sich um halb acht, und als Mark auflegte, fühlte er sich schon wesentlich besser. Er war gerade auf dem Weg in die Küche, um sich einen zweiten Kaffee zu holen, als er hörte, wie ein Schlüssel ins Schloss der Haustür gesteckt wurde. Was …?

Julia zuckte sichtlich zusammen, als sie ihn sah. Da er seinen Wagen wieder am anderen Ende der Straße geparkt hatte, war seine Anwesenheit offenbar eine Überraschung für sie. Sie lief feuerrot an und klammerte sich an ihrer Handtasche fest, als könnte die ihr Halt geben. Sie trug ein dünnes Sommerkleid, das ihre üppigen Rundungen betonte, Schuhe mit flachen Absätzen und einen bunten Seidenschal.

Allerdings ließen ihre Reize Mark heute vollkommen kalt. »Was willst du hier?«, fragte er schroff. Er verschränkte die Arme vor der Brust und sah sie feindselig an.

»Ich ...« Ihre Zungenspitze fuhr nervös über ihre Unterlippe. »Ich wollte meine Sachen holen«, sagte sie schließlich. Sie schlug verlegen die Augen nieder. Dann, als das Schweigen peinlich wurde, hob sie den Blick und sah ihn flehend an. »Mark, bitte. Lass uns darüber reden.« Eine Träne kullerte über ihre Wange.

»Was gibt es da zu reden?« Marks Stimme klang heiser. Ihr Anblick tat weh, und er hasste sich für seine Schwäche.

»Ich wollte das nicht«, flüsterte sie. Sie machte einen Schritt auf ihn zu.

Er hob abwehrend die Hand. »Komm mir nicht zu nahe!«, knurrte er.

Julia wich zurück, als hätte er sie geschlagen. Sie drückte die Handtasche noch fester an ihre Brust. Eine weitere Träne löste sich, lief ihre Wange hinab und schaukelte kurz an ihrem Kinn, bevor sie auf ihr Kleid tropfte.

»Stell den Wasserhahn ab!« Mark drehte sich auf dem Absatz um und stürmte in die Küche. Er knallte die Tür hinter sich zu. Mit zitternden Händen hielt er sich an der Arbeitsplatte neben der Spüle fest und versuchte, seine

Gefühle unter Kontrolle zu bekommen. Er wusste nicht, was schlimmer war: dass er den Wunsch verspürte, ihr eine zu knallen. Oder dass er sich – wenn auch nur für einen Sekundenbruchteil – gewünscht hatte, ihr zu verzeihen. Er presste die Lippen aufeinander und wartete darauf, dass sich sein Herzschlag beruhigte. Sie war es nicht wert! Eine Frau, die ihn in seinem eigenen Haus mit einem anderen betrog … Warum konnte er sie nicht einfach aus seiner Erinnerung radieren wie einen Fehler in einer Zeichnung? Er wusste, dass der Wunsch naiv und unreif war. Dennoch nahm er sich vor, es zu versuchen. Er ließ kaltes Wasser in die Spüle laufen und machte sich das Gesicht nass. Dann trocknete er sich mit einem Küchenhandtuch ab und lauschte auf das Getrappel über seinem Kopf. Sie war im Bad. Gut. Wenn ihr ganzer Krempel verschwunden war, hatte er endlich mehr Platz für seine Sachen.

Es dauerte fast eine halbe Stunde, bevor das Schlagen der Haustür verriet, dass sie gegangen war. Mark wartete noch ein paar Minuten, bevor er die Küche verließ. Ein zusammengefaltetes Blatt Papier lag auf dem Boden. Ein Brief, na toll. Er bückte sich, knüllte das Blatt ungelesen zusammen und warf es in den Mülleimer. Was auch immer sie zu sagen hatte – er wollte es weder hören noch lesen.

Da es in ihm brodelte und kochte, beschloss er, eine Runde laufen zu gehen. Vielleicht machte das seinen Kopf frei und half ihm dabei, eine Lösung für das Rätsel um Baumanns Verschwinden zu finden. Er schlüpfte in eine kurze Hose und ein weites T-Shirt, zog seine Laufschuhe an und trabte kurz darauf den Anstieg zum

Schloss hinauf. Dort wandte er sich in Richtung Naturtheater und Wildpark und tauchte in die Stille des Waldes ein. Kaum ein Mensch begegnete ihm, und als er zwei Stunden später die Heidenschmiede – einen steilen Weg den Schlossberg hinab – entlang trottete, fühlte er sich wundervoll erschöpft.

Der Lauf hatte ihm Ruhe gebracht und auch die letzten Zweifel beseitigt, ob er in Bezug auf Julia das Richtige tat. Er stieg ein weiteres Mal in die Dusche, brachte in einem Anfall von Kindsköpfigkeit Unordnung in die stark geschrumpfte Sammlung von Duschgel- und Shampooflaschen und musste schließlich über sich selber lachen.

»Endlich wieder frei!«, sagte er, als er um Viertel vor acht mit Uli im Biergarten anstieß.

»Es hat noch manche Mutter ein schönes Kind«, frotzelte der. Er nahm einen tiefen Schluck. »Und du hast den Typ wirklich splitterfasernackt auf die Straße gestellt?«

Mark nickte.

Uli lachte glucksend. »Königlich! Da hätte ich gern Mäuschen gespielt.«

Obwohl die Situation kein bisschen lustig gewesen war, grinste auch Mark. Im Nachhinein entbehrte die Erinnerung nicht einer gewissen Komik.

»Und die Nachbarn?«, wollte Uli wissen.

Mark zuckte die Achseln. »Mir egal. Die klatschen sowieso über alles und jeden.«

»Was ist denn mit dem Sanitäter, den du suchen solltest?«, fragte Uli. »Habt ihr den gefunden?«

Mark verzog das Gesicht. Er fasste Uli kurz zusammen, was seit ihrem letzten Treffen passiert war.

»Wow! Da war ja ganz schön was los.« Uli winkte eine Bedienung heran und bestellte sich ein gegrilltes Schweinesteak mit Kräuterbutter und Salat. Dann legte er einen Bierdeckel auf sein Glas, um zu verhindern, dass sich eine Fruchtfliege darin ertränkte. »Und jetzt versuchst du es auf eigene Faust?«

Mark nickte. So wie Uli ihn ansah, hielt er es für keine gute Idee. Allerdings verkniff sich der Freund jeglichen Kommentar und wechselte stattdessen das Thema.

Den Rest des Abends unterhielten sie sich über belangloses Zeug, über Ulis Job als Ingenieur und über die letzte Fußballsaison. Um elf trank Mark den letzten Schluck seines vierten Biers und bezahlte.

»Ruf an, wenn dir die Decke auf den Kopf fällt«, sagte Uli, als sie sich verabschiedeten. »Und werd bloß nicht weich.« Er klopfte Mark kameradschaftlich auf den Rücken. »Die hat dich gar nicht verdient.«

Mark sah dem Freund nach, bis er in der Tiefgarage verschwunden war, bevor er sich auf den Heimweg machte. Anstatt über den Rathausplatz zu gehen, wählte er die weniger belebte Route an der Bußgeldstelle vorbei und zuckte zusammen, als die Turmuhr der Pauluskirche elf Uhr schlug. Vor dem großen roten Backsteinbau saßen mehrere Grüppchen Teenager auf den Treppen, tranken, rauchten und kicherten. Mark warf ihnen einen neidischen Blick zu. Noch einmal so unschuldig sein!, dachte er. Als Wehmut in ihm aufsteigen wollte, wandte er hastig den Blick ab und ging, leicht angeheitert, nach Hause.

Dort holte er eine Wasserflasche und eine Tüte Chips aus der Küche und stand einige Augenblicke unschlüssig im Raum. Auch wenn er wusste, dass es im besten Fall dämlich war, öffnete er den Deckel des Mülleimers und fischte Julias Brief hervor. Wenn, dann jetzt, redete er sich ein. Er stakste auf etwas unsicheren Beinen auf die Terrasse und zündete eine Gartenfackel an. Dann riss er die Chipstüte auf. Mit einem ekelhaften Gefühl im Bauch strich er das zerknüllte Blatt Papier glatt und fing an zu lesen.

»*Ich weiß, dass du mich hasst für das, was passiert ist*«, begann der Brief.
»*Glaub mir, es war das Dümmste, das ich je getan habe. Es gibt keine Entschuldigung dafür, und ich kann verstehen, wenn du mich erstmal nicht mehr sehen willst. Aber bitte, Mark, wirf nicht weg, was wir hatten. Ich liebe dich mehr als ich jemals einen Menschen geliebt habe. Und ich werde alles tun, damit du mir verzeihst. Bitte ruf mich an, wenn du nicht mehr so wütend bist, damit wir darüber reden können. Bitte.*
Julia«

Mark fluchte. Er knüllte das Papier wieder zusammen und warf es auf den Boden. Welcher Teufel hatte ihn geritten? Weshalb tat er sich das an? Glaubte sie wirklich, dass man so etwas mit einem Gespräch aus der Welt räumen konnte? Er schnaubte. Vermutlich baute sie auf ihre weiblichen Waffen. »Nicht dieses Mal!«, knurrte er. Dieses Mal würde er sich nicht um den Finger wickeln lassen. Er stopfte eine Handvoll Chips in den Mund

und bedachte Julia in Gedanken mit einigen unschmeichelhaften Ausdrücken. Er wollte gerade erneut in die Tüte greifen, als ein Geräusch aus seiner Tasche ihm mitteilte, dass er eine neue Nachricht auf Facebook erhalten hatte. Schlagartig verpufften die Wut und der Bierdunst. Er zog das Telefon aus der Tasche, um die Nachricht zu lesen. Sie war von Tim Baumann.

»*Warum sollte ich Ihnen trauen?*«

KAPITEL 27

Engen im Hegau, 28. Mai 2016

Tim Baumann fuhr erschrocken zusammen, als sein Handy ein »Ping« von sich gab. So schnell hatte er nicht mit einer Antwort gerechnet, obwohl er an dem grünen Punkt neben dem Account des Feldjägers gesehen hatte, dass dieser online war. Arbeiteten die MPs neuerdings rund um die Uhr? Er griff nach dem Telefon, zögerte aber einen Augenblick, bevor er die Nachricht öffnete. Das war das Gute und gleichzeitig Unheimliche an Facebook: Der andere konnte sehen, ob und wann seine Nachricht vom Empfänger gelesen worden war.

»Weil ich glaube, dass Sie unschuldig sind«, stand auf dem Display.

Tim schnaubte. Das war natürlich ein Trick, um sich sein Vertrauen zu erschleichen. Trotzdem bewirkten die Worte, dass der Druck in seinem Magen ein wenig nachließ. Lass dich bloß nicht verarschen!, ermahnte er sich. Alles, worauf es dem Feldjäger ankam, war vermutlich, ihn festzunehmen und der Polizei zu übergeben.

»Weshalb?«, tippte er.

Es dauerte einige Sekunden, bis die Antwort im Chatfenster erschien: *»Der Feldanzug.«*

Mit dieser Antwort hatte Tim nicht gerechnet. Welcher Feldanzug? Der, den er sich von Maria geholt hatte? Natürlich!

»Was wissen Sie von Maria?«, antwortete er.

»Dass sie verschwunden ist. Ihre Mutter macht sich Sorgen. Ist sie bei Ihnen?«

Tim stöhnte. Konnte er dem Mann trauen? Er hätte die PN ignorieren sollen! Woher wusste er, dass der Kerl nicht auch für Silcher arbeitete? Er rieb sich die Schläfen, während sich die Gedanken in seinem Kopf überschlugen. Machte das Sinn? Wieso sollten Silcher und seine Komplizen noch einen Feldjäger auf ihn hetzen, wenn sie Maria als Druckmittel hatten? Und weshalb würde der fragen, ob sie bei ihm war, wenn er mit Silcher unter einer Decke steckte? Dann wusste er doch ganz genau, dass sie sich in irgendeinem Loch befand – gefesselt und halb nackt. Welche Entscheidung war die richtige? Er ließ die Hände in den Schoß fallen und fluchte. »Verdammte Scheiße!« Sein Kopf schmerzte, schien gegen die durcheinanderpurzelnden Gedanken zu protestieren. Er hatte keine andere Wahl! Irgendjemandem musste er vertrauen, sonst war Maria tot. Vermutlich planten die Entführer, sie beide umzubringen, sobald sie Tim auch in die Falle gelockt hatten. Er sah sich im Zimmer um, als könnten ihm die naiven Bilder an den Wänden helfen, eine Entscheidung zu treffen. Wie sollte er Maria alleine befreien? Er hatte ja nicht einmal eine Waffe außer dem lächerlichen Schweizer Taschenmesser!

»*Sie ist nicht bei mir*«, antwortete er schließlich. Er rang mit sich, ehe er den nächsten Satz eingab. »*Ich schicke Ihnen ein Video.*« Sein Herz begann zu rasen, als er den Mauszeiger auf den Link zubewegte. Wenn er einen Fehler beging, brachte er Maria damit vielleicht um. »Gooooott«, stöhnte er. Egal, was er tat, alles konnte falsch sein. Seine Hand zitterte heftig, als er sich endlich einen Ruck gab und das Video abschickte. Es konnte die Situation nicht schlimmer machen, versuchte er sich einzureden. Aber es kann Marias Tod beschleunigen, flüsterte ihm eine Stimme ins Ohr. Dann hast *du* sie umgebracht. Er vergrub das Gesicht in den Händen und kämpfte gegen die Übelkeit an.

Eine scheinbare Ewigkeit verstrich, bis der Feldjäger sich wieder meldete. »*Ich helfe Ihnen, sie zu retten, wenn Sie mir sagen, warum Sie geflohen sind. Hat es etwas mit Dr. Silcher zu tun?*«

»Was?«, flüsterte Tim. So hatte er sich das nicht vorgestellt. Er starrte auf die Nachricht. Was hast du dir denn vorgestellt, du Idiot?, fragte er sich. Dass sich sein Problem in Luft auflöste? Dass der Feldjäger versuchen würde, ihn dazu zu überreden, sich zu stellen? Oder dass er ihm sagte, die Lage sei aussichtslos? Er wusste es nicht. Seine Antwort auf die ursprüngliche PN des Feldjägers war eine Spontanreaktion gewesen – aus reiner Verzweiflung, weil er keine Ahnung hatte, wie er Maria befreien sollte. Aber wenn er die Bundeswehr mit hineinzog und von seinem Verdacht berichtete, würden die Entführer Maria umbringen. Bestimmt hatte Silcher Quellen! Vermutlich wusste er bereits, dass Tim sich nicht an die Anweisung gehalten hatte. Ihm war kotzübel.

»Dann töten sie sie«, schrieb er schließlich zurück.

»Lassen Sie uns das Ganze am Telefon besprechen«, erwiderte der Feldjäger. Eine Telefonnummer folgte.

Tim stöhnte erneut. Es war eine Falle! Er durfte sich nicht von seiner Angst leiten lassen. Sobald er die Nummer wählte, konnte die Polizei feststellen, wo er war, ihn verhaften und damit Marias Todesurteil besiegeln.

»Nein«, antwortete er. *»Die haben gesagt, keine Polizei. Sonst bringen sie Maria um.«*

»Ich bin nicht die Polizei. Nur Sie und ich. Sonst niemand.«

Tim glaubte, seinen Augen nicht zu trauen. Was spielte der Kerl für ein Spiel? Als Feldjäger konnte er doch nicht einfach alle Vorschriften umgehen, um im Alleingang mit einem eigenmächtig Abwesenden zu verhandeln. Das wäre das Ende seiner Karriere. Dennoch war der Strohhalm so verlockend, dass er ihn nicht einfach davonschwimmen lassen konnte. Wenn er ihm wirklich helfen wollte, bestand vielleicht doch noch eine winzige Chance, Marias Leben zu retten. Er lehnte sich an das Kopfende seines Bettes und überlegte, wie er auf Nummer sicher gehen konnte. Schließlich kam ihm eine Idee. »*Dann will ich Sie treffen. Alleine. Bringen Sie eine Waffe für mich mit. Sobald ich einen Treffpunkt ausgewählt habe, rufe ich Sie an.*« Von einer Telefonzelle aus, setzte er in Gedanken hinzu. Er zögerte einen Moment, bevor er die Nachricht abschickte. Dann grub er die Fingernägel in die Handflächen und wartete auf die Antwort des Feldjägers.

*

Sontheim an der Brenz, 28. Mai 2016

Dr. Silcher schwitzte heftig, obwohl es in seinem Arbeitszimmer angenehm kühl war. Das Atmen fiel ihm zusehends schwerer, und in seinen Eingeweiden rumorte es gewaltig. Das kleine Stück Papier auf seinem Schreibtisch schien ihn anklagend anzustarren. Als er vor drei Stunden von seinem »Ausflug« zurückgekehrt war, hatte seine Frau ihm die Visitenkarte des Feldjägers gegeben. Und je länger er über dessen erneuten Besuch nachdachte, desto merkwürdiger kam ihm die Sache vor. Was konnte der Mann denn noch für Fragen haben? Stand Tim Baumann nicht inzwischen unter Mordverdacht? Und warum war er allein gewesen, nicht in Begleitung der Polizei? Silcher hatte das Fahndungsbild im Internet mit eigenen Augen gesehen. Er wischte sich die feuchten Handflächen an der Hose ab und versuchte, die nagende Furcht unter Kontrolle zu bekommen.

»Wie konnte es dazu kommen?«, hatte ihn sein Auftraggeber gefragt, nachdem er ihn zu sich zitiert hatte.

»Aleksander und Luan haben ...«

»Du bist für sie verantwortlich, also ist es dein Fehler«, hatte ihn der Mann barsch unterbrochen. »Was denkst du wird passieren, wenn die Polizei Baumann verhaftet?«

Er war ganz ruhig gewesen.

Aber genau diese Ruhe hatte Silcher mehr Angst gemacht, als wenn er ihn angeschrien hätte. »Dazu wird es nicht kommen«, hatte er versprochen.

»Finde eine Lösung«, war die kühle Antwort. »Du bist für das Problem verantwortlich. Beseitige es.«

Bis zu diesem Zeitpunkt hatte Silcher gedacht, die richtige Seite gewählt zu haben. Der Blick der schwarzen Augen hatte ihn jedoch wünschen lassen, er könnte die Zeit zurückdrehen. Dann wäre er dem *Krye* nie begegnet. Warum hatte er nur seine Spielsucht nicht in den Griff bekommen?

Damals, vor drei Jahren, in dem Casino in Hamburg war ihm der *Krye* wie ein rettender Engel erschienen. Elegant, mit geschliffenen Manieren und einem guten Frauengeschmack. In seinem Kreidestreifenanzug hatte er eher ausgesehen wie ein wohlhabender Banker als wie das, was er wirklich war. Die junge Frau an seiner Seite hatte Silcher wohlwollend angelächelt, während dieser versuchte, sich nicht in die Hosen zu machen. Die beiden Schlägertypen, die ihn in das Hinterzimmer geführt hatten, waren auf einen Wink des *Krye* hin verschwunden. Einen Gefallen hatte er verlangt. Nichts weiter. Im Gegenzug dafür hatte er Silchers Schulden übernommen und ihm garantiert, dass sein Arbeitgeber nichts von seiner Spielsucht erfahren würde. Außerdem malte er eine goldene Zukunft, der Silcher nicht widerstehen konnte. »Es wird keine Verlierer geben«, hatte der *Krye* versprochen. »Und für das Risiko, das du trägst, wirst du königlich belohnt.« Dass Silcher im Kosovo albanisch gelernt hatte, war für den *Krye* ein »Wink des Schicksals« gewesen.

Silcher verfluchte seine Schwäche. Wenn er die Angelegenheit nicht in den Griff bekam, war sein Leben keinen Pfifferling mehr wert! Was nützte ihm da das ganze Geld in der Karibik? Wie sollte er ein Leben in Saus und Braus führen, wenn er drei Meter unter der Erde im Wald verscharrt war?

Seine Haut war klamm vor Angst. Die Dinge, die seine Fantasie ihm vorgaukelte, waren beängstigender als alles, was die Realität je für ihn bereithalten konnte. Mit unsicheren Fingern fummelte er am Schloss einer Schreibtischschublade herum und zog ein Netbook hervor, das er nur zu einem Zweck benutzte. Er fuhr es hoch, startete den TOR-Browser und begab sich ins *Darknet* – jenen Teil des Internets, in dem man alles finden konnte, angefangen von Drogen über illegale Waffen bis hin zu viel zu jungen Mädchen. Wenn es ihm gelang, aus der verfahrenen Situation Profit zu schlagen, würde der *Krye* sein Schicksal vielleicht noch einmal überdenken.

KAPITEL 28

In einem Bauwagen, 28. Mai 2016

Maria Frech lauschte auf die Geräusche der Nacht. Seit Stunden schlich irgendein Tier um ihr Gefängnis herum, kratzte am Holz und stieß hier und da eine Art Jaulen aus. Etwas weiter entfernt rief eine Eule. Äste knackten, der Wind pfiff in den Wipfeln der Bäume und rüttelte an den vernagelten Fenstern. Seit die Sonne untergegangen war, hatte die Hitze etwas nachgelassen. Dennoch quälte sie ein entsetzlicher Durst, der beinahe schlimmer war als die Furcht. Nachdem sie das Video gemacht hatten, waren die Männer verschwunden und hatten sie liegen lassen wie einen Sack Müll. Lange Zeit hatte sie erfolglos versucht, ihre Hose wieder über die Hüften zu ziehen, bis es ihr endlich gelungen war. Einerseits fühlte sie sich jetzt nicht mehr so nackt und schutzlos. Andererseits hatte sie das Gefühl, der beißende Gestank ihres eigenen Urins war dadurch noch schlimmer geworden. Sie verzog das Gesicht. Auch wenn sie stank wie ein Wiedehopf, hatte ihr das immerhin eine Vergewaltigung erspart!

Sie hatte sich wieder auf die Seite gerollt, weil ihr sonst die Arme abstarben. Ein schmaler Streifen Mondlicht fiel durch einen Spalt in der Bretterwand, und Maria sah eine Maus über den Boden huschen. Wenn sie den kleinen Nager doch nur dazu bewegen könnte, ihre Fesseln durchzubeißen! Sie hörte das Trippeln der Krallen auf dem Holz und fragte sich, was die Maus in ihrem Gefängnis suchte. Etwas zu essen gab es hier ganz sicher nicht. Vermutlich versteckte sie sich vor der Eule, deren Ruf inzwischen verstummt war.

»Komm her«, lockte sie. Aber die Maus ließ sich nicht mehr blicken.

Eine Weile lag Maria regungslos da und starrte in die Dunkelheit. Sie hatte schon längst kein Zeitgefühl mehr und wusste nicht, wann die Sonne wieder aufgehen würde. Alles, was sie wusste, war, dass sie hier nicht einfach herumliegen und auf die Rückkehr der Männer warten konnte wie ein Lamm auf der Schlachtbank. Das nächste Mal würden sie sich vielleicht nicht zurückhalten. Sie musste noch einmal versuchen, sich zu befreien! Auch wenn jede Bewegung schmerzte, drehte sie sich vorsichtig auf den Rücken, machte ein Hohlkreuz und schob die gefesselten Hände Richtung Rippen. Dann zog sie die Beine an und stemmte sich mithilfe der Hände in eine sitzende Position. Der plötzliche Lagewechsel machte sie schwindlig. Es dauerte einige Sekunden, bis die silbernen Sternchen aufhörten, vor ihren Augen zu tanzen.

»Du schaffst das«, machte sie sich selbst Mut. Obwohl sie ihre Füße kaum mehr spürte, bewegte sie sie zur Seite, drehte ihre Beine so, dass das untere Knie den Boden berührte, und setzte sich mit einem Ruck auf. Kniend richtete sie ihren Oberkörper auf und zog die Fußspitzen unter ihrem Gesäß an. Dann spannte sie die Oberschenkelmuskeln und versuchte, auf die Beine zu kommen. Allerdings war der Schwung nicht ausreichend, sodass sie nach hinten kippte und wieder auf dem Rücken landete. Diese Prozedur wiederholte sie drei Mal, bis sie endlich Erfolg hatte. Heftig atmend stand sie im Raum. Obwohl ihr Herz raste und ihr der Schweiß in die Augen lief, stieß sie einen triumphierenden Ruf aus.

Was jetzt? Mit gefesselten Armen und Beinen konnte sie kaum einen Fluchtversuch unternehmen. Sie drehte sich nach links und hüpfte auf den wackligen Tisch zu, um den tagsüber die Fliegen gekreist waren. Je näher sie ihm kam, desto stärker wurde der Gestank, den sie inzwischen als verschimmelten Käse identifiziert hatte. Vielleicht fand sie einen hervorstehenden Nagel oder etwas anderes, mit dem sie die Fesseln durchtrennen konnte. Beim Tisch angekommen, drehte sie den Kopf zur Seite in der Hoffnung, aus dem Augenwinkel etwas erkennen zu können, das sonst in der Dunkelheit nicht zu sehen war. Dieses Phänomen war ihr schon als Kind aufgefallen, wenn sie versucht hatte, die Sterne am Himmel zu zählen. Wenn man sie direkt anschaute, sah man sie oft nicht. Blickte man jedoch etwas an ihnen vorbei, konnte das Auge sie wahrnehmen. Sie erinnerte sich vage an den Biologieunterricht der siebten oder achten Klasse, in dem ihnen die Lehrerin erklärt hatte, woran das lag. Irgendwas mit Stäbchen und Zäpfchen – Sinneszellen in der Netzhaut. Genaueres wusste Maria nicht mehr. Es war ihr im Moment auch völlig egal. Hauptsache, es funktionierte. Sie blinzelte ein paar Mal und tatsächlich erkannte sie schließlich aus dem Augenwinkel, dass einige Gegenstände auf dem Tisch lagen. Sie hüpfte näher und drehte sich so, dass sie mit dem Rücken zu der Tischplatte stand. Dann bog sie den Oberkörper nach hinten, um die Gegenstände zu betasten. Ihre Fingerkuppen streiften etwas aus Holz. Ein Vesperbrett. Sie suchte weiter. Als sie schließlich die kühle Oberfläche einer Tasse spürte, machte ihr Puls einen Satz. Vorsichtig zog sie ihren Fund näher zu sich und vergewisserte sich, dass sie sich nicht irrte, bevor sie die Tasse mit aller Kraft auf den Tisch schlug. Beim ersten Mal passierte nichts. Beim zweiten Mal zerbarst sie jedoch in mehrere große Scherben.

»Ja!« Maria suchte nach dem größten Bruchstück und betastete die Bruchkante. Sie war zwar nicht ganz so scharf, wie sie gehofft hatte. Aber mit etwas Zeit und Geduld sollte es ihr damit gelingen, ihre Handfesseln zu durchtrennen. Sie begann zu sägen. Während sie versuchte, sich nicht zu verletzen, gingen ihre Gedanken auf Wanderschaft. Sie wusste immer noch nicht, wer ihre Entführer waren. Dass sie ein willkürliches Opfer war, bezweifelte sie. Vielmehr nahm sie an, dass die Männer etwas mit Tim zu tun hatten. Hatte er nicht gesagt, dass er momentan ein paar Probleme hatte?

»Au!« Sie hielt einen Augenblick inne und versuchte zu erspüren, wie heftig sie sich geschnitten hatte. Da kein Blut über ihre Haut lief, konnte es nicht so schlimm sein. Deshalb machte sie weiter.

In was hatte Tim sich da nur hineingeritten? Wer waren diese Kerle? Hatten sie sie entführt, um Tim zu erpressen? Sie machte eine kurze Pause, um ihre Finger auszuruhen. Warum hätten sie sonst ein Video und Fotos von ihr machen sollen? Sie schickte ein Stoßgebet zum Himmel, dass es ihr gelang zu fliehen, bevor sie herausfinden konnte, worum es hier ging. Das nächste

Mal, wenn sie Tim sah, schwor sie sich, würde sie ihm einen gewaltigen Arschtritt versetzen. Die Wut stachelte sie an und gab ihr neue Kraft.

KAPITEL 29

Stuttgart, 29. Mai 2016

Das Klingeln des Weckers riss Lisa Schäfer aus einem verrückten Traum. Sie hatte in der Krone eines Baumes gesessen und über eine kitschige Landschaft geblickt, als plötzlich ihr Handy vibriert hatte. Das Display hatte sich in eine Art Kraftfeld verwandelt, das glitzerte wie die Oberfläche eines sonnenbeschienenen Sees. Ohne zu zögern, hatte Lisa den Finger hineingesteckt und war augenblicklich eingesogen worden in eine unheimliche Unterwasserwelt. Das alles schien vollkommen normal, und Lisa waren prompt Kiemen gewachsen. Dann hatte sie sich durch ein Labyrinth aus Korallen in Menschenform geschlängelt und kleine Blasen ausgestoßen. Sie wälzte sich mit einem Brummen auf die Seite und betastete ihren Kopf, um sicherzugehen, dass sie sich nicht wirklich plötzlich in einen Fisch verwandelt hatte. Wie konnte man nur so einen Schwachsinn träumen? Oscar, ihr Kater, saß auf ihrer Matratze und betrachtete sie mit schief gelegtem Kopf.

»Jetzt guck du nicht auch noch so gierig«, schimpfte sie und schob ihn vom Bett. »So was Verrücktes!« Sie rieb sich die Augen und gähnte herzhaft. Dann schielte sie auf den Wecker. Viertel vor sechs. Die Sonne blinzelte seit fast einer Stunde durch ihre Jalousien, und die Amseln vollführten ein wahres Frühlingskonzert. Ihr Magen knurrte, da sie gestern Abend nur einen griechischen Salat gegessen hatte, und der Geschmack in ihrem Mund spottete jeder Beschreibung. Wenn sie so roch, wie es schmeckte, würden ihre Kollegen sicher einen riesigen Bogen um sie machen. Sie warf die Decke zur Seite und rutschte zum Rand der Bettchouch. Mit einem Grunzen ließ sie sich auf den Parkettboden fallen und machte ein paar Liegestütze. Sit ups und Hantelübungen folgten, bis sie schließlich schweißgebadet ins Bad ihres Einzimmerappartements stolperte. Auf dem Weg dorthin hätte sie um ein Haar Oscar einen Fußtritt versetzt, als der zwischen ihren Beinen hindurch schoss, um sich auf dem Balkon zu sonnen.

»Pass auf, Kater«, schimpfte sie.

Oscar würdigte sie nicht einmal eines bösen Blickes. Er war seit Tagen beleidigt, weil Lisa sich nicht genug um ihn kümmerte.

Dieser blöde Fall belegte sie völlig mit Beschlag. Während sie in die Duschkabine stieg und das Wasser aufdrehte, fragte sie sich, ob Tim Baumann heute endlich gefasst wurde. Er konnte sich doch nicht in Luft aufgelöst haben! Immerhin fahndete die halbe Polizeibelegschaft nach ihm. Sie quetschte den letzten Rest Shampoo aus einer Flasche und wusch sich die Haare. Anschließend seifte sie sich ein und genoss eine Weile das warme Wasser auf ihrer Haut, bevor sie aus der Dusche stieg und sich abtrocknete. In der Küche kochte sie sich einen Espresso, rührte Müsli in ein Joghurt und setzte sich zu Oscar auf den Balkon. Die Stadt unter ihr brummte bereits geschäftig. Obwohl es Sonntag war, staute es sich an einigen Ampeln. Lisa war nicht zum ersten Mal froh, dass sie sich für die Wohnung direkt neben dem Präsidium entschieden hatte. Wenn sie sich vorstellte, jeden Morgen im Pendlerverkehr festzustecken ...

Sie ließ sich Zeit mit dem Frühstück. Erst kurz vor sieben verließ sie ihre Wohnung und trottete über den Parkplatz zum Präsidium. Die SOKO-Besprechung ergab nicht viel Neues, weshalb Lisa sich um halb acht in ihren Schreibtischstuhl fallen ließ, um dort weiterzumachen, wo sie am vergangenen Abend aufgehört hatte. Sie schaltete ihren Computer ein und öffnete die Datei mit Baumanns Bankdaten. Seine Telefonverbindungen hatte sie sich ausgedruckt. Sobald sie endlich die Bestätigung hatte, woher Baumann die 250.000 Euro für die Eigentumswohnung in der Ulmer Altstadt hatte, würde sie sich um die Anruflisten kümmern. Sie wählte die Nummer der Bank.

»Schäfer von der Kriminalpolizei Stuttgart«, meldete sie sich, als am anderen Ende abgenommen wurde. »Hat Ihr Chef Ihnen gesagt, worum es geht?«

»Ja, warten Sie.« Die Frau klang abgehetzt. Lisa hörte Stöckelschuhe über einen Fliesenboden klackern. Dann das Schlagen einer Tür. »Moment noch«, keuchte die Frau. »Ich habe die Unterlagen vorhin für Sie rausgelegt.« Es raschelte. »Hier ist es«, sagte sie. »Tim Baumann.«

»Richtig«, bestätigte Lisa. »Es geht um die Überweisung vom ...«, sie las das Datum ab. »Hier steht nur der Name einer Versicherung. Wissen Sie, um was es sich bei diesem Betrag handelt?«

Erneut raschelte Papier. Tasten klapperten. »Ja«, kam schließlich die Antwort. »Das war die Auszahlung einer Lebensversicherung für Gabi und Johannes Baumann.«

Die Namen kamen Lisa bekannt vor. »Seine Eltern?«

»Das kann ich Ihnen leider nicht sagen«, bedauerte die Frau.

»Würden Sie mir die Papiere durchfaxen?«, bat Lisa. Sie diktierte ihre Faxnummer. Dann verabschiedete sie sich und legte auf.

Sie suchte nach den Namen von Tim Baumanns Eltern, und als kurz danach ihr Faxgerät zum Leben erwachte, wusste sie, dass sie sich nicht geirrt hatte. Die beiden waren vor über drei Jahren tödlich mit einer Privatmaschine verunglückt. Trotzdem war Tim Baumann die Summe erst vor gut einem Jahr ausbezahlt worden. Warum? Lisa überflog das Fax. Ganz oben fand sie die Nummer der verantwortlichen Sachbearbeiterin bei der Versicherung. Sie beschloss nachzufragen, was die Verzögerung verursacht hatte.

Als abgenommen wurde, erklärte sie kurz, warum sie anrief.

»An den Fall kann ich mich noch gut erinnern«, erwiderte die Frau am anderen Ende der Leitung. Sie klang fröhlich, als ob ihr Beruf ihr immense Freude bereiten würde. »Es war nicht ganz klar, ob es noch andere Begünstigte gibt.«

»Wieso?«, hakte Lisa nach.

»Weil Herr Baumanns Vater noch einen Sohn hatte. Martin Ehlers.«

Lisa zog die Brauen hoch. Der war bei ihren Nachforschungen bisher noch nicht aufgetaucht.

»Aus einer früheren Beziehung«, erklärte die Frau. »Allerdings konnten wir ihn nicht ausfindig machen. Sobald die vertraglich festgesetzte Frist verstrichen war, haben wir Herrn Baumann die Versicherungssumme ausgezahlt.«

»Aha. Vielen Dank.« Lisa legte auf und kaute grübelnd auf ihrer Unterlippe herum. Ein Halbbruder. Konnte der irgendetwas mit Baumanns aktueller Lage zu tun haben? Vielleicht war er das Verbindungsglied zur Mafia. Das schwarze Schaf in der Familie. Das Klingeln des Telefons unterbrach ihren Gedankengang. Sie sah aufs Display. Eine externe Nummer.

»Kriminalpolizei Stuttgart, Schäfer.«

»Stumpf hier«, meldete sich eine tiefe Männerstimme. »Ich rufe wegen dem Fahndungsbild im Internet an.«

Lisa beugte sich vor. »Welches Fahndungsbild meinen Sie?«

»Tim Baumann.«

Augenblicklich erwachte Lisas Jagdtrieb. »Haben Sie

Informationen über seinen Aufenthaltsort?«, fragte sie so ruhig wie möglich.

»Nein. Aber er war vor vier Tagen bei mir.«

Lisa beugte sich noch weiter vor, sodass sie fast vom Stuhl kippte. »Was wollte er bei Ihnen?«

»Er hat mir Fragen zu meinem Sohn gestellt.« Er fasste das Gespräch mit Tim Baumann kurz zusammen. »Und er hat mir seine Telefonnummer aufgeschrieben«, sagte er schließlich. »Falls mir noch was einfällt.«

Lisa ließ sich die Nummer diktieren und überprüfte, ob es sich um die handelte, zu der sie sich die Anruflisten ausgedruckt hatte. Tatsächlich stimmten die Zahlen überein. Sie sah aufs Display und fuhr mit dem Zeigefinger die Reihe der Telefonnummern entlang. Bingo!, dachte sie. Tatsächlich tauchte Herrn Stumpfs Nummer am 25. Mai in Tim Baumanns Telefondaten auf. »Würde es Ihnen etwas ausmachen, wenn ich mit einem Kollegen bei Ihnen vorbeikomme, um Ihre Aussage aufzunehmen?«, fragte sie.

»Nein. Es müsste nur noch heute Vormittag sein. Am Nachmittag muss ich zum Dienst. Ich arbeite bei der Bahn«, erklärte er.

Lisa bedankte sich und versprach, spätestens in einer Stunde bei ihm zu sein. Da er in Tübingen wohnte, fand sie dieses Versprechen realistisch. Sie stand von ihrem Drehstuhl auf und stopfte alle nötigen Unterlagen in eine Tasche. Dann ging sie ins Büro nebenan und zog dem Kollegen dort die Kopfhörer aus dem Ohr. »Ich fahre nach Tübingen, um einen Zeugen zu vernehmen. Hast du Zeit?«

Er strahlte, schloss die Excel-Tabelle, über der er gebrütet hatte, und kam federnd auf die Beine. »Aber klar doch!«

Lisa grinste. Irgendwie wirkte er auf sie immer wie ein hyperaktives Kind. Mit seinen schlaksigen Armen und Beinen, seinen modisch zerzausten braunen Haaren und seinen hippen Klamotten wurde Max Busch oft vorgeschickt, wenn es darum ging, das Vertrauen von jugendlichen Zeugen zu gewinnen. Seine offene Art war weder gekünstelt noch übertrieben. Und wenn Lisa nicht gewusst hätte, dass er über 30 war, hätte selbst sie ihn auf 18 geschätzt.

»Wohin?«, fragte er und zog sich die Hose hoch. Die Waffe an seinem Gürtel wirkte viel zu groß für seine mageren Hüften.

Lisa nannte ihm die Adresse.

»Dieser Fall ist echt mächtig schräg«, stellte er trocken fest.

Lisa zuckte die Achseln. Mehr fiel ihr dazu im Moment nicht ein. Sie sagte ihrem Chef Bescheid und bat ihn, Martin Ehlers zu recherchieren. Anschließend holte sie sich im Geschäftszimmer den Schlüssel für einen Dienstwagen. Wenig später brausten Max und sie die B27 entlang in Richtung Süden. In der Oststadt von Tübingen suchten sie verzweifelt einen Parkplatz, bis Max schließlich einen entdeckte. Dort durfte man zwar nur mit Anwohnerausweis parken, aber Lisa legte ihre Polizeikelle aufs Armaturenbrett. Dann stiegen sie aus und gingen die Straße entlang zu Herrn Stumpfs Adresse. Zum Glück spendeten die Kirsch- und Apfelbäume in den Gärten der alten Villen wenigstens etwas Schatten. Die Temperatur war schon wieder jenseits der 25 Grad, und Lisa schwitzte in ihrem dunkelblauen Poloshirt. Max schien die Hitze nichts auszumachen, da er mit langen Schritten vor ihr herging.

»Das ist kein Rennen«, schimpfte Lisa. »Kannst du mal das Gas rausnehmen?«

Er drehte sich zu ihr um und grinste. »Du bist doch die Sportskanone«, frotzelte er.

»Ja«, gab sie ungerührt zurück. »Aber beim Sport stört es mich nicht, wenn ich meine Kleider danach auswringen muss.«

Er lachte. »Okay, okay«, beschwichtigte er sie. »Hab verstanden.«

Als sie die Hausnummer erreichten, die Herr Stumpf Lisa genannt hatte, drückte sie den Klingelknopf. Keine Antwort. Sie klingelte erneut, doch nichts regte sich.

»Ich dachte, der muss erst später zur Arbeit«, sagte Max.

Lisa schob das schmiedeeiserne Tor auf. In dem Hof dahinter standen ein paar rostige Fahrräder neben einer Regentonne. Links vom Haus schloss ein verwilderter Garten an den Hof an. Auf einigen der Fenstersimse über ihren Köpfen sprossen Cannabispflanzen in bunten Blumentöpfen.

Max schüttelte den Kopf. »Das ändert sich wohl nie«, sagte er.

Lisa verschwendete keinen Blick auf die Pflänzchen. Es war ihr egal, ob die Studenten kifften oder nicht. Sie war auf der Suche nach einem Mörder. Am Hauseingang befand sich eine weitere Reihe von Klingelknöpfen. Doch auch dieser Versuch blieb erfolglos. »Herrgott!«, schimpfte sie. »Wenn der uns umsonst hierher bestellt hat, reiße ich ihm den Arsch auf!«

Ihr Ausbruch beeindruckte Max wenig. »Vielleicht ist er im Garten«, mutmaßte er. »Herr Stumpf!«

Tatsächlich antwortete hinter dem Haus jemand mit einem lang gezogenen, »Jaaaaa. Komme schon.« Keine halbe Minute später tauchte ein kahlköpfiger Mann mit einer Harke auf. »Frau Schäfer?«, fragte er. Er wischte sich die Hände an der Hose ab und streckte Lisa die Rechte entgegen. »'tschuldigung, die Studenten kümmern sich nicht um den Garten. Wenn nicht ab und zu jemand für Ordnung sorgt ...«

Lisa schüttelte ihm die Hand. »Max Busch, mein Kollege«, stellte sie vor.

»Lassen Sie uns oben reden«, schlug Herr Stumpf vor. »Es muss ja nicht die ganze Nachbarschaft mithören.«

KAPITEL 30

Tübingen, 29. Mai 2016

Er führte Lisa und Max ins zweite Stockwerk und bot ihnen etwas zu trinken an, sobald sie in einem kleinen Wohnzimmer Platz genommen hatten. Lisa nahm dankbar an, Max lehnte ab. Während Herr Stumpf eine Flasche Wasser und zwei Gläser aus der Küche holte, betrachtete Lisa die Fotos auf einer Kommode gegenüber der Tür. Sie zeigten einen jungen Mann Ende 20. Auf fast allen Bildern war er in Uniform, nur zwei der Aufnahmen waren offenbar im Urlaub gemacht worden. Eine Frau, bei der es sich vermutlich um seine Mutter handelte, legte vor der Kulisse eines Sonnenuntergangs stolz den Arm um ihn.

»Mein Sohn Tobias«, sagte Herr Stumpf, als er mit dem Wasser zurückkam und Lisas Blick bemerkte. »Er ist vor zwei Monaten bei einem Autounfall ums Leben gekommen.«

»Tut mir leid«, sagte Lisa.

»Es war ein ziemlicher Schock.« Ihr Gastgeber setzte sich ihnen gegenüber in einen Sessel und füllte die Gläser. Sein Gesicht wirkte plötzlich älter. Er betrachtete einen Moment, wie die Kohlensäure an die Oberfläche stieg, dann sah er wieder auf. »Ich hatte gleich ein seltsames Gefühl bei dem Besuch«, gestand er. »Als ich diesem Baumann gesagt habe, dass sein Vorgesetzter angerufen und mich informiert hat, dass er auf dem Weg ist, hat er seltsam reagiert.« Er schob sein Glas von sich, ohne etwas getrunken zu haben. »Als ob das etwas Ungewöhnliches wäre.«

Lisa wartete, ob er noch etwas hinzusetzen wollte.

»Und dann war er plötzlich ziemlich nervös.«

»Können Sie sich an den Namen des Vorgesetzten erinnern?«, fragte sie.

»Nein. Aber so viele Vorgesetzte werden die Feldjäger sicher nicht haben.«

»Feldjäger?«, fragte Lisa verdutzt. »Hat er sich als Feldjäger ausgegeben?«

»Ja«, erwiderte Herr Stumpf. »War das eine Lüge?« Wut trat in seinen Blick. »Was für ein krankes Spiel ist das?« Er ballte die Hände zu Fäusten. »Ich dachte, es gäbe Neuigkeiten zu Tobis Unfall. Zu dem Unfallverursacher«, fügte er hinzu. »Aber dieser Baumann hat mir erzählt, es handle sich nur um eine Routineuntersuchung.«

Lisa nahm einen Schluck Wasser. »Was für Fragen hat er Ihnen denn gestellt?«

»Er wollte wissen, ob mir und meiner Frau am …«, er zögerte kurz, »Leichnam unseres Sohnes etwas aufgefallen sei. Ob er Wunden hatte, die uns seltsam vorkamen.«

Lisa zog die Brauen zusammen. Was waren denn das für Fragen? Wieso schnüffelte Baumann in so einer Sache herum? Das hatte doch ganz sicher nichts mit Drogen zu tun? Oder doch? Ihr kam eine Idee. »War Ihr Sohn im Kosovo, als er den Unfall hatte?«

Herr Stumpf schüttelte den Kopf. »Nein. Er war in Calw stationiert.«

»KSK?«, fragte Max.

»Ja, er war Kommandofeldwebel«, erwiderte Herr Stumpf.

»Was war das für ein Unfall?«, wollte Lisa wissen.

»Ein Autounfall. Er war auf der Landstraße unterwegs und ist von einem anderen Fahrer abgedrängt worden. Der hat Fahrerflucht begangen.« Er schluckte trocken. »Tobi war sofort tot. Das hat uns jedenfalls der Arzt im Bundeswehrkrankenhaus gesagt.«

»Im Bundeswehrkrankenhaus?«, hakte Lisa nach. Hatte Calw auch ein Bundeswehrkrankenhaus?

»In Ulm.« Herr Stumpf zuckte die Achseln. »Tobi hatte an diesem Wochenende frei und war wohl auf dem Weg zum Bodensee. Wir wussten gar nicht, dass er in der Gegend war.« Er klang traurig.

Lisa spürte, wie das, was ihre Kollegen ihre »Antennen« nannten, zu vibrieren begannen. »Das heißt, er wurde nach dem Unfall ins BWK Ulm eingeliefert?«, fragte sie, um sicherzugehen.

»Ja.«

Sie tauschte einen Blick mit Max, dem der Zufall offensichtlich auch merkwürdig vorkam. »Können Sie sich an den Namen des Notarztes erinnern?«

Herr Stumpf verneinte. »Aber er hat uns damals seine Karte gegeben. Falls wir noch Fragen hätten.«

»Würden Sie nachsehen, ob Sie die noch haben?«, bat Lisa.

»Sicher.« Er stand auf und verließ das Zimmer. Es dauerte beinahe zehn Minuten, bis er mit leeren Händen zurückkam. »Tut mir leid«, sagte er. »Aber meine Frau muss sie weggeworfen haben. Vermutlich wollte sie nicht dauernd daran erinnert werden.« Er seufzte. »Wenn er im Kampf gefallen wäre, hätte sie es vielleicht besser verkraftet.«

Das bezweifelte Lisa. Mütter verkrafteten den Tod ihrer Kinder ihrer Erfahrung nach nie.

Nachdem sie Herrn Stumpf noch ein paar Fragen gestellt hatten, verabschiedeten sie sich. Zurück auf der Straße warf Lisa Max den Autoschlüssel zu. »Du fährst.« Sie selbst wählte die Nummer ihres Chefs. »Hallo, Thomas«, sagte sie. »Kannst du mir die vollständigen Anruflisten von Tim Baumann aufs Handy schicken? Hier hat sich was ergeben, dem wir nachgehen sollten.« Sie erklärte kurz, worum es ging.

»Soll ich noch mal in Ulm bei den Feldjägern anrufen?«, fragte der SOKO-Leiter.

Lisa verdrehte die Augen. Bloß nicht!, hätte sie am liebsten gesagt. Schließlich war es gerade mal zwei Tage her, dass sie Becker rausgeschmissen hatten. »Meinst du, die können uns weiterhelfen?«

»Ein Versuch schadet nicht«, sagte ihr Chef.

Als sie das Gespräch beendet hatte, lehnte sie sich zurück und wartete, bis die Mail mit den Anruflisten eintrudelte. Dann scrollte sie durch die Einträge. Baumann hatte nicht viel telefoniert. Nur eine Nummer, außer der von Herrn Stumpf, fiel auf, weil sie nur ein einziges Mal gewählt worden war. Am gleichen Tag wie die von Herrn Stumpf. Lisa merkte sie sich und tippte sie ein.

»Kapaun«, meldete sich eine Frau.

»Schäfer von der Kripo Stuttgart«, stellte Lisa sich vor. »Wir ermitteln in einem Fall und in diesem Zusammenhang sind wir auf Ihre Telefonnummer gestoßen. Dürfte ich Ihnen ein paar Fragen stellen?«

Die Frau gab einen erschrockenen Laut von sich. »Was für ein Fall?«

»Das darf ich Ihnen leider nicht sagen.« Lisa erklärte, was sie wissen wollte.

»Ja, es war tatsächlich jemand bei mir und hat Fragen zu meinem Anton gestellt«, sagte Frau Kapaun.

»Was für Fragen?«

»Ob mit dem Leichnam meines Sohnes alles in Ordnung war«, sagte sie erstickt. »Ob wir ihn gesehen hätten. Gott, hört dieser Albtraum denn nie auf?« Sie zog hörbar die Nase hoch.

Die gleichen Fragen wie bei Herrn Stumpf! Lisa wechselte die Hand und hielt das Handy ans linke Ohr. Was wollte Baumann damit erreichen? Wurden die Drogen in Leichen irgendwohin geschmuggelt? Die Vorstellung bereitete ihr eine Gänsehaut.

»Mir kam das jedenfalls nicht geheuer vor«, sagte Frau Kapaun. »Deshalb habe ich Dr. Silcher angerufen.«

Lisa glaubte, ihren Ohren nicht zu trauen. Baumanns Chef? »Warum haben Sie Dr. Silcher angerufen?«, fragte sie so ruhig wie möglich.

»Weil er der Arzt war, der versucht hat, unserem Anton im Bundeswehrkrankenhaus das Leben zu retten.« Jetzt weinte die Frau ungehemmt. Es dauerte eine Weile, bis sie sich so weit gefasst hatte, dass sie weiterreden konnte. »Er ist ein guter Mensch. Wir haben ihm nie einen Vorwurf gemacht, dass er Anton nicht helfen konnte.« Sie schluchzte erneut. »Der Unfall war einfach zu schwer.«

»Hatte er einen Autounfall?«, schoss Lisa ins Blaue. Wie es schien, zeichnete sich hier ein Muster ab.

»Ja«, erwiderte Frau Kapaun. »Der Fahrer eines anderen Wagens hat ihn auf der Landstraße von der Fahrbahn gedrängt.«

Lisa blieb die Spucke weg. Das schlug dem Fass den Boden aus! »Wann war dieser Unfall?«

»Vor sechs Wochen.« Der Frau versagte erneut die Stimme.

Lisa sagte ein paar tröstende Worte und bedankte sich bei der inzwischen hemmungslos weinenden Frau. Sie gab ihr ihre Telefonnummer und verabschiedete sich. »Ich glaub, mich tritt ein Pferd«, sagte sie an Max gewandt.

»Was ist los?« Max warf ihr einen fragenden Blick zu. Lisa fasste das Gespräch zusammen.

»Das geht jetzt aber in eine ganz andere Richtung«, stellte Max fest. »Klingt eher so, als hätte Baumann auf eigene Faust in diesen Unfällen herumgeschnüffelt. Und als ob wir lieber seinen Chef mal näher unter die Lupe nehmen sollten.«

Lisa nickte. »*Den* sollten wir auf jeden Fall dringend befragen.« Sie rief noch mal bei Thomas Fuchs an. »Ich würde diesen Dr. Silcher gerne dazu hören«, sagte sie, nachdem sie ihn ins Bild gesetzt hatte. Obwohl ihr die nächste Frage Zahnweh bereitete, stellte sie sie. »Sollen wir Becker doch wieder mit in den Fall holen?«

Der SOKO-Leiter lachte. »Das wird schwer. Ich habe seinen Vorgesetzten angerufen, und der hat mir gesagt, dass er sich ganz spontan Urlaub genommen hat. Irgendwas mit einer verletzten Hand.«

Lisa zog die Brauen hoch. »Eher ein verletztes Ego«, murmelte sie.

»Der Hauptmann hat einen anderen seiner Leute auf die beiden Unfalltoten angesetzt. Der soll da mal nachhaken. Ich bitte ihn, dir jemanden zur Seite zu stellen. Bei diesem Silcher schadet die Unterstützung der Militärpolizei sicher nicht.«

Lisa sah das genauso. »Sagst du den Kollegen in Ulm Bescheid, dass ich auf dem Weg bin? Zwei Uniformierte vor Ort schaden sicher auch nicht.« Sie legte auf und stieß die Luft durch die Zähne aus. »Jetzt wird's spannend.«

KAPITEL 31

In der Nähe von Ehingen an der Donau, 29. Mai 2016

Tim Baumann schwitzte. Er kauerte in einer Astgabel fünf Meter über dem Boden und hielt das Fernglas, das er sich unterwegs gekauft hatte, an die Augen. Das Laubdach der Eiche verbarg ihn so perfekt, dass man ihn nur sah, wenn man direkt unter dem Baum stand und den Kopf in den Nacken legte. Er hatte die Sonne im Rücken, damit sie sich nicht in den Gläsern fangen und ihn verraten konnte. Geduldig behielt er die Einfahrt des Feldweges im Auge, aber bisher war nicht einmal ein Bauer aufgetaucht, um Heu zu wenden. Der Ort, den er als Treffpunkt ausgewählt hatte, lag vollkommen abseits. Nur am Wochenende verirrten sich vereinzelte Mountainbiker oder Wanderer hierher, doch selbst die bevorzugten meistens die Hügel der nahegelegenen Alb. Tim senkte das Fernglas und wischte sich den Schweiß von der Stirn. Dann nahm er die Beobachtung wieder auf und stützte die Ellenbogen auf der Astgabel ab. Als nach einer Weile sein linker Fuß anfing zu kribbeln, verlagerte er das Gewicht. Noch eine Stunde bis zur vereinbarten Uhrzeit. So lange würde er ja wohl noch durchhalten! Das Geräusch von Autoreifen, die über Schotter knirschten, ließ ihn aufhorchen. War das schon Becker? Eine kleine Staubwolke verriet ihm, dass das Fahrzeug in seine Richtung fuhr. Sein Herzschlag beschleunigte sich. Doch die Aufregung war umsonst, da es sich lediglich um den Jeep eines Forstarbeiters handelte, der weit vor ihm in den Wald abbog.

»Komm endlich«, murmelte Tim. Wenn er Becker richtig einschätzte, würde es nicht mehr lange dauern, bis er auftauchte. Sicher wollte er als Erster vor Ort sein, um von Anfang an die Situation zu kontrollieren. Genau wie Tim. Er rutschte etwas weiter nach hinten, um sein Gewicht besser auf dem Ast zu verteilen. Dann vergewisserte er sich mit einem Blick nach unten, dass er seine Spuren gut verwischt hatte. Ein Teil von ihm fürchtete, dass er die Entscheidung, sich mit Becker zu treffen, bitter bereuen würde. Ein anderer Teil drängte ihn jedoch, alle Bedenken zu ignorieren und nur an Maria zu denken. Ohne Hilfe konnte er sie nicht befreien! Sollte Becker für Silcher arbeiten … Diese Möglichkeit durfte er einfach nicht in Betracht ziehen! Denn dann war Maria bereits tot. Der Gedanke sorgte dafür, dass ihm plötzlich schwindlig wurde.

»Sie müssen sich jemandem anvertrauen«, hatte Becker gesagt, als Tim ihn von einer Telefonzelle aus angerufen hatte. »Ich verspreche Ihnen von Kamerad zu Kamerad, dass ich Ihnen helfe.«

Gott, wie gerne Tim glauben würde, dass er nicht allein war auf weiter Flur! Noch nie in seinem Leben war er sich so einsam und hilflos vorgekommen. Manchmal fragte er sich, wann er sich sein Karma oder Was-auch-immer so versaut hatte, dass ausgerechnet ihm so ein Mist passierte.

Er hatte das Gespräch so kurz wie möglich gehalten für den Fall, dass Becker falsch spielte und die Polizei auf seine Fährte hetzen wollte. Nur den Ort, an dem er ihn treffen wollte, hatte er ihm genannt. »Alles andere dort« – darauf hatte er bestanden.

Je länger er in dem Baum ausharrte, desto öfter fragte er sich allerdings, ob er nicht vollkommen den Verstand verloren hatte.

Ein Lichtreflex am Horizont unterbrach sein Grübeln. Er drehte den Kopf und das Fernglas etwas weiter nach Süden und verfolgte, wie ein Wagen von der Landstraße in den Feldweg abbog. Ein silberner VW-Passat holperte durch die Schlaglöcher und näherte sich seinem Versteck. Der Wagen hatte ein Heidenheimer Nummernschild. Ein Wanderer? Oder Becker? Da sich die Sonne in der Windschutzscheibe spiegelte, konnte Tim den Fahrer nicht erkennen. Erst als dieser unter einer Buche anhielt und ausstieg, sah er einen hochgewachsenen Mann mit breiten Schultern und dunklen Haaren. Die Haltung war unverkennbar militärisch. Allerdings steckte der Mann nicht in einer Uniform, sondern in einer kakifarbenen Hose und einem olivgrünen T-Shirt. Kein rotes Barett, keine Rangabzeichen. Die Waffe an seinem Gürtel ließ keine Fragen offen. Tim unterdrückte einen Fluch. Er war in die Falle getappt! Wie ein blutiger Anfänger.

Er machte sich so klein wie möglich und verfolgte jede Bewegung des Mannes. Dieser beschirmte die Augen mit der Hand, um sich umzusehen. Dann ging er zum Kofferraum des Wagens und holte einen Rucksack daraus hervor.

Was hatte er vor? Tim senkte das Fernglas und beobachtete Becker mit bloßem Auge. Vorsichtig, wie ein Soldat auf Minensuche, kam er Schritt für Schritt auf den Treffpunkt zu. Tim hatte einen Baum gewählt, der etwas abseits stand, und auch Becker schien sich nach einem Versteck umzusehen. Natürlich suchte auch er nach einem höheren Standpunkt, weil der es ihm ermöglichen würde, das Gelände zu überblicken. Genau wie Tim schien auch er mit einem morsch wirkenden Hochsitz zu liebäugeln. Da Tim diesen Unterschlupf für zu offensichtlich gehalten hatte, war seine Wahl auf die Eiche gefallen. Becker hegte offenbar keine Bedenken, da er ohne zu zögern darauf zuging und an der Leiter rüttelte. Von Tims Warte sah es aus, als ob ihn etwas stören würde. Er legte den Rucksack auf den Boden, holte etwas aus der Hosentasche und machte sich an den Sprossen zu schaffen. Tim überlegte nicht lange. Das war seine Chance! Solange Becker ihm den Rücken zuwandte, konnte er ihn vielleicht überrumpeln. So lautlos wie möglich ließ er die Beine nach unten fallen und hangelte sich an dem dicken Ast in Richtung Baumstamm. Als seine Zehen den Ast unter ihm ertasteten, griff er um und kletterte geschickt zurück auf den Boden. Der dicke Knüppel, den er auf dem Weg zu der Eiche gefunden hatte, lehnte dort, wo er ihn zurückgelassen hatte. Er packte ihn entschlossen und schlich auf Becker zu.

KAPITEL 32

In der Nähe von Ehingen an der Donau, 29. Mai 2016

Mark Becker steckte seinen »Leatherman« zurück in den Rucksack, nachdem er den vorstehenden Nagel umgebogen hatte. Dieser hatte so aus der Sprosse geragt, dass jeder, der in Eile war, sich unweigerlich an ihm verletzt hätte. Warum der Jäger oder Förster diesen Hochsitz so schlampig zusammengezimmert hatte, war ihm ein Rätsel. Aber vermutlich war hier schon lange keiner mehr zum Ansitz hochgeklettert. Er rüttelte an dem Rundholz, um sicherzugehen, dass es nicht morsch war. Dann schulterte er seinen Rucksack und setzte den Fuß auf die unterste Sprosse. Er hatte gerade die Hände an die Leiter gelegt, um sich nach oben zu ziehen, als ihn das Knacken eines Zweiges herumwirbeln ließ.

Just im rechten Augenblick.

Er sah den Knüppel kommen, stieß sich mit voller Kraft von der Leiter ab und hechtete unter dem Schlag hindurch. Der Rucksack dämpfte seinen Aufprall auf dem harten Waldboden, hinderte ihn jedoch am schnellen Abrollen. Der nächste Hieb traf ihn mit solcher Wucht an der Schulter, dass der Schmerz für einen Sekundenbruchteil seinen Arm lähmte. Während Adrenalin in seine Adern schoss, schien sich alles zu verlangsamen, und er nahm seine Umgebung wie im Zeitraffer wahr. Den Kerl, der mit wutverzerrtem Gesicht über ihm stand, hatte er noch nie gesehen. Sein kahler Kopf glänzte in der Sonne, und die Brille mit dem dicken Rahmen verlieh ihm das Aussehen eines Nerds. Er hatte einen Knüppel in der Hand, den er wie einen Baseballschläger schwang. Während Marks Gehirn all diese Informationen verarbeitete, verlagerte sein Angreifer das Gewicht und holte zum nächsten Schlag aus. Mark reagierte blitzschnell. Während er sich mit dem unverletzten Arm abstützte, schnellte sein rechter Fuß nach vorn und fegte seinem Gegner die Beine unter dem Körper weg. Der riss überrascht den Mund auf, ruderte mit den Armen und schlug rücklings auf dem Boden auf. Das Geräusch, das er von sich gab, als die Luft aus seinen Lungen entwich, erinnerte an einen Blasebalg. Bevor der Mann sich von seiner

Überraschung erholen konnte, hatte Mark sich aufgerappelt, seine Pistole gezogen und ihm das Knie in die Brust gebohrt.

»Keine falsche Bewegung«, knurrte er. Als sein Gegner anfing, sich unter ihm zu winden, hielt er ihm die Waffe an die Schläfe. »Wer sind Sie?«, fragte er.

Der Widerstand erlahmte. »Das wissen Sie doch ganz genau«, fauchte der Mann. Er zuckte zusammen, als Mark den Druck der Waffe erhöhte.

»Ich frage nicht noch mal!«, drohte er.

»Was soll das Spielchen?«, fragte der Mann. »Sie sind Becker und sind hier, weil wir verabredet waren.«

»Was erzählen Sie da für einen Mist?« Mark kniff die Augen zusammen und musterte ihn genauer. Konnte es sein? Er dachte sich die Brille weg und stattete den Kerl in Gedanken mit Augenbrauen und Haaren aus. Tatsächlich. »Baumann?«, fragte er unsicher.

»Wer denn sonst?«

Mark nahm ein wenig Gewicht vom Brustkorb des Mannes. »Dann gebe ich die Frage zurück: Was soll der Mist?«, fragte er schroff. »Wollten Sie mir den Schädel einschlagen?«

Baumann blitzte ihn wütend an. »Ich wollte Ihnen nur zuvorkommen.« Sein Blick zuckte zu Marks Waffe. »Na los, bringen Sie es hinter sich.«

Mark begriff. Baumann dachte, dass er etwas mit Maria Frechs Entführung zu tun hatte. Er nahm die Pistole von der Schläfe des anderen. »Ich will Ihnen helfen, Sie Idiot!« Er stand auf und sah auf Baumann hinab. »Stehen Sie schon auf!« Als der Sanitäter keine Anstalten machte, sich zu rühren, packte er ihn beim Kragen und zerrte ihn auf die Beine. Dann steckte er die Waffe zurück ins Holster. »Zufrieden?«

Baumann sah ihn an wie eine Fata Morgana. »Wo ist Ihre Uniform?«, fragte er schließlich. »Und wieso sind Sie mit einem zivilen Pkw hier?«

Mark massierte sich die schmerzende Schulter. Der Kerl hatte ganz schön viel Kraft. Zum Glück hatte er das Gelenk verfehlt. »Ich habe doch gesagt: nur Sie und ich. Sonst niemand.«

Baumann ließ sich auf einen Baumstumpf fallen und nahm die Brille ab. »Scheiße, Mann. Ich dachte, Maria wäre tot, als Sie ausgestiegen sind.« Seine Stimme zitterte. »Warum tun Sie das? Was sagt Ihr Vorgesetzter dazu?«

Mark schnaubte. »Der hat keine Ahnung, dass ich hier bin. Er geht, genau wie die Kripo, davon aus, dass Sie die albanische Mafia um Drogen erleichtert haben und die deshalb hinter Ihnen her sind.«

Tim Baumann blinzelte. »Die albanische Mafia? Was hat denn die mit dem ganzen Scheiß zu tun?«

»Der Tote in Stuttgart war ein gewisser Aleksander Berisha«, erwiderte Mark. »Ein Mitglied der albanischen Mafia. Kannten Sie ihn?«

Baumann schüttelte den Kopf und ließ ihn dann in die Hände sinken. »Das erklärt so manches«, murmelte er.

»Was erklärt das?«, hakte Mark nach. »Warum haben Sie sich unerlaubt von der Truppe entfernt? Hat es etwas mit Dr. Silcher zu tun? Der hat Sie nämlich mehr oder weniger bezichtigt, Drogen aus dem BWK gestohlen zu haben.«

»Waaaaas?« Baumann schoss das Blut in die Wangen. Er funkelte Mark an und zog verächtlich die Oberlippe hoch. »War ja klar, dass der alles unternimmt, um mich zu diskreditieren.«

Mark ging neben ihm in die Hocke. »Hören Sie«, sagte er. »Sie sollten mir alles erzählen. Nur dann kann ich Ihnen helfen, Maria Frech zu befreien.«

Baumann schien einen Augenblick zu überlegen. Schließlich seufzte er und zuckte die Achseln. »Was anderes bleibt mir ja wohl kaum übrig.« Er fuhr sich mit der Hand über den rasierten Kopf. »Es war am Donnerstag vor zehn Tagen«, hob er an. Stockend erzählte er von der Nacht: wie er von Silcher fortgeschickt worden war, wie er auf dem Rückweg fast über seine Kollegen und den Toten gestolpert war, wie er einer spontanen Eingebung folgend das Dienstbuch kopiert hatte und anschließend durch den Bunker geflohen war – nur, um später zurückzukommen und die Akte zu holen. »Es war der dritte Vorfall innerhalb von zwei Monaten, und irgendwas an der Sache kam mir seltsam vor«, sagte er.

»Haben Sie die Akte noch?«, fragte Mark.

Baumann nickte.

»Warum sind Sie damit nicht zu uns gekommen oder zur Polizei gegangen?«

»Weil da absolut nichts Brauchbares drin steht«, gab Baumann zurück. »Nur die Namen der drei angeblich verunfallten Soldaten.«

»Würden Sie mir die Akte zeigen?«

Baumann warf ihm einen misstrauischen Blick zu. Dann nickte er. »Wie tief steckt Silcher drin?«, wollte er von Mark wissen.

»Ich hatte gehofft, Sie könnten mir das sagen«, erwiderte Mark.

Baumann blies die Wangen auf. »Dass die beiden Kerle in Stuttgart zur Mafia gehören, bestätigt meinen Verdacht. Allerdings habe ich keinerlei Beweise.«

»Was ist Ihr Verdacht?« Mark konnte sich auf all das keinen Reim machen.

Baumann lachte freudlos. »Ich weiß nicht genau, wann ich darauf gekommen bin.« Er dachte kurz nach. »Vermutlich bei der Flucht durch die EVA. Aber wenn die Mafia mit drin steckt, ist es das Einzige, das Sinn macht.«

Mark wartete geduldig, bis er fortfuhr.

»Ich denke, die entnehmen Unfallopfern heimlich Organe. In der EVA.«

Mark runzelte die Stirn.

»Wenn Sie die Ausstattung da unten gesehen hätten, würden Sie mich nicht so angucken«, sagte Baumann. »Da gibt es alles, was man für eine Organentnahme benötigt: mehrere OPs, Operationsbesteck, Sterilisationsgeräte. Einfach alles. Und seit der Bunker geschlossen worden ist, geht da kein Mensch freiwillig rein.« Er hob zwei Finger. »Außer Silcher und meinen beiden Kollegen müssen noch der Pathologe und der Bestatter mit drin stecken. Der Pathologe muss formal die Todesursache bestätigen, und der Bestatter muss die Toten so zurechtgemacht haben, dass den Verwandten nichts aufgefallen ist.« Er ließ die Hand wieder sinken. »Glauben Sie mir, das ist die einzig logische Erklärung. Und mit Organhandel lässt sich ein Haufen Geld verdienen.«

»Hm.« Mark ließ sich neben Baumann ins Gras fallen. »Könnte gut möglich sein. Haben Sie Fotos gemacht, als Sie das zweite Mal dort waren?«

Baumann schüttelte den Kopf. »Ich habe zugesehen, dass ich so schnell wie möglich wieder rausgekommen bin«, sagte er. »Ich wusste ja, dass zumindest Sie und Ihre Kameraden nach mir suchen.«

Mark zog die Oberlippe zwischen die Zähne, um darauf herumzukauen. »Vielleicht sollte ich mir diesen Bunker mal genauer ansehen«, schlug er vor. »Wie kommt man da rein?«

Baumann kramte in seiner Tasche und zog einen Schlüsselbund hervor. »Damit.«

Mark sah auf die Uhr. Es war kurz nach zwei. »Haben sich die Entführer inzwischen noch mal gemeldet?«, fragte er.

Baumann verneinte. »Ich habe keine Ahnung, warum die so lange warten«, stöhnte er. »Vermutlich wollen die mich weich kochen.«

Mark hoffte, dass sie sich noch ein bisschen Zeit ließen. Er hatte das Video an seinen Freund Lukas weitergeleitet und ihn gebeten, es zu verbessern, weil er glaubte, etwas im Hintergrund erkannt zu haben. Wenn jemand dazu in der Lage war, dann Lukas, der IT-Zauberer. Er überlegte kurz, ob er Baumann darüber informieren sollte, entschied sich aber dagegen. »Geben Sie mir den Schlüssel«, sagte er stattdessen. »Ich fahre zum BWK. Wenn ich dort etwas entdecke, sind das Beweise, die für Sie sprechen.«

»Die Polizei …«, unterbrach Baumann ihn.

Mark hob die Hand. »Die Polizei halten wir raus, bis Ihre Freundin in Sicherheit ist. Warten Sie hier. Ich komme so schnell wie möglich zurück.« Er zeigte auf den Hochsitz. »Da oben sollte es auszuhalten sein.«

Er nahm Baumann den Schlüsselbund aus der Hand. »Rufen Sie mich an, sobald die Entführer sich mit Ihnen in Kontakt setzen.«

Baumann sah zu ihm auf. »Haben Sie mir eine Waffe mitgebracht?«, fragte er.

Mark schüttelte den Kopf. Zwar hatte er eine zweite Springfield 1911 Kaliber.45 ACP im Rucksack – ebenfalls eine Privatwaffe. Allerdings würde er die Baumann nur im absoluten Notfall aushändigen. Schließlich war er nicht im Dienst, und ein Verstoß gegen das Waffengesetz wog nicht unbedingt leicht. Um es harmlos auszudrücken, dachte er. »Unternehmen Sie nichts, ohne mir Bescheid zu sagen«, ermahnte er Baumann noch mal. Dann ließ er ihn auf seinem Baumstumpf sitzen und trabte zurück zu seinem Auto. Die Akte, die Baumann kopiert hatte, würde er sich später ansehen. Zuerst wollte er die erdversenkte Anlage überprüfen. Er ließ seinen Passat an und dachte lieber nicht daran, was sein Hauptmann ihm erzählen würde, wenn er herausfand, dass Mark auf eigene Faust ermittelte.

KAPITEL 33

In einem Bauwagen, 29. Mai 2016

Maria Frechs Wut auf Tim war schon vor Stunden verpufft. Immer noch hatte der Strick um ihre Handgelenke nicht nachgegeben, obwohl sie seit Ewigkeiten daran herum sägte. Ihr Gefängnis briet in der Sonne wie ein Fladen, und wenn sie nicht bald etwas zu trinken bekam, würde sie die Besinnung verlieren. Beinahe wünschte sie sich ihre Entführer zurück. Immer wieder wurde ihr schwarz vor Augen. Nur unter Aufbietung all ihrer Willenskraft gelang es ihr nach kurzen Pausen weiterzumachen. Sie musste es einfach schaffen! Wenn sie jetzt aufgab, war die ganze Schinderei umsonst. Sie legte die Scherbe auf den Tisch und ruhte sich einige Minuten aus. Inzwischen waren ihre Handgelenke wund gescheuert, und sie wusste nicht, wie oft sie sich geschnitten hatte. Dass ihre Pulsadern noch intakt waren, hielt sie für ein reines Wunder. Noch vor Sonnenaufgang war der erste Strang des Seils zerrissen. Der zweite folgte lange Zeit später. Wenn sie noch ein bisschen durchhielt, würde sie auch den dritten endlich durchtrennen.

»Stell dich nicht an wie ein Prinzesschen!«, fauchte sie – wütend über die Erschöpfung, die sie zu überwältigen drohte. Sie atmete ein paar Mal tief durch, dann hob sie die Scherbe wieder auf.

Der Schweiß lief ihr in Strömen über Gesicht und Rücken, während sie die Bruchkante unermüdlich hin und her bewegte. Schon lange hatte sie keinerlei Zeitgefühl mehr, und sie dachte unvermittelt an die Geschichte des Vogels mit dem Sandkorn, die sie als Kind in der Kirche gehört hatte. Die Stimme des Pfarrers war plötzlich in ihrem Kopf.

»Ein Vogel pickt jedes Jahr einmal ein Sandkorn von einem riesigen Strand. Und erst, wenn der ganze Sand fort ist, beginnt die erste Sekunde der Ewigkeit.«

Maria lachte hysterisch. Würde es auch so lange dauern, bis sie sich befreien konnte? Als das Seil nach langer Zeit endlich mit einem fasernden Laut nachgab, begriff sie zuerst nicht, was passiert war. Erst als der Druck auf ihre Handgelenke nachließ, hörte sie auf, die Scherbe weiter hin und her zu bewegen.

Hatte sie es geschafft? Sie zerrte an dem Strick, der schlaff auf den Boden fiel. Maria schluchzte auf. Sie hatte es geschafft! Die Freude war wie ein Rausch. Benommen und ungläubig massierte sie ihre schmerzenden Handgelenke, bis das Taubheitsgefühl etwas nachließ. Dann nahm sie die Scherbe ein weiteres Mal vom Tisch auf und setzte sich auf den Boden.

»Das ist Kinderkacke«, machte sie sich Mut und sägte wie eine Besessene an ihren Fußfesseln. Tatsächlich war dieses Seil so schnell durchtrennt, dass Maria einen Jubelschrei ausstieß.

Was jetzt?, fragte sie sich. Sie stand auf wackligen Beinen auf und sah sich in ihrem Gefängnis um. Ihr Magen hatte schon vor Stunden aufgehört zu knurren, und ihr Mund war staubtrocken. Wenn sie versuchen wollte zu fliehen, brauchte sie dringend etwas zu essen und zu trinken. Sie betastete die Sachen, die auf dem Tisch lagen. Zum Glück spendete die durch die Ritzen hereinfallende Sonne etwas Licht. Außer dem vergammelten Käse, an dessen Gestank sie sich inzwischen gewöhnt hatte, gab es einen Kanten steinhartes Brot. Maria griff danach, kratzte den Schimmel ab und versuchte, ein Stück abzubeißen. Allerdings war der Brocken so hart, dass das nicht so einfach war. Während sie an dem Kanten nagte, suchte sie weiter. In einer Ecke standen leere Eimer, zwei Kisten und etwas, das aussah wie ein Schäferstab. Maria schob einen Stuhl zur Seite und ließ sich vor den Kisten auf die Knie fallen. Ihr Rachen war so ausgetrocknet, dass es ihr kaum gelang, das abgeknabberte Brot zu schlucken. Mit zittrigen Händen schob sie die Deckel von den Kisten und sah enttäuscht, dass sie leer waren. In dem Eimer lagen ein paar alte Lappen, die nach Öl rochen. Nichts, das ihren Durst löschen oder ihr helfen konnte, die Tür aufzubrechen.

Sie kam wieder auf die Beine und tastete sich weiter durch das Halbdunkel. An einer Wand stand ein leeres Regal, daneben lehnte eine Holzplatte. Maria wollte sich gerade der anderen Seite des kleinen Raums zuwenden, als ihr ein Lichtstreifen auffiel. Dieser fiel zwischen dem Regal und der Holzplatte auf den Boden und war breiter als die anderen. Gab es dahinter vielleicht einen Ausweg? Sie steckte den Brotkanten in die Tasche und zerrte mit aller Kraft an der Platte, bis sie sie so weit zur Seite geschoben hatte, dass sie durch den Spalt passte, der dadurch entstanden war.

»Ich danke dir, Herrgott«, murmelte sie, als sie das winzige Toilettenkabuff dahinter entdeckte. Ein einfaches Plumpsklo, eine Rolle uraltes Klopapier und ein Fenster. Maria bemerkte erst, dass sie weinte, als ihr die Tränen über die Wangen rannen. Das Fenster war zwar kaum 50 Zentimeter breit und ebenso hoch, doch sie zweifelte keinen Moment daran, dass sie sich hindurchzwängen konnte. Ohne zu zögern, stieg sie auf die Klobrille und schlug die Scheibe ein. Dann zog sie ihren Schuh aus, entfernte die Scherben und stemmte sich am Fensterrahmen in die Höhe.

Es war einfacher, als sie gedacht hatte. Sobald ihr Kopf und ihre Schultern im Freien waren, streckte sie die Hände nach unten und ließ sich fallen. Es war nicht einmal ein Meter bis zum Boden. Und obwohl ihr ein stechender Schmerz in die Handgelenke fuhr, rollte sie sich geschickt ab und rappelte sich auf.

Sie war frei! Ihr Herz schlug so heftig, dass sie es in ihrer Kehle spüren konnte. Sie blickte sich ungläubig um. Sie war in einem alten Bauwagen gefangen gewesen. Der schien mitten im Nirgendwo zu stehen, da sie weit und breit nichts als Wald und Felder sehen konnte. Über ihr zogen ein paar Bussarde kreischend ihre Kreise, Grillen zirpten und irgendwo flog ein Motorflugzeug. Instinktiv duckte sie sich in den Schatten des Wagens und lauschte auf andere Geräusche.

Geräusche, die die Ankunft ihrer Entführer verrieten.

Da nichts auf die Anwesenheit der Männer hindeutete, wagte sie es schließlich, um die Ecke des Bauwagens zu lugen. Felder, Felder, Felder. Links von ihr führte ein Schotterweg in den Wald. Weit und breit keine Ortschaft. Maria überlegte, ob sie dem Feldweg in Richtung Straße oder in Richtung Wald folgen sollte. Wenn sie zur Straße lief, konnte sie vielleicht einen Wagen anhalten und um Hilfe bitten. Andererseits erinnerte sie sich an zahllose Horrorfilme, in denen genau dieser Schritt den Entflohenen das Genick brach. Das Risiko, den Entführern dadurch direkt in die Arme zu laufen, war sicher größer, als wenn sie sich für den Wald entschied. Sie wollte gerade zum Waldrand aufbrechen, als sie etwas Blaues entdeckte, das hinter dem Bauwagen hervorlugte.

War das eine Regentonne? Sie wäre vor lauter Eile fast über ihre eigenen Füße gestolpert. »Wasser«, flüsterte sie ungläubig, sobald sie das Plastikfass erreicht hatte. Zwar nicht viel Wasser, aber genug, um ihren furchtbaren Durst zu stillen. Ohne auf die toten Fliegen und die Grashalme zu achten, die auf der Oberfläche schwammen, beugte Maria sich weit über den Rand und tauchte die Hände in das köstliche Nass. Obwohl das Wasser abgestanden und leicht moderig schmeckte, trank sie gierig, bis sie nicht mehr konnte. Dann kehrte sie der Regentonne schweren Herzens den Rücken und machte sich auf zum Waldrand.

Dort versperrte eine rot-weiße Schranke mit einem »Durchfahrt verboten«-Schild Fahrzeugen den Weg. In der Mitte des Schildes befanden sich zwei gelbe Dreiecke. Eines mit einem schwarzen Totenkopf, das andere mit etwas, das aussah wie eine explodierende Bombe. Maria kniff die Augen zusammen. Wo um alles in der Welt war sie? Sie drückte sich an der Schranke vorbei und stieß auf ein weiteres Schild.

»Lebensgefahr«, warnte das. »Absolutes Betretungsverbot außerhalb der markierten Wege. Das gesamte Gelände ist mit Munition und sonstigen Kampfmitteln belastet«, las Maria ungläubig. Neben dem Schriftzug »Lebensgefahr« prangten das gelbe Dreieck mit der explodierenden Bombe und ein roter Kreis mit einem durchgestrichenen Fußgänger.

Maria fragte sich, ob es klug war, die Schilder zu ignorieren, entschied sich dann aber den Weg fortzusetzen. Wenn sie Glück hatte, hielt das ihre Entführer davon ab, sie zu suchen. Sie folgte dem Schotterweg durch einen schmalen Waldgürtel, dessen Boden von Forstfahrzeugen – oder Bombensuchfahrzeugen? – aufgewühlt war. Alle paar Meter stieß sie auf seltsame Gebilde, die wirkten, als habe jemand willkürlich Stahlträger zu kleinen Pyramiden zusammengeschweißt. Die Dinger sahen aus wie das, was man in alten Kriegsfilmen in militärischem Sperrgebiet sah. Offenbar befand sie sich auf einem ehemaligen Truppenübungsplatz oder etwas Ähnlichem, da sonst sicher niemand irgendein Gelände mit Kampfmitteln belastete. Nach etwa 100 Metern lichtete sich der Waldgürtel, und sie erreichte eine mit Wacholderbüschen bewachsene Anhöhe. Vor ihr erstreckte sich eine hügelige Landschaft, die immer wieder von kleinen künstlich anmutenden Gehölzen unterbrochen wurde. Der Weg gabelte sich vor ihr, und Maria entschied sich für die westliche Richtung. Im Osten schien sich ein großes Waldgebiet zu erstrecken, in dem man sich vermutlich verlaufen konnte. Sie warf einen Blick zum Himmel. Dem Stand der Sonne nach zu urteilen, war es früher

Nachmittag. Wenn sie Glück hatte, würde sie heute Nacht in ihrem eigenen Bett schlafen.

KAPITEL 34

Ulm, 29. Mai 2016

Lisa Schäfer trommelte ungeduldig mit den Händen aufs Lenkrad. Seit fast zehn Minuten wartete sie jetzt schon auf diesen Feldwebel Müller, den der Hauptmann der Feldjäger ihr zur Seite gestellt hatte.

»Er kommt gleich«, hatte der ihr versprochen.

Allerdings schien der Kerl eine andere Vorstellung von »gleich« zu haben als Lisa. Sie kämpfte gegen die Versuchung an, auszusteigen und dem Kompanieführer den Marsch zu blasen, als die Tür des Dienstkommandos aufging und ein Riese mit rotem Käppchen erschien. Meine Güte, dachte Lisa. Der war ja noch eine Spur bulliger als Becker. Wo fanden die nur all die Riesenbabys?

»Kommissarin Schäfer?«, fragte der Feldjäger, als sie ausstieg und ihm entgegentrat.

Lisa nickte.

»Feldwebel Müller.« Er salutierte.

Lisa verkniff sich ein Grinsen. Ob der kleine Kinder fraß? Sie zwang sich ernst zu bleiben und fragte: »Hat Ihr Chef Ihnen gesagt, worum es geht?«

Müller nickte knapp. »Wir fahren zu Dr. Silcher.« Er zog einen Autoschlüssel aus der Tasche. »Ich nehme einen von unseren Wagen.«

Meinetwegen, dachte Lisa. Nach dem wenig erfreulichen Intermezzo mit Becker konnte sie auf einen weiteren Knallkopf auf dem Beifahrersitz verzichten. Ohne ein überflüssiges Wort stieg Müller in den Bus und bedeutete Lisa, ihm zu folgen. Lisa schnitt eine Grimasse. Die fühlten sich anscheinend nur wohl, wenn sie andere herumkommandieren konnten. Sie fuhr ihm hinterher, als er Strich 50 – in Richtung B19 zuckelte. Ob Becker wirklich wegen einer Handverletzung Urlaub genommen hatte? Irgendwie schien das nicht zu ihm zu passen. Vermutlich schmollte er und ließ sich zu Hause von seiner Freundin bemitleiden. Sie drehte die Lüftung weiter auf, weil ihr schon wieder viel zu heiß war. Warum waren Männer nur so schlechte Verlierer? Schon als Kind war ihr aufgefallen, wie sehr es die Jungs in ihrer Klasse kränkte, wenn sie eine Schulhofprügelei gegen sie verloren. Es waren nicht die blutigen Nasen oder blauen Augen, sondern der verletzte Stolz, der am meisten schmerzte. Sie grinste, als ihr eine Episode aus der zweiten Klasse einfiel. Eine bebrillte Bohnenstange aus der vierten Klasse hatte einer von Lisas Freundinnen die

Pausenmilch weggenommen. Nachdem diese heulend bei Lisa gepetzt hatte, war Lisa wie eine Furie auf die lange Latte losgegangen und hatte ihn mit einem Kinnhaken ins Traumland geschickt. Das Nachsitzen und die Strafpredigt ihres Vaters waren ihr piepegal gewesen. Gezählt hatte einzig, dass die Brillenschlange die nächsten Wochen durch die Gegend geschlichen war wie ein abgeknicktes Gänseblümchen. Von diesem Tag an hatten sich immer wieder Jungs mit ihr prügeln wollen. Aber sie hatte fast immer gewonnen.

Sie schob die Erinnerung beiseite und konzentrierte sich auf die Straße. Die Hitze schien die Leute unkonzentriert zu machen. Mehr als einmal musste sie einem Wagen ausweichen, weil der Fahrer großzügig eine Kurve geschnitten hatte. Einmal legte Müller wegen eines Wanderers auf der Bundesstraße eine Vollbremsung hin, sodass Lisa um ein Haar aufgefahren wäre. Als das Ortsschild von Sontheim auftauchte, war sie heilfroh. Sie griff zum Telefon, um sich zu versichern, dass die Streifenbesatzung ebenfalls auf dem Weg war. Dann schlich sie Müller durch eine Dreißigerzone hinterher. Der Feldwebel hielt gegenüber einem protzigen Einfamilienhaus mit einem Türmchen, während Lisa im Schatten eines Ahorns parkte, der hinter einer Friedhofsmauer wuchs.

»Wie wollen Sie vorgehen?«, fragte Müller, sobald er ausgestiegen war.

Lisa sah die Straße entlang. »Wir warten auf die Streifenwagen. Dann klingeln wir und befragen Silcher zu den Unfällen.«

Müller nickte. Er ging einen Schritt zur Seite Richtung Gehweg und stellte sich mit hinter dem Rücken verschränkten Armen in den Schatten. In seinem Gesicht zuckte kein Muskel, die Augen waren starr geradeaus gerichtet.

Lisa lehnte sich an die Friedhofsmauer. Fein, wenn er nicht mit ihr reden wollte, sollte ihr das recht sein. Vermutlich war er genauso ein Dickschädel wie Becker. Und auf dieses »Das haben wir ja gleich gesagt« konnte sie verzichten. Sie sah auf die Uhr. Halb drei. Zum Glück hatte sie unterwegs angehalten, um etwas zu essen. Wenn die Streife noch länger bummelte, würden sie sich hier die Füße in den Bauch stehen. Sie sah ein paar Schwalben zu, die sich um die Dächer jagten, und dachte über den Fall nach. Obwohl ihr der Gedanke ganz und gar nicht gefiel, musste sie inzwischen zugeben, dass sie Becker vielleicht Unrecht getan hatte. Seit dem Anruf von Herrn Stumpf und dem Gespräch mit Frau Kapaun war Lisa auch nicht mehr 100-prozentig davon überzeugt, dass Tim Baumann in den Drogenhandel der Mafia verstrickt war. Scheinbar ging es hier doch um etwas anderes – und Baumann war ein Bauernopfer. Sie schielte zu Müller. Der hatte sich keinen Millimeter bewegt. Übten die das Herumstehen wie die Ölgötzen? Oder war das eine Qualifikation, die man mitbringen musste, wenn man sich bei der Bundeswehr verpflichtete? Ein Motorengeräusch ließ sie aufblicken.

»Na endlich«, murmelte sie. In aller Seelenruhe näherten sich zwei blau-silberne Streifenfahrzeuge vom Ortseingang her. Lisa winkte und zeigte auf Silchers Haus.

Die Uniformierten stellten ihre Fahrzeuge so ab, dass niemand die Garage verlassen konnte, dann stiegen sie aus.

Lisa wollte ihnen gerade entgegengehen, als Müllers Handy klingelte. Er nahm ab, hörte wortlos zu und sagte schließlich: »Gut.« Dann legte er auf. »Das war mein Hauptmann«, informierte er Lisa.

»Und?«, fragte die ungeduldig, als er nicht sofort weiter redete.

Eine seiner Brauen wanderte in die Höhe.

Lisa hätte ihm am liebsten einen Tritt in den Hintern versetzt.

»Er hat Informationen zu den Unfällen.«

Lisa wartete auf mehr. Wenn der dachte, dass sie ihm jede Information einzeln aus der Nase zog, irrte er sich gewaltig. Sie steckte die Hände in die Hosentaschen und sah ihn wortlos an.

Es wirkte. »Bei den Toten handelt es sich um Anton Maier, Tobias Stumpf und Robin Schindegger. Alle drei waren Feldwebel bei der Bundeswehr.« Er steckte das Handy in die Tasche und rückte sein Barett zurecht. »Alle drei sind offiziell bei Autounfällen hier in der Gegend ums Leben gekommen.«

»Von den ersten beiden wussten wir das ja schon«, sagte Lisa.

Müller nickte. »Was wir nicht wussten, ist, dass es zu allen Dreien scheinbar einwandfreie Unfallberichte gibt. Einer meiner Kameraden hat sich die von Ihren Kollegen bei der Polizei zeigen lassen.« Er zeigte mit dem Kinn auf die beiden Uniformierten. Und bei genauerem Hinsehen waren alle drei in gleiche Unfälle verwickelt. Immer wurde ihr Wagen von der Straße gedrängt, der Unfallverursacher hat Unfallflucht begangen, und die Verletzten sind ins BWK eingeliefert worden.« Sein Gesichtsausdruck verfinsterte sich. »Und alle drei waren bereits bei der Ankunft in der Notaufnahme verstorben.«

Lisa sah zu dem Haus auf der anderen Straßenseite. »Und jedes Mal war Dr. Silcher der diensthabende Arzt.« Sie schüttelte den Kopf. »Ich bin gespannt, was er für eine Erklärung für so viele Zufälle hat. Das stinkt gewaltig!«

*

Sontheim an der Brenz, 29. Mai 2016

»Scheiße!« Nur mit Mühe hielt Dr. Silcher sich davon ab, eine Vollbremsung zu machen und seinen Wagen mit quietschenden Reifen zu wenden. Er kam aus Richtung Niederstotzingen und hatte kaum das Ortsschild passiert, als er den Streifenwagen vor seinem Haus entdeckte. Gegenüber, an der Friedhofsmauer, stand ein Bus der Feldjäger. Eine blonde junge Frau und ein Kleiderschrank mit einem roten Barett gingen just in dem Augenblick über die Straße, in dem Silcher die Aussegnungshalle des Friedhofs passierte.

Wollten die zu ihm?

Die Frage beantwortete sich, als die Polizisten auf seine Haustür zusteuerten. Silcher reagierte in Sekundenschnelle. Er nahm den Fuß vom Gas, blinkte rechts und fuhr auf den Parkplatz des Blumengeschäftes gegenüber der Aussegnungshalle. Dort bot ein Gestell mit Kletterrosen Blickschutz. Trotzdem rutschte er im Fahrersitz weiter nach unten.

Sein Mund war wie ausgetrocknet. Dieses Aufgebot konnte nur eines bedeuten. Man hatte Baumann gefasst, und der hatte geredet. Zwar hatte er keinerlei Beweise für das, was Silcher und seine Komplizen taten. Dennoch konnte Silcher das Risiko, ausgerechnet jetzt von der Polizei verhört und – im schlimmsten Fall – festgehalten zu werden, auf keinen Fall eingehen. Er warf der Tasche auf dem Beifahrersitz einen Blick zu. Wie gut, dass er das Netbook nicht zu Hause gelassen hatte. Nicht auszudenken, was passiert wäre, wenn die Polizei es bei einer Durchsuchung gefunden hätte! Auch wenn jeder behauptete, das TOR-Netzwerk sei sicher, war Silcher nicht lebensmüde genug, um sich darauf zu verlassen. Wenn der *Krye* davon erfuhr … Er versuchte, seinen rasenden Puls unter Kontrolle zu bringen.

Denk nach!, schärfte er sich ein. Denk, verdammt noch mal, nach!

Er kaute auf seinem Daumennagel herum, während er sämtliche Möglichkeiten durchspielte, die ihm blieben. Den *Krye* zu enttäuschen, war keine Option. Sich befragen zu lassen, ebenfalls nicht. Für das nächste »Projekt« war bereits alles in die Wege geleitet, es fehlten nur noch zwei Gebote. Seine Hand zuckte zu dem Netbook. Vielleicht hatten die beiden reichen Russen inzwischen auf die Ausschreibung geantwortet. Wenn er die Sache auf heute Nacht vorzog, konnte er mit einem blauen Auge davonkommen. Er ließ die Hand sinken und nagte weiter an einer Nagelwurzel herum. Dann fasste er einen Entschluss. Er legte den Rückwärtsgang ein, rollte vom Parkplatz und fuhr so unauffällig wie möglich zurück in die Richtung, aus der er gekommen war. Ein Blick in den Rückspiegel sagte ihm, dass die Polizisten und der Feldjäger ihn nicht bemerkt hatten, weil seine Frau wütend auf sie einredete. Er lächelte freudlos. Er würde sie vermissen. Aber man konnte nicht alles haben. Und sein Leben und der Luxus, der ihm trotz allem noch winkte, waren ihm mehr wert als die paar Gefühle, die er noch für sie hegte.

KAPITEL 35

Ulm, 29. Mai 2016

Mark Becker hatte ein mulmiges Gefühl in der Magengegend. Er stand mit seinem Passat auf dem Parkplatz des RKU, zögerte jedoch auszusteigen. Seine Hand lag am Griffstück der Waffe, die er unter einer dünnen Windjacke versteckt hatte. Etwas mit Widerhaken schien sich in seinen Eingeweiden hin und her zu winden, und der Schweißfilm auf seiner Stirn hatte nichts mit der Hitze zu tun. Die Geschichte, die Baumann ihm aufgetischt hatte, machte auf eine eiskalte Art Sinn. Der Schwarzmarkt für Organe war eine Goldgrube. Flüchtlinge erkauften sich Überfahrten über das Mittelmeer mit ihren Nieren, und in vielen Entwicklungsländern verschwanden Waisenkinder für immer von der Bildfläche. Die Versuchung musste gewaltig sein. Warum nicht hie und da einen Unfalltoten ausweiden wie ein erlegtes Stück Wild? Wenn man rechtzeitig kam, waren die Organe sicher noch zu gebrauchen. Mark fröstelte. Er fragte sich, wie viele Mitglieder des Sanitätsdienstes in die Sache verstrickt waren.

Das Schlagen einer Autotür ließ ihn zusammenfahren. Allerdings war es nur eine Familie mit drei Kindern, die vermutlich einen Verwandten im Krankenhaus besuchen wollte. Mark griff nach dem Schlüsselbund, den Baumann ihm ausgehändigt hatte. Je schneller er es hinter sich brachte, desto schneller konnten sie sich um Maria Frech kümmern. Er verdrängte die Gedanken daran, was ihre Entführer in der Zwischenzeit alles mit der jungen Frau gemacht haben konnten, und stieg aus dem Wagen. Dann schlenderte er so unauffällig wie möglich die Straße entlang zur Einfahrt in den Bunker.

Ein kurzer Blick über die Schulter. Niemand in Sicht. Während der Druck in seinem Magen zunahm, straffte er die Schultern und ging auf das Tor zu. Dieses war immer noch defekt, weshalb er sich unter dem Absperrband hindurch duckte. Ein weiterer Blick nach hinten versicherte ihm, dass ihm niemand folgte. Das wäre geschafft!, dachte er.

Alles war, wie Baumann es beschrieben hatte. Er ließ die abgestellten Rettungstransportwagen links liegen, passierte die Plastiktonnen und das eingemottete Schneeräumfahrzeug und sah nach einigen weiteren

Schritten die rote Metalltür mit der Aufschrift »Notausgang Nord-West« vor sich. Etwas fahrig nestelte er an dem Schlüsselbund herum, bis er den richtigen Schlüssel fand, und steckte ihn ins Schloss. Die Tür öffnete sich mit einem leisen Quietschen. Mark zog den Kopf ein, um sich nicht am Rahmen zu stoßen, und betrat die muffige Stille des Bunkers. Nachdem er die Tür hinter sich geschlossen hatte, lauschte er einige Zeit lang in die Dunkelheit, ehe er den Lichtschalter betätigte. Die Neonröhren erwachten flackernd zum Leben. Er sah sich um. Wie von Baumann geschildert, befanden sich an der Wand gelbe Klappen für im Kriegsfall kontaminierte Kleidung. Eine weitere offenstehende Stahltür führte in einen langen Gang, an dessen Decke dicke Kabel entlang liefen. Bis auf das Brummen der Neonröhren herrschte Totenstille in dem Bunker.

Mark zog seine Waffe und spannte sie mit der rechten Hand. Das metallische Geräusch, das der Schlitten von sich gab, als er nach vorne glitt, hallte unheimlich von den Wänden wider. Er umklammerte den Griff mit beiden Händen, dann tastete er sich Schritt für Schritt in den Korridor vor. Er passierte einen Verwundeten-Sammelraum, einen großen Verteilerkasten, den Sterilisationsraum, in dem Baumann die Akte versteckt hatte, und erreichte schließlich eine Tür mit der Aufschrift »03.535 OP-Vorbereitung«. Während das Ding mit Widerhaken einen wilden Tanz in seinen Eingeweiden vollführte, schob er die Tür langsam auf und blinzelte in einen dunklen Raum. Er nahm eine Hand von der Waffe und suchte nach dem Lichtschalter. Als er ihn gefunden hatte, passierte einige Sekunden lang nichts. Erst dann begannen die Neonröhren zu flackern.

Was er vor sich sah, erinnerte ihn an schlechte B-Movies aus den 70er Jahren: grauer Betonboden, mintgrün gestrichene Wände, Porzellanwaschbecken mit Kalt- und Warmwasserhähnen und schwarze, auf Putz verlegte Rohre. Rechts von ihm führte eine Tür in einen Raum, in dem sich ein Röntgenapparat befand. Links ging es in einen Operationssaal mit altmodischen Scheinwerfern an der Decke. Außer einem OP-Tisch aus Edelstahl befanden sich ein schwarzer Lederstuhl, ähnlich einem Zahnarztstuhl, und ein Rollwagen mit einem Metalltablett in dem Raum. Als Mark sah, was darauf lag, machte sein Magen einen Überschlag.

»Heiliger Strohsack!«, murmelte er und ging auf das Tablett zu, um es genauer in Augenschein zu nehmen. Scheren, Tupfer, Skalpelle – alles blitzblank und in bestem Zustand. Er fischte sein Handy aus der Tasche und schoss ein paar Bilder. Offenbar hatte Baumann recht. Wie es aussah, war der OP noch in Gebrauch. Warum sonst sollte hier all dieses Zeug herumliegen? Marks Blick wanderte zum Boden. Waren das Blutflecke? Er ging in die Hocke, um die Stelle zu betasten. Allerdings handelte es sich lediglich um einen Schatten von einer der Leuchten über dem OP-Tisch. Sorgfältig suchte Mark den Rest des Raumes ab, doch ohne Luminol würden sich hier vermutlich keine Blutspuren finden lassen. Wer auch immer das OP-Besteck als Letzter verwendet hatte, hatte sorgfältig hinter sich sauber gemacht. Er kam zurück auf die Beine, machte noch einige Fotos und verließ schließlich den Operationssaal. Obwohl er liebend gern auch den Rest der EVA erkundet hätte, entschloss er sich, dem Bunker den Rücken zu kehren und so schnell wie möglich zu verschwinden.

Als er die Notausgangstür hinter sich zugeschlossen hatte, verstaute er die Waffe im Holster und steckte den Schlüsselbund in die Tasche. Nachdenklich trottete er die Auffahrt hinauf. Zwar hatte er nicht die Beweise gefunden, die er sich erhofft hatte. Allerdings untermauerten die Utensilien in der EVA Baumanns Behauptungen. Zusammen mit der Entführung von Maria Frech zeichneten sie ein eindeutiges Bild. Baumann hatte sich mit den falschen Leuten angelegt. Ganz sicher würden Silcher und seine Komplizen nicht lange fackeln, ihre Drohungen wahr zu machen. Mark unterdrückte einen Fluch, da ihm auf dem Weg zum Parkplatz eine junge Frau im Rollstuhl entgegenkam. Sie sah verbiestert geradeaus und rollte energisch an ihm vorbei. Er zog sein Handy aus der Tasche. Jetzt kam alles auf Lukas an. Sobald er bei seinem Wagen angekommen war, rief er den Freund an.

»Ja«, antwortete der brummig.

»Wie weit bist du mit dem Video?«, fragte Mark.

Lukas atmete hörbar aus. »Noch nicht ganz fertig, es dauert aber nicht mehr lange. Ich ruf dich an, sobald ich soweit bin.« Er klang genervt.

Mark hatte keine Zeit für diplomatische Feinheiten. »Beeil dich«, drängte er. »Es ist wirklich wichtig.«

»Ich mach schon, so schnell ich kann!«, fauchte Lukas. Es prustete in der Leitung. »Sorry, aber das macht mich fertig. Willst du nicht doch die Polizei anrufen?«

Mark stieg in den Passat. »Nein!« Er rieb sich mit

der freien Hand die Wange. »Mach ja keinen Scheiß! Du bist mein Freund. Ich kann mich hoffentlich auf dich verlassen.«

»Ich will nur nicht schuld sein, wenn der Kleinen was passiert«, sagte Lukas. »Was sind das für Leute? In was steckst du da drin?«

»Kann ich dir nicht sagen«, gab Mark zurück. »Beeil dich einfach. Ja?« Er legte auf und fuhr sich mit den Fingern durch die Haare. »Puuh.« Hoffentlich verlor Lukas nicht die Nerven. Wenn es ihm gelang, das verschwommene Schild im Hintergrund des Videos soweit zu verbessern, dass man es lesen konnte, hatten sie vielleicht eine reelle Chance, Maria Frech lebend zu befreien. Er war sich ziemlich sicher, dass seine Vermutung stimmte. Aber vielleicht konnte ihnen das Schild einen Anhaltspunkt geben, wo genau sie anfangen sollten zu suchen. Er ließ den Motor an und hielt auf dem Weg durch die Stadt bei einem Bäcker, um etwas zu essen und zu trinken für sich und Baumann einzukaufen. Mit nach Hause nehmen konnte er ihn schlecht. Nicht nur bestand dort die Gefahr, dass Julia wieder unverhofft in der Bude stand. Auch seine neugierigen Nachbarn machten ihm Sorgen. Immerhin wurde nach Baumann gefahndet. Er hatte gerade die Einkäufe auf dem Rücksitz verstaut, als sein Telefon klingelte.

»Ich bin's«, meldete sich Lukas. »Ich hab's geschafft. Du solltest jeden Moment eine Mail mit einem Anhang kriegen.«

Es plingte in Marks Ohr. »Ist da«, sagte er.

»Ich hoffe, dein Handy schafft die Auflösung. Falls nicht, ruf mich noch mal an.« Lukas zögerte einen

Moment. »Sobald die Sache vorbei ist, will ich wissen, worum es ging«, sagte er. Dann war er weg.

Mark nahm das Handy vom Ohr. Ungeduldig tippte er auf dem Display herum, bis sich der Anhang der Mail öffnete. Die Bildqualität war deutlich besser als in dem Original, das er Lukas geschickt hatte. Er zoomte den Hintergrund näher heran. »Du bist genial, Lukas«, murmelte er, als er las, was auf dem Schild am Waldrand stand.

KAPITEL 36

In der Nähe von Ehingen an der Donau, 29. Mai 2016

Tim Baumann rutschte unruhig auf der harten Bank des Hochsitzes hin und her. Wo blieb Becker? Er warf einen Blick auf die Uhr. Beinahe vier. Wie lange brauchte er denn noch? Hatte er in der EVA gefunden, wonach sie suchten? Oder war er in eine Falle getappt, und Silchers Leute hatten ihn erwischt? Fragen über Fragen, die ihm allmählich den Verstand raubten. Die Hitze trug auch nicht dazu bei, dass er sich entspannte. Inzwischen briet der Hochsitz in der prallen Sonne, und Tim überlegte sich, ob er das Versteck verlassen sollte. Seit Beckers Passat am Horizont verschwunden war, hatte sich weit und breit keine Menschenseele mehr blicken lassen. Was sollte schon passieren, wenn er sich unten im Schatten auf den Stapel Baumstämme setzte? Er betastete seine Brusttasche. Wie gerne er jetzt eine rauchen würde! Schon lange hatte er kein so großes Verlangen mehr nach einer Zigarette gehabt. Da er vor über zwei Jahren aufgehört hatte, begnügte er sich jedoch damit, die Rinde vom Geländer des Hochsitzes abzuziehen und zu zerbröckeln. Während er die Stücke geistesabwesend zu Boden rieseln ließ, schweifte sein Blick über die Felder. Der Wind strich durch das hohe Gras der Futterwiesen. Die Wellen, die dabei entstanden, erinnerten Tim an das Meer. Schmetterlinge tanzten in der Luft, Vögel balzten, und am Himmel tummelte sich inzwischen ein halbes Dutzend Segelflugzeuge. Alles wirkte so täuschend friedlich, als ob die Welt ein schöner Ort wäre. Er ließ von der Rinde ab und sah zu der Baumgruppe, hinter der er seinen Mietwagen versteckt hatte. Auch dort war alles ruhig. Mit einem Seufzen rutschte er etwas weiter in den Schatten.

Komm endlich!, dachte er und schrak zusammen, als sein Handy einen Ton von sich gab, der ihm verriet, dass er eine neue Nachricht auf Facebook erhalten hatte. Der Adrenalinstoß war so heftig, dass er spürte, wie sich sein Herz zusammenzog, um mit doppelter Kraft zu pumpen.

Plötzlich schmeckte er Blut. Alle seine Poren öffneten sich, und Schweiß trat auf seine Haut. Seine Kniekehlen kribbelten. Er riss das Telefon so schnell aus der Tasche, dass es ihm beinahe aus der unvermittelt feuchten Hand gerutscht wäre. Mit einem Mal kurzatmig hackte er auf dem Display herum und öffnete die Nachricht.

Dasselbe Profilbild wie beim letzten Mal. Tim zwang sich, nicht auf die Gestalt am Boden zu starren, und las die wenigen Worte.

»*Heute Abend um 21 Uhr hier. Allein. Keine Polizei, oder sie ist tot.*«

Wo, hier? Tims scrollte panisch weiter nach unten. Es dauerte eine Weile, bis er den Anhang entdeckte: ein Kartenausschnitt mit einem fetten roten Punkt.

Tim vergrößerte die Karte. Der Treffpunkt war in der Nähe von Blaustein, nicht weit von seinem jetzigen Standpunkt entfernt.

Das Handy plingte erneut. »*Bring die Akte mit.*«

Er starrte auf die Buchstaben, bis diese begannen, vor seinen Augen zu verschwimmen. Neun Uhr. Das waren noch fast fünf Stunden!

»*Verstanden*«, antwortete er.

Er spürte, wie das Adrenalin sich weiter in seinem Körper ausbreitete und ihn zum Handeln drängte. Er konnte doch jetzt nicht einfach weiter hier herumsitzen und abwarten, bis Becker zurückkam. Oder nicht zurückkam. Was, wenn sie ihn abgefangen hatten? Obwohl er wusste, dass es leichtsinnig war, beschloss er, den Hochsitz zu verlassen, um die Akte aus dem Wagen zu holen. Wenn sie sie wiederhaben wollten, *musste* einfach irgendetwas Belastendes darin stehen.

Auch wenn er sie so oft durchgelesen hatte, dass er sie fast auswendig kannte, hatte er es bisher offenbar übersehen. Er verstaute das Telefon, kletterte die Leiter hinab und joggte zu der Baumgruppe, bei der sein Wagen stand. Als er fast beim Auto war, hörte er das Geräusch von Reifen auf Schotter. War das Becker? Er duckte sich hinter einen Holunderbusch und lugte durch die Zweige. Tatsächlich näherte sich ein silberner Passat inmitten einer Staubwolke. Sobald Becker fast auf seiner Höhe war, sprang Tim hinter dem Busch hervor und winkte.

»Warum sind Sie nicht auf dem Hochsitz?«, fragte Becker durchs offene Fenster. »Steigen Sie ein.«

Tim öffnete die Beifahrertür. »Sie haben sich gemeldet«, platzte es aus ihm heraus. »Heute Abend um neun soll ich dorthin kommen.« Er öffnete die Nachricht und hielt Becker das Telefon unter die Nase.

Der warf einen Blick auf den Kartenausschnitt, las den Text und nickte. »Neun ist gut. Das bedeutet, dass wir reichlich Zeit haben.«

»Wofür?« Tim spürte, wie die Ungeduld immer heftiger an seinen Nerven zerrte. Bevor Becker antworten konnte, fiel ihm ein, warum er vom Hochsitz geklettert war. »Warten Sie kurz. Ich hole die Akte.« Als er sich zwei Minuten später heftig atmend auf den Beifahrersitz fallen ließ, wiederholte er seine Frage. »Wofür haben wir Zeit? Ich werde auf jeden Fall tun, was Silcher verlangt. Sonst …« Er schluckte hörbar. »Haben Sie im Bunker Beweise gefunden?«, setzte er hinzu.

Becker legte ihm beruhigend die Hand auf die Schulter. »Beweise würde ich es nicht unbedingt nennen«, sagte er. »Aber Ihre Vermutung könnte durchaus zutreffen. Falls dort in letzter Zeit Operationen durchgeführt worden sind, finden die Kriminaltechniker der Polizei ganz sicher latente Blutspuren.«

»Keine Polizei!«, brauste Tim auf.

»Sobald wir Ihre Freundin befreit haben«, beschwichtigte Becker ihn. Er fuhr ein Stück den Feldweg entlang und wendete den Wagen. »Wollen Sie Ihr Auto hier stehen lassen?«

Tim überlegte kurz. »Ist vielleicht besser. Falls die mich bei der Vermietung doch erkannt haben.«

Becker nickte. »Gut.« Er zog die Handbremse an, stieg aus und ging zum Kofferraum. Als er kurz darauf zurückkam, warf er Tim eine Pistole in den Schoß. »Die werden Sie brauchen. Ich weiß, wo die Kerle Maria Frech festhalten.«

Tim glaubte, seinen Ohren nicht zu trauen. »Woher wissen Sie das?«, fragte er.

»Ich habe das Video an einen Freund weitergeleitet«, gab Becker zurück.

»Sind Sie wahnsinnig?«

»Ich kenne ihn seit über 20 Jahren. Er rennt ganz bestimmt nicht zur Polizei.« Becker zog das eigene Telefon aus der Tasche und öffnete das Video. »Sehen Sie? Hier.« Er zoomte etwas heran, das vorher nur verschwommen im Hintergrund zu sehen gewesen war.

»Ein Schild«, murmelte Tim.

»Richtig. Lesen Sie, was draufsteht.«

»›Lebensgefahr‹«, las Tim vor. »›Absolutes Betretungsverbot außerhalb der markierten Wege. Das gesamte Gelände ist mit Munition und sonstigen Kampfmitteln belastet‹.« Er hob den Kopf. »Das ist der ehemalige Truppenübungsplatz bei Münsingen!«

Becker verstaute das Handy wieder in seiner Tasche. »Ja«, sagte er. »Kluge Wahl. Das Gelände ist riesig. Wer sich dort nicht auskennt, kann sich leicht verlaufen.«

Tim drehte die Waffe in seinem Schoß hin und her. »Aber das Areal ist doch inzwischen für Wanderer und Radfahrer freigegeben«, sagte er. »Ist ein ziemliches Risiko, finde ich.«

»Nur die befestigten Wege«, sagte Becker. »Und abends um neun treibt sich da vermutlich niemand mehr herum. Das ist schon sehr am Arsch der Welt.«

Tim fuhr sich mit den Handflächen über das Gesicht. Sein Kopf glühte. »Wir finden sie nie rechtzeitig«, stöhnte er. »Diese Schilder stehen überall.«

Becker löste die Handbremse und fuhr denselben Weg zurück, den sie gekommen waren. Er zog sein Telefon wieder aus der Tasche und reichte es Tim. »Sehen Sie noch mal ganz genau hin.«

*

Dr. Silcher tigerte mit gemischten Gefühlen auf dem abgelegenen Parkplatz hin und her, auf dem er sich vor der Polizei versteckte. Außer einer Schafherde und ein paar Kühen regte sich nichts und niemand in der brütenden Nachmittagshitze. Immer wieder musste er Stechmücken vertreiben, die ihn offenbar für ein gefundenes Fressen hielten. Er sah zum zigsten Mal seit seiner Ankunft auf sein Handy. Noch immer kein Rückruf von den beiden, die er mit der Entführung von Maria Frech beauftragt hatte. Hoffentlich verbockten sie die Sache jetzt, kurz vor dem Ziel, nicht genauso wie Luan und Aleksander den Auftrag, Tim Baumann aus dem Weg zu schaffen. Vermutlich saßen sie in irgendeiner Kneipe und ließen sich mit Bier volllaufen. Er hielt das Telefon über den Kopf, doch an der Anzahl der Balken, die den Empfang anzeigten, änderte sich nichts. Keinen halben Kilometer entfernt ragte ein gewaltiger Funkmast in die Höhe – ein Grund, warum Silcher sich für diesen Ort entschieden hatte. Er wählte ein weiteres Mal die Nummer des älteren der beiden Albaner.

Keine Antwort.

Wo steckten diese Volltrottel? Wenn er sie nicht bald erreichte, würde er Maria Frech selbst aus dem Versteck holen müssen. Er blies die Wangen auf und dachte nach. Seit Baumanns Antwort auf die Facebook-Nachricht wusste er nicht mehr, was er von dem Besuch der Polizei bei ihm zu Hause halten sollte. Zuerst hatte er Baumann abschreiben und die Sache ohne ihn durchziehen wollen. Aber warum mit der Hälfte zufrieden sein, wenn man vielleicht – egal wie klein die Wahrscheinlichkeit – das Doppelte haben konnte? Folglich war es ihm den Versuch wert gewesen. Ein Teil von ihm fürchtete eine Falle. Ein anderer raunte ihm zu, dass die Polizei und der Feldjäger aus einem anderen Grund bei ihm aufgetaucht waren. Vermutlich hatte es sich lediglich um eine weitere Routinebefragung gehandelt. Wozu dann der Streifenwagen?, fragte die skeptische Stimme in seinem Kopf. Doch er wischte den Einwand mit einer ärgerlichen Geste beiseite.

»Scheißegal«, zischte er. Das Risiko für ihn war minimal. Wenn die beiden Deppen endlich ans Telefon gingen, würden *sie* es sein, die man am Treffpunkt festnahm, sollte es sich um eine Falle handeln. Falls nicht, konnte alles so ablaufen wie geplant, und er würde um mindestens eine Million reicher das Land verlassen und irgendwo untertauchen.

Er ignorierte die Schmerzen, die sich von seinem Magen her ausbreiteten. Alles Positivdenken nutzte nichts. Die Furcht blieb.

Zwar hatte sich die Schlinge um seinen Hals ein bisschen gelockert, da die Russen inzwischen ihr Gebot abgegeben hatten. Allerdings wurde der Druck, der auf ihm lastete, mit jeder Sekunde größer. Wenn er die heutige Aktion versaute, würde ihn der *Krye* bis ans Ende der Welt verfolgen lassen, um ein Exempel zu statuieren. Er steckte die Linke in die Hosentasche und zog den Kopf ein. Dann wählte er ein weiteres Mal die Nummer seines Helfers.

»Wo zum Teufel habt ihr gesteckt«, herrschte er den Mann am anderen Ende an, als dieser endlich antwortete.

»Essen«, war die knappe Antwort. »Nix Empfang.«

Silcher fluchte. Anschließend sagte er auf Albanisch: »Holt die Kleine und bringt sie zum Treffpunkt. Gebt ihr was zu essen und zu trinken, damit sie durchhält.« Dann legte er auf. Die Erleichterung war wie eine Droge. Sie machte ihn schwindlig und fröhlich zugleich. Alles würde gut werden. Bald würden die ersten Ankunftsmeldungen von den Kunden eintreffen. Und sobald alle vor Ort waren, konnte das Spiel beginnen!

KAPITEL 37

Ehemaliger Truppenübungsplatz bei Münsingen,
29. Mai 2016

Maria Frech konnte sich kaum mehr auf den Beinen halten. Seit Stunden irrte sie ziellos durch die Gegend, und allmählich kam es ihr vor, als ob sie sich im Kreis bewegte. War sie an dieser verkrüppelten Kiefer nicht schon einmal vorbeigekommen? Kannte sie die Weggabelung und den Anstieg dort vorn nicht bereits? Sie legte den Kopf in den Nacken und versuchte, sich anhand der Sonne zu orientieren. Doch das war nicht halb so einfach, wie immer behauptet wurde. Als grüne Punkte begannen, vor ihren Augen zu tanzen, stolperte sie ein paar Meter, bis sie den Schatten einer Buche erreichte, und ließ sich ins Gras fallen. Wenn sie doch nur nicht schon wieder so einen entsetzlichen Durst hätte! Auch der Hunger machte ihr mit jedem Schritt mehr zu schaffen. Der Brotkanten war schon längst in ihrem Magen verschwunden, allerdings fühlte der sich seitdem noch leerer an als vorher. Immer wieder verschwamm die Landschaft vor ihren Augen. Sie wusste nicht, ob es am Hunger oder am Flüssigkeitsmangel lag. Sie lehnte sich mit dem Rücken gegen den Baumstamm und ruhte sich ein paar Minuten aus. Vielleicht hätte sie doch lieber in Richtung Straße laufen und das Risiko, von den Entführern entdeckt zu werden, auf sich nehmen sollen.

Hätte, wäre, wenn, dachte sie. Wer wusste schon vorher, welche die richtige Entscheidung war? Hinterher war man immer klüger. Sie fuhr sich mit dem Handrücken über die trotz der Anstrengung trockene Stirn und versuchte, sich nicht vor sich selbst zu ekeln. Sie stank. Wie ein Schwein. Wenn die Entführer kamen, um nach ihr zu suchen, würden sie sie vermutlich riechen, bevor sie sie sahen.

Sie schloss die Augen und wünschte sich, das Leben wäre wie die Geschichten, die sie illustrierte. Dann würde nämlich bald jemand kommen, um sie zu retten. Eine Fee, eine Elfe, ein Troll oder ein Zwerg. Was auch immer. Ihr wäre es völlig schnuppe, wenn es der hässlichste Troll auf Gottes Erdboden wäre. Hauptsache, er holte sie aus diesem Schlamassel! Sie sah die Bilder, die sie zuletzt gemalt hatte, vor sich. Die Erinnerung daran war so tröstend, dass sie spürte, wie sie ins Traumland abdriftete.

Der Wind trug ein Lachen heran. Zuerst dachte Maria, sie würde bereits träumen. Doch dem Lachen folgten laute Rufe. Sie öffnete blinzelnd die Augen.

»Da lang!«, rief eine Frauenstimme.

»Langweilig«, antwortete ein Mann. »Offroad ist cooler.«

»Nix da!« Das Lachen wiederholte sich. »Ich hab keine Lust, in die Luft zu fliegen.«

Kurz darauf tauchten zwei Mountainbiker auf. Sie fuhren ziemlich schnell in die Richtung, aus der Maria gekommen war. Ihre bunte Radkleidung war schon von Weitem zu sehen.

Maria kam mühsam auf die Beine. Sie taumelte aus dem Schatten der Buche und hob die Arme, um zu winken. »Hallo!«, rief sie.

Die Mountainbiker schienen sie nicht zu hören.

»Hallo!« Es war mehr ein Röcheln als ein Rufen. Sie lief auf wackeligen Beinen weiter und ruderte wild mit den Armen. »Halt! Helft mir!«

Der vordere Radfahrer – war es das Mädchen? – wandte den Kopf. Als sie Maria erblickte, hob sie den Arm und winkte fröhlich zurück. Sie rief ihrem Begleiter etwas zu, das vom Wind verweht wurde. Daraufhin winkte auch er in Marias Richtung und vollführte ein kleines Kunststück mit seinem Rad.

»Wartet!«, rief Maria, spürte, wie der Wind ihr die Worte von den Lippen riss und davon trug. »Hilfe!« Ihre Stimme erstarb in einem Wimmern. Die beiden konnten sie nicht hören. Ihrem Gebaren nach hielten sie Maria für einen Wanderer, der die unberührte Natur genoss. Als die beiden hinter einer Kurve verschwanden, fiel sie entkräftet auf die Knie und kauerte sich zusammen. Sie war derart erschöpft, dass selbst ihre Zähne schmerzten. Jede Muskelfaser protestierte gegen weitere Anstrengungen. Ihr Mund war so trocken, dass sie das Gefühl hatte, ihre Zunge wäre inzwischen auf das Doppelte ihrer Größe angeschwollen. Warum legte sie sich nicht einfach ein bisschen hin und ruhte sich aus? Das Rascheln des Laubs war so herrlich einlullend. Sie ließ sich zur Seite fallen, zog die Beine an den Körper und umklammerte die Knie mit den Händen. Trockenes Gras und Disteln stachen durch ihre dünne Bluse, doch das war ihr völlig egal. Grillen zirpten, die Sonne brannte, und es dauerte nicht lang, bis Ameisen begannen, über ihre Haut zu krabbeln. Ihre winzigen Beine kitzelten und bescherten Maria eine Gänsehaut. Ihre Zähne begannen aufeinanderzuschlagen.

Ein Sonnenstich. Dieser Gedanke trudelte durch ihren Kopf, verschwand und tauchte wieder auf. Steh auf, sonst bekommst du einen Sonnenstich, warnte ihr Verstand. Zu dem hämmernden Kopfweh hatte sich inzwischen Übelkeit gesellt. Sie öffnete träge die Augen. Alles flimmerte. Einige Minuten fochten ihr Körper und ihr Geist einen erbitterten Kampf aus, den die Vernunft schließlich gewann. Stöhnend stemmte Maria sich in eine sitzende Position und schluckte die Galle, die ihr in die Kehle schoss. Es konnte nicht mehr weit sein bis zur nächsten Ortschaft! Dort, wo die Mountainbiker hergekommen waren, gab es vielleicht noch mehr Menschen. Sie rappelte sich auf, schwankte kurz und gab sich dann einen Ruck. Unter Aufbietung all ihrer Kräfte machte sie die ersten Schritte. Der Schmerz, der in ihre Füße und Schienbeine stach, ließ sie wimmern. Ohne lange nachzudenken, streifte sie die roten Pumps ab und stolperte barfuß weiter. Zwar war der Boden unter ihren Füßen hart und trocken, doch der Schmerz ebbte augenblicklich ab. Warum war sie die verdammten Dinger nicht schon vorher losgeworden? Wie in Trance näherte sie sich der Stelle, an der die Fahrradfahrer aufgetaucht waren. Eine Straße! Zwar wuchs Gras zwischen den rissigen Betonplatten, die unter Marias Fußsohlen brannten. Aber wo eine Straße war, konnte ein Dorf nicht weit sein.

Die Hoffnung gab ihr neue Kraft. So schnell sie konnte, folgte sie dem Weg, bis sie zu einem Meilenstein und zwei verwitterten Holzschildern gelangte. Ein Pfeil zeigte nach rechts, der andere nach links.

»Trailfingen 2 km«,
»Gruorn 1,5 km«.

Maria lachte hysterisch. Anderthalb Kilometer. Das würde sie doch wohl noch schaffen! Sie folgte dem Wegweiser nach Gruorn und sah hinter der nächsten Kurve ein hübsches Tal mit vereinzelt wachsenden Bäumen vor sich. Die Straße wand sich am Horizont einen leichten Anstieg hinauf, hinter dem sie die Ortschaft vermutete. Ihr Blick wanderte erneut zum Himmel. Wie spät war es? Ging sie davon aus, dass die Sonne um etwa ein Uhr im Zenit gestanden hatte, schätzte sie die Zeit auf fünf oder sechs Uhr. Wenn ihre Beine nicht versagten, war sie in spätestens einer Stunde in Sicherheit. Sie hätte am liebsten geweint vor Freude, aber ihr Körper gab keinen Milliliter Flüssigkeit mehr her.

Tatsächlich dauerte es eine gefühlte Ewigkeit, weil sie immer wieder Pausen einlegen musste. Als sie schließlich das Dach einer kleinen Kirche erblickte, vergaß sie alle Schmerzen und humpelte so schnell sie konnte die Straße entlang. Die Kirche stand in einem ummauerten Areal, bei dem es sich offenbar um einen Friedhof handelte. Außer diesem Gebäude gab es nur noch ein weiteres Haus, einen hässlichen quadratischen Kasten mit einem hohen Schornstein. Auf dem Platz davor wehte eine Fahne in der sanften Brise. Außerdem – Maria traute kaum ihren Augen – standen Biertische und -bänke vor dem Gebäude. Ein Gasthaus! Sie mobilisierte ihre letzten Kraftreserven und rannte auf wunden Füßen über den Asphalt. Allerdings ebbte ihre Euphorie schlagartig ab, als sie sah, dass die Sonnenschirme zusammengeklappt und die Tür geschlossen waren.

»Hallo!«, rief sie.

Keine Antwort.

»Hallo!« Sie rüttelte an der Türklinke.

»Wegen Wasserschadens geschlossen bis zum 5. Juni«, informierte sie ein Schild an der Tür. Direkt darüber standen die täglichen Öffnungszeiten: 11 – 17 Uhr.

Maria stöhnte. Das durfte doch nicht wahr sein! Hatte sich denn die ganze Welt gegen sie verschworen?

»Hallo?«, rief sie ein weiteres Mal. »Ist jemand hier?«

Wieder antworteten ihr nur das Rauschen des Windes in den Baumwipfeln und das Zirpen der Grillen. Sie ließ sich auf die Stufen vor der Gaststätte fallen, stemmte die Ellenbogen auf die Knie und stützte das Kinn auf den Händen ab. Der Schatten war wie Balsam. Erst jetzt merkte sie, dass ihre Nase und ihre Wangen glühten und ihre Arme feuerrot waren. Während sie auf den flimmernden Asphalt starrte, arbeitete es fieberhaft in ihrem Kopf. Sie musste dringend etwas trinken, sonst würde sie vermutlich bald das Bewusstsein verlieren. Wie lange konnte man ohne Wasser überleben? Einen Tag? Zwei Tage? Sie wusste es nicht und hatte nicht vor, es herauszufinden. Wo ein Wasserschaden war, musste es auch Wasser geben. Logisch, oder? Auch wenn sie sich am liebsten mit dem Rücken gegen die Tür gelehnt und einfach nur ausgeruht hätte, zwang sie sich, wieder aufzustehen und an der Klinke zu rütteln. Nichts zu machen. Das Holz war stabil, das Schloss wirkte zwar alt, aber ebenfalls robust. Sie ließ von der Klinke ab und machte sich auf den Weg ums Haus, fand jedoch nur eine verschlossene Tür. Sie beäugte die Fassade des Backsteingebäudes. Blieben nur die Fenster. Die lagen etwa anderthalb Meter über dem Boden, aber mithilfe der Bierbänke würden sie sich bestimmt erreichen lassen. Maria fackelte nicht lange, sah sich um und fand schließlich einen Stein, der ihr geeignet erschien. Dann setzte sie den Fuß auf eine der Bänke, hielt sich an dem steinernen Fenstersims fest und zerschlug das zweite Mal an diesem Tag eine Glasscheibe.

Auch wenn sie mehrere Anläufe benötigte, um sich in die Höhe zu stemmen, schaffte sie es schließlich, sich über das Sims zu schwingen und in den Raum dahinter fallen zu lassen. Trotz aller Vorsicht verletzte sie sich beim Sprung auf den Boden den Fuß an einer Glasscherbe. Sie bemerkte den Schnitt jedoch erst, als sie eine blutige Spur auf dem Boden hinterließ. Den allmählich einsetzenden Schmerz ignorierend, humpelte sie durch den stickigen Schankraum und stieß eine Tür mit der Aufschrift »Küche« auf. Dahinter blitzte ihr polierter Edelstahl entgegen. In einer Ecke brummten zwei Kühlschränke. Maria stieß ein heiseres, »Ja!«, aus. Sie fiel beinahe über ihre eigenen Füße, als sie auf den vorderen der beiden Schränke zu stolperte. Die Hand, mit der sie den Griff umklammerte, zitterte. Das Licht im Inneren flackerte kurz, dann beleuchtete es den Inhalt in all seiner Pracht: Säfte, Cola, Fanta, Sprite, Bionaden und sogar eine Flasche Milch lachten Maria entgegen. Gierig griff sie nach einem Liter Sprite und stürzte das kalte Getränk so schnell hinab, dass sie nach der Hälfte einen Schluckauf bekam. Halb lachend, halb weinend öffnete sie auch den zweiten Kühlschrank und fand Butter, Käse, Wurst und etwas, das aussah wie eine Pastete. Mit beiden Händen stopfte sie alles wahllos in sich hinein, bis ihr Magen anfing zu protestieren. Der Rest Sprite folgte, dann schraubte Maria eine Flasche Apfelsaftschorle auf. Als sie sich so weit gestärkt hatte, dass sie wieder klar denken konnte, nahm sie ein Küchenhandtuch von einem Haken und verband sich den Fuß. Dann machte sie sich auf die Suche nach einem Telefon.

KAPITEL 38

Ulm, 29. Mai 2016

Lisa Schäfer hatte Mühe, sich ihre Frustration nicht anmerken zu lassen. Nachdem sie beinahe eine Stunde auf Dr. Silcher gewartet hatten, war ihr schließlich der Geduldsfaden gerissen.
»Wenn Sie keine Schwierigkeiten bekommen wollen, rufen Sie mich an, sobald Ihr Mann nach Hause kommt«, hatte sie der Frau des Oberfeldarztes gesagt.
Müller hatte etwas weitaus weniger Höfliches gebrummt, dann waren sie erfolglos abgezogen.

Jetzt saßen sie im Wohnzimmer von Frau Kapaun, die sich seit ihrer Ankunft die Augen ausweinte. Die Befragung hatte nichts Neues ergeben, und Lisa warf Müller einen ungeduldigen Blick zu. Der verstand zum Glück, worum es ging, und erhob sich mit einer dieser zackigen Bewegungen, die Lisa die Augen verdrehen ließen.

»Ihr Verlust tut uns sehr leid«, sagte er noch mal.

Frau Kapaun sah mit geröteten Augen zu ihm auf. »Sagen Sie mir irgendwann, worum es hier geht?«, wollte sie wissen. »All diese Fragen. Das ist doch nicht normal.«

Müller ignorierte die Bitte. Er legte kurz die Hand ans Barett, ehe er der Frau den Rücken kehrte und aus dem Wohnzimmer stapfte.

»Das war ja mal feinfühlig«, bemerkte Lisa ironisch, als sie bei ihren Fahrzeugen ankamen.

»Wenn Sie Samtpfötchen wollen, gehen Sie ins Tierheim«, gab Müller zurück. Keine Regung in seinem Gesicht verriet, ob das ein Scherz sein sollte oder nicht.

Lisa hätte ihm am liebsten einen Vogel gezeigt. Auch wenn es ihr schwerfiel, musste sie sich eingestehen, dass die Zusammenarbeit mit Becker weitaus weniger nervtötend gewesen war. Dieser Müller benahm sich wie ein Panzer auf Autopilot.

»Was jetzt?«, fragte er.

Lisa überlegte kurz. »Vielleicht sollten wir noch mal bei Maria Frechs Mutter vorbei fahren.«

»Wieso?«

»Weil ihre Tochter angeblich verschwunden ist.«

»Aha.«

»Inzwischen glaube ich fast, dass Frau Frech Grund zur Sorge hat.« Lisa fuhr sich mit den Fingern durchs Haar.

Müller bedachte das Ergebnis dieser Geste mit einem schiefen Blick.

Glotz nicht so doof, schoss es Lisa durch den Kopf. Laut sagte sie: »Ich kann auch allein dorthin fahren, wenn Sie was Besseres zu tun haben.«

Müller schielte auf die Uhr. »Eigentlich hab ich seit einer Stunde Dienstende«, sagte er.

Lisa zuckte die Achseln. Konnte ihr nur Recht sein. Der Kerl raubte ihr wirklich den letzten Nerv. Vermutlich würde er Frau Frech erst einmal in den Schwitzkasten nehmen, bevor die dazu kam, ihn rauszuschmeißen. Sie verkniff sich eine spitze Bemerkung und sagte stattdessen: »Hauen Sie schon ab. Frau Frech hat ohnehin nichts mit der Bundeswehr zu tun.« Als etwas, das an Unsicherheit erinnerte, über Müllers Gesicht huschte, wedelte Lisa mit den Händen, als ob sie eine lästige Fliege verscheuchen müsste.

Er sah sie mit einer Mischung aus Verwunderung und Erleichterung an.

»Danke für die Unterstützung«, log Lisa. »Schönen Feierabend.« Ohne auf seine Antwort zu warten, stieg sie in ihre C-Klasse und knallte die Tür zu.

Müller stand ein paar Sekunden da wie ein begossener Pudel, bevor er auf dem Absatz kehrt machte und in den Feldjägerbus kletterte.

Den war sie los, dachte Lisa. Sie wartete, bis er um die erste Kurve verschwunden war, dann tippte sie Maria Frechs Adresse ins Navi. Auf dem Weg nach Unterelchingen klingelte ihr Handy. »Thomas«, begrüßte sie den SOKO-Leiter. »Gibt's was Neues? Der Besuch bei Silcher war leider ein Schlag ins Wasser. Der Vogel war ausgeflogen.«

»Blöd, aber noch nicht unbedingt verdächtig«, antwortete ihr Chef. »Ich rufe eigentlich wegen Martin Ehlers an. Dem Halbbruder von Baumann.« Er lachte.

Lisa bog in eine Nebenstraße ein. »Was ist so komisch an ihm?«

»Eigentlich ist er jetzt eine Halbschwester.«

»Was?« Lisa befolgte die Anweisung der leisen Computerstimme ihres Navigationsgerätes und hielt sich links. »Wie meinst du das?«

»Den können wir von unserer Liste streichen«, sagte Thomas Fuchs. »Er heißt jetzt Martina Kaiser, wohnt in München und arbeitet als Bühnenbildner. Entschuldigung, Bühnenbildner*in*.«

Lisa erkannte die Straße, in die das Navi sie schickte. Etwa 500 Meter vor ihr befand sich Maria Frechs Haus. »Willst du mich verkohlen?«, fragte sie.

»Nein.« Der SOKO-Leiter lachte erneut. »Er, oder eher sie, ist ein Transsexueller. Ich habe mit ihr telefoniert. Sie hat seit Jahren keinen Kontakt mehr zu ihrer Familie, weil ihr Vater sie und ihre Mutter einfach hat sitzen lassen. Von Tim Baumann wusste sie offenbar gar nichts, und ehrlich gesagt, glaube ich ihr das. Ich denke nicht, dass wir dort Verbindungen zur albanischen Mafia finden. Ich habe die Kollegen in München aber trotzdem gebeten, mal ein bisschen tiefer zu graben. Man weiß ja nie.«

Lisa parkte den Wagen. »Alles klar, danke dir für die Info.«

»Wie sieht's bei dir aus?«, wollte Thomas Fuchs wissen. »In einer halben Stunde ist SOKO-Besprechung. Schaffst du es bis dahin?«

Lisa verneinte. »Ich möchte Maria Frechs Mutter noch mal befragen. Vielleicht hat sich ihre Tochter inzwischen gemeldet. Wenn sie bei Tim Baumann ist, versuche ich, sie zu überreden, sich mit ihm zu stellen.«

»Tu das«, sagte ihr Chef. »Die Besprechung kriegen wir auch ohne dich hin. Falls die operativen Auswertungen noch was Wichtiges ergeben haben, melde ich mich wieder bei dir.« Ein kratzendes Geräusch verriet, dass er sich über die Bartstoppeln rieb. »Mach Feierabend, wenn du bei Frau Frech fertig bist.«

»Mach ich.« Lisa legte auf und verdaute die Nachricht von dem Halbbruder, der plötzlich eine Halbschwester war. Dann sah sie in den Innenspiegel, brachte etwas Ordnung in das Chaos auf ihrem Kopf und stieg aus.

Die Frau, die auf ihr Klingeln hin die Tür öffnete, schien seit ihrem letzten Besuch um Jahre gealtert. »Haben Sie Neuigkeiten von Maria?«, fragte sie statt einer Begrüßung. Sie knetete die Finger ihrer rechten Hand mit der Linken. »Hat dieser Feldjäger sie gefunden?«

Lisa blinzelte. »Welcher Feldjäger?«, fragte sie.

Frau Frech sah sie verwundert an. »Na dieser Becker. Er wollte doch nach ihrem Auto suchen.«

»Wann hat er Ihnen das denn gesagt?«, fragte Lisa.

»Gestern hat er mich angerufen und gefragt, welche Strecke Maria genommen hat.« Sie rang die Hände noch heftiger. »Er meinte, sie hätte vielleicht eine Panne gehabt.« Ihre Stimme überschlug sich. »Ich habe ihm gesagt, dass das nicht sein kann. Dann hätte Maria angerufen!«

»Und er hat Ihnen gesagt, dass er nach ihrem Auto sucht?«

Die Frau biss sich auf die Unterlippe. »Nicht direkt. Aber warum hätte er sonst diese Fragen stellen sollen?«

Das hätte Lisa auch gerne gewusst. Vor allem, weil Becker, der Auskunft seines Hauptmanns zufolge, gestern Urlaub genommen hatte, nachdem er angeblich beim Arzt gewesen war. Sie spürte Ärger in sich aufsteigen. Konnten diese Rambos sich nicht einfach an die Regeln halten? Was sollte das? Becker war raus aus dem Fall! Sie entschuldigte sich bei Frau Frech und rief den Kompanieführer der Feldjäger an. »Schäfer von der Kripo Stuttgart«, meldete sie sich. »Wann, sagten Sie, war Becker beim Arzt?«

»Gestern Vormittag«, war die verwunderte Antwort. »Wieso?«

Lisa ignorierte die Frage. »Und wann hat er sich Urlaub genommen?«

»Kurz danach.« Der Hauptmann klang verärgert. »Sagen Sie mir, weshalb Sie das interessiert?«

»Danke für die Auskunft«, gab Lisa kühl zurück und legte auf. So ein Mistkerl! Wenn Becker seinen Chef angelogen hatte, um auf eigene Faust weiter in dem Fall herumzuschnüffeln, dann lag auf der Hand, warum er sich Urlaub genommen hatte. Sie verkniff sich eine Verwünschung. Stattdessen nahm sie sich zusammen und befragte Frau Frech zu dem Gespräch mit Becker.

Allerdings erfuhr sie nicht viel Neues. Maria Frech war verschwunden, und Becker suchte offenbar nach ihr, ohne dass irgendjemand davon wusste. Nachdem sie die aufgelöste Frau etwas beruhigt hatte, verabschiedete sie sich und ging zurück zum Auto. Dort angekommen zog sie ihr Handy aus der Tasche und wählte Beckers Nummer. Keine Antwort. Nach fünfmaligem Klingeln wurde sie auf die Mobilbox weitergeleitet.

»Lisa Schäfer«, knurrte sie. »Rufen Sie mich sofort an, wenn Sie diese Nachricht abhören!« Sie hätte noch ein paar unschmeichelhafte Ausdrücke für ihn bereitgehabt, die sie jedoch mit Mühe schluckte. Wenn sie den Kerl in die Finger bekam, konnte er was erleben! Sie warf das Handy auf den Beifahrersitz und ließ den Wagen an. Inzwischen war es kurz vor sechs. Sollte sie es noch mal bei Dr. Silcher versuchen? Auch wenn das ergebnislose Herumfahren des Tages sie frustrierte, beschloss sie, zurück nach Stuttgart zu fahren. Morgen war auch noch ein Tag. Vielleicht tauchte Tim Baumann in der Zwischenzeit auf.

KAPITEL 39

Ehemaliger Truppenübungsplatz bei Münsingen, 29. Mai 2016

Mark Becker und Tim Baumann starrten ungläubig auf das zerschmetterte Fenster des Bauwagens. Der befand sich irgendwo zwischen Magolsheim und Böttingen am Rand des ehemaligen Truppenübungsplatzes Münsingen in Sichtweite einer Baumgruppierung, die Mark auf dem Video erkannt hatte. Sieben Reihen paralleler, schnurgerade angepflanzter Tannen ließen keinen Zweifel zu, dass sie den Ort gefunden hatten, an dem Maria Frech festgehalten worden war.

»Das darf doch nicht wahr sein!«, stöhnte Tim. »Maria!«

»Hör auf rumzubrüllen«, zischte Mark. Da sie jetzt beide im selben Boot saßen, hatten sie die Anrede vereinfacht. Die gemeinsame Jagd auf Entführer rechtfertigte für Mark ein »Du« mehr als zur Genüge.

»Vielleicht liegt sie da drin und kann uns hören«, sagte Tim. »Das mit dem Fenster heißt doch gar nichts!«

Mark bezweifelte zwar, dass Maria Frech sich noch in dem Wagen befand, aber sicher war sicher. Er zog ein Messer aus seiner Cargohose und machte sich an dem Schloss des Bauwagens zu schaffen. Zehn Sekunden später sprang die Tür auf. »Vorsichtig«, warnte er.

Tim entsicherte seine Waffe und schob die Tür mit dem Fuß auf.

Nichts geschah.

Mark sprang blitzschnell die Stufen hinauf, duckte sich zur Seite und zielte mit seiner eigenen Pistole ins Halbdunkel. Auf den ersten Blick schien der Wagen leer zu sein. Dennoch versicherte er sich mit einer 360-Grad-Drehung, dass wirklich niemand in den Schatten lauerte. »Keiner da«, sagte er und richtete sich zu seiner vollen Größe auf. Er tastete das vergammelte Mobiliar mit den Augen ab und rümpfte die Nase. Hier drin stank es zum Himmel. Sein Blick fiel auf etwas, das neben einem Bein des wackeligen Tisches lag. »Wie es aussieht, hat sich deine Freundin befreit.« Er zeigte auf eine Keramikscherbe und die zerschnittenen Seilstücke auf dem Boden.

Tim drängte sich an ihm vorbei und ging vor dem Tisch in die Knie. »Hier ist Blut«, sagte er tonlos.

Mark trat zu ihm. »Nicht viel«, beruhigte er ihn. »Vermutlich hat sie sich mit der Scherbe geschnitten, als sie die Fesseln durchtrennt hat.« Er klopfte Tim beruhigend auf die Schulter. »Das sind gute Nachrichten.« Er half ihm auf. »Jetzt müssen wir deine Freundin nur noch finden.« Er war gerade wieder auf dem Weg nach draußen, als das Telefon in seiner Tasche vibrierte. Wer wollte denn jetzt schon wieder was von ihm? Weil er Lukas gebeten hatte, ihn anzurufen, falls er auf dem Video noch etwas Nützliches entdeckte, zog er das Handy aus der Tasche. Eine unbekannte Nummer. Er runzelte die Stirn. Hatte Julia sich extra ein neues Handy zugelegt, damit sie ihn weiter nerven konnte? Er biss die Zähne aufeinander, schluckte die Wut auf sie und verstaute das Telefon wieder. »Nichts Wichtiges«, sagte er. Dann trat er zurück ins Freie.

»Wo ist sie hin?«, fragte Tim.

»Hm.« Mark ging zu dem eingeschlagenen Fenster auf der Rückseite und betrachtete die Spuren. Die Abdrücke von hohen Absätzen waren ziemlich gut zu erkennen in dem trockenen Boden. »Da lang«, sagte er und folgte der Spur von Maria Frech zu einer blauen Regentonne. Von dort aus führte sie zu dem Schotterweg, den Mark und Tim mit dem Auto entlanggefahren waren.

»Na toll«, schimpfte Tim. »Wie soll man denn da was erkennen.« Er trat wütend gegen das Fass, dessen Inhalt überschwappte.

Mark ignorierte ihn, ging zum Rand des Feldweges und kniff die Augen zusammen. »Siehst du diese kleinen Eindrücke hier?« Er winkte Tim zu sich. »Und hier. Und dort.« Er zeigte auf einige Stellen im Schotter.

»Die können doch von jedem sein«, sagte Tim. »Hier geht ganz bestimmt ab und zu jemand mit seinem Hund spazieren.«

Mark schüttelte den Kopf. »Ich glaube nicht, dass hier viele Leute mit Pumps rumlaufen. Wer hier wandern geht, hat andere Schuhe an. Wenn du mich fragst, ist deine Freundin Richtung Wald gerannt.«

Tim beäugte die Spuren skeptisch. »Warum sollte sie das tun? Ich an ihrer Stelle hätte versucht, ein Auto anzuhalten. Das macht doch keinen Sinn!«

»Vielleicht hatte sie Angst, den Entführern in die Arme zu laufen«, mutmaßte Mark.

»Oder die haben bei der Straße geparkt, und sie hat sich hinter ihrem Rücken davon geschlichen«, sagte Tim. »Scheiße! Das heißt aber auch, dass die ihr bestimmt schon auf den Fersen sind.« Er fuchtelte mit der Waffe in der Luft herum. »Wir müssen sie vor ihnen finden!«

»Immer mit der Ruhe.« Mark nahm den Schotterweg genauer in Augenschein. Außer zwei tiefen Rillen, die von Mountainbikes zu stammen schienen, waren keine weiteren prägnanten Eindrücke zu erkennen. Nichts deutete darauf hin, dass jemand in Eile hinter Maria Frech hergelaufen – oder hergefahren – war. »Zuerst sollten wir mal das Auto holen.«

»Willst du mit dem Auto da rein?«, fragte Tim.

»Wie denn sonst?«, gab Mark zurück. »Zu Fuß kann das Tage dauern. Du weißt schon, dass das Gelände eine Fläche von fast 70 Quadratkilometern hat?«

Tim blies die Wangen auf. »Was ist mit den ganzen Blindgängern?«

»Wir bleiben auf den Wegen, keine Sorge«, sagte Mark. Als sie beim Auto angekommen waren, vibrierte sein Handy erneut. »Himmelherrgott!«, fluchte er. Kapierte die blöde Kuh denn nicht, dass es aus war zwischen ihnen? Er zog das Telefon wütend aus der Tasche, um auf »Anruf ablehnen« zu drücken, als er sah, dass es eine Nachricht von seiner Mobilbox war. Vielleicht doch Lukas? Mit einem unterdrückten Seufzen klickte er auf »Mailbox abhören«.

»Lisa Schäfer«, blaffte es ihm aus dem Lautsprecher entgegen. »Rufen Sie mich sofort an, wenn Sie diese Nachricht abhören!«

»Was ist los?«, fragte Tim.

Mark ließ die Hand mit dem Telefon sinken und überlegte einen Augenblick. »Das war die Kripo Stuttgart«, sagte er schließlich. »Ich denke, wir sollten denen Bescheid sagen, wo wir sind und worum es geht.«

»Spinnst du?«, brauste Tim auf. »Die Entführer haben doch eindeutig gesagt: keine Polizei! Kommt nicht infrage!«

Mark fasste ihn forschend ins Auge. Tims Kopf war krebsrot, und er schien so unter Spannung zu stehen, dass er nicht mehr klar denken konnte. »Maria ist aber offenbar nicht mehr in ihrer Gewalt«, wandte er ein. »Und Hilfe von der Kavallerie wäre sicher nicht das Dümmste.«

Tim kam um den Wagen herum und baute sich vor ihm auf. »Keine Polizei!«, knurrte er. »Wenn wir auf die warten, hat Maria keine Chance! Mach, was du willst, ich gehe jetzt los.« Er schob trotzig den Unterkiefer vor.

Mark wog einen Moment lang die Argumente ab, dann nickte er. »Steig ein. Wir können die Polizei immer noch rufen, wenn wir sie gefunden haben.« Hoffentlich würde er diese Entscheidung nicht bereuen!, dachte er, als er langsam den Schotterweg in Richtung Waldrand rollte. Eine rot-weiße Schranke versperrte den Weg.

»Und jetzt?«, fragte Tim.

»Kein Problem.« Mark hielt an, stieg aus und machte sich mit seinem Messer an dem einfachen Vorhängeschloss zu schaffen. Keine zwei Minuten später fuhren sie auf den Truppenübungsplatz.

*

Maria Frech hatte die Suche nach einem Telefon aufgegeben. Offenbar gab es in dieser Einöde keinen Festnetzanschluss, nur Handyempfang. Oder Buschtrommeln, dachte sie, als sie sich auf einen der Stühle im Schankraum der Gaststätte fallen ließ. Seit sie etwas gegessen und getrunken hatte, fühlte sie sich wieder wie ein Mensch, auch wenn sie immer noch entsetzlich stank. In der Küche hatte sie ein großes Fleischmesser gefunden, das sie geistesabwesend auf dem Tisch hin und her drehte. Was sollte sie jetzt tun? Die Uhr an der Wand verriet ihr, dass es halb sieben war. Folglich hatte sie noch etwas mehr als zwei Stunden Tageslicht zur Verfügung. Sollte sie ein paar Vorräte einpacken und sich wieder auf den Weg machen? Oder sollte sie sich ein Versteck suchen und darauf warten, dass morgen die Handwerker kamen, um den Wasserrohrbruch zu reparieren? Früher oder später musste jemand auftauchen, den sie um Hilfe bitten konnte. Sie stemmte die Ellenbogen auf die Tischplatte und nagte an ihrer Unterlippe. Herumsitzen und warten war noch nie ihre große Stärke gewesen. Deshalb hatte es sie auch so furchtbar genervt, wenn Tim mal wieder zum Einsatz nach Afghanistan geflogen war. Warten auf einen Anruf. Warten auf eine Mail. Warten auf die Nachricht, dass er gefallen war. Es hatte sie beinahe in den Wahnsinn getrieben! Und dann diese Verschlossenheit, wenn er zurück war.

»Nichts Besonderes passiert. Alles Routine«, hatte er immer beteuert.

Was für ein Quatsch! Maria umklammerte den Griff des Messers – so fest, dass ihre Knöchel weiß hervor traten. Das, was er dort erlebt hatte, hatte ihn verändert. Auch wenn er tausendmal behauptete, dass sie sich das nur einbildete. Man konnte doch nicht einfach aus einem

Kriegsgebiet zurückkehren und so tun, als ob die Zeit stehengeblieben wäre. Sie legte das Messer vor sich auf den Tisch und fuhr mit dem Zeigefinger über die kühle Klinge. Wenn Tim nicht so ein Hornochse wäre, würde sie nicht in dieser Lage stecken! Sie zuckte zusammen, als das Geräusch eines Motors an ihr Ohr drang. Hatten ihre Verfolger sie gefunden? Mit schwachen Knien stand sie auf, schlich zum Fenster und lugte hinaus. Das Messer in ihrer Hand fühlte sich mit einem Mal gar nicht mehr so beruhigend an.

KAPITEL 40

Ein abgelegener Parkplatz in der Nähe von Blaustein, 29. Mai 2016

Dr. Silchers Geduldsfaden war kurz vor dem Zerreißen, als endlich sein Handy klingelte. Halb erleichtert, halb wütend nahm er den Anruf entgegen. »Warum hat das so lange gedauert?«, herrschte er den Mann am anderen Ende an. »Hattet ihr eine Reifenpanne?«

»Nix Reifenpanne. Stau wegen Schwertransport«, war die knappe Antwort.

Keine Entschuldigung, kein Respekt. Silcher wusste, was das bedeutete. Er spürte einen Schauer über seinen Rücken kriechen. So lange steckte niemand hinter einem Schwertransport fest! Vermutlich hatten seine beiden Handlanger Kontakt zum *Krye* aufgenommen, um sich von ihm die Befehle bestätigen zu lassen. Wenn das der Fall war, hatten sie vermutlich schon eine Kugel für ihn im Lauf ihrer Waffen. Schweiß prickelte auf seiner Oberlippe. Das Einzige, das ihn noch retten konnte, war das erfolgreiche Abwickeln des Geschäftes. »Habt ihr die Kleine?«, fragte er. Zu seinem Verdruss zitterte seine Stimme.

»Nein«, war die Antwort, die ihm augenblickliche Übelkeit bescherte. »War jemand da. Tür ist aufgebrochen.«

»Waaaaaas?«

»Tür ist aufgebrochen«, wiederholte der Anrufer. Silcher hörte den anderen Mann im Hintergrund etwas auf Albanisch rufen. »Was ist los?«, fragte er heiser.

»Kas hat gefunden Spur. Warte.«

Silcher stöhnte. Das durfte doch nicht wahr sein! Wie hatte jemand von dem Bauwagen wissen können? In dem Video, das er an Baumann geschickt hatte, war doch absolut nichts zu erkennen gewesen. Er fuhr sich mit dem Handrücken über die Oberlippe und schrak zusammen, als die Stimme des Albaners plötzlich wieder in seinem Ohr war.

»Nicht lange her. Hier ist Wasser. Jemand ist mit Auto in Wald gefahren. Zwei Mann, sagt Kas.«

Zwei Mann? Hatte Baumann einen Helfer gefunden? Silcher schloss einen Moment die Augen. »Mit einem Auto?«, fragte er schließlich. »Und Maria Frech?«

Ein Grunzen. »Fenster ist eingeschlagen. Ich sage, Frau ist in Wald gelaufen, andere mit Auto hinterher gefahren.«

Silcher stieß eine Verwünschung aus.

»Was tun?«, wollte der Albaner wissen.

Silcher überlegte fieberhaft. Alle Kunden bis auf einen waren bereits vor Ort. So wie die Dinge lagen, konnte er nicht warten, bis es auch der letzte schaffte. Er musste eine Entscheidung fällen, die auch der *Krye* akzeptieren würde. »Ich fahre zum Treffpunkt und hole die Kunden ab. Wir ziehen die Jagd vor. Der Preis ist die Frau. Die anderen sind zum Abschuss frei.«

»Was wir machen?«

»Du und Kas fahrt den Spuren nach und sorgt dafür, dass niemand die Frech vom Gelände schafft. Haltet sie so lange fest, bis ich mit den Kunden da bin. Und schickt eine Beschreibung von den beiden Männern.«

»Ani. In Ordnung«, sagte der Albaner und legte auf.

Silcher hoffte, dass es in Ordnung war. Sonst brauchte er nicht einmal mehr sein Testament zu machen. Er ließ die Hand mit dem Telefon sinken, ging um seinen Wagen herum und sah ins Handschuhfach. Seine Glock 19 und zwei Ersatzmagazine waren noch genau dort, wo er sie hingelegt hatte. Die Waffe war mit 9 mm Hohlspitzmunition geladen wegen der größeren Mannstoppwirkung, die man mit einem solchen Geschoss erzielte. Wohingegen es bei einem Vollmantelgeschoss passieren konnte, dass der Getroffene aufgrund des Adrenalinstoßes den Treffer gar nicht spürte, war das bei den Schäden, die ein Hohlspitzgeschoss anrichtete, ausgeschlossen. Er legte die Pistole auf den Beifahrersitz und stieg ein. Dann griff er nach dem Netbook, schaltete es ein und startete den TOR-Browser. Er gab die Adresse des Portals ein, das sie für ihr »Projekt« geschaffen hatten. Ein paar Klicks, und er fand die Liste der bereits eingegangenen Überweisungen. Acht Parteien hatten die stolze Summe von einer Million Euro pro »Ziel« überwiesen. Der Löwenanteil davon gehörte dem *Krye*. Doch auch für Silcher blieb dieses Mal ein ansehnliches Stück vom Kuchen übrig. Er gönnte sich einige Momente den beruhigenden Anblick der vielen Nullen, ehe er das TOR-Netzwerk wieder verließ.

Er sandte ein Stoßgebet zum Himmel, dass der Profit den *Krye* milde stimmte. Mit dieser Jagd waren Silchers Schulden bei ihm abgegolten, was bedeutete, dass er seinen Teil der Abmachung erfüllt hatte. Er legte das Netbook neben die Glock und ließ den Motor an. Ob der *Krye* das genauso sah, war eine Frage, über die er nicht weiter nachdenken wollte. Er verließ den Parkplatz und fuhr in Richtung Westen. Die engen Landsträßchen wanden sich durch eine hügelige Waldlandschaft und waren um diese Uhrzeit so gut wie verwaist. Nur zwei Autos kamen Silcher entgegen – eines davon ein Campingmobil mit einem albernen Dachaufsatz. Während er durch die Einöde fuhr, fragte er sich, ob die Polizei jemals die Wahrheit über ihn und die toten Soldaten herausfinden würde. Hatte Baumann die richtigen Schlüsse gezogen? Er rümpfte die Nase. Eigentlich war es ihm inzwischen vollkommen egal. Sobald er die Kunden dorthin geführt hatte, wo die beiden Albaner die Beute festhielten, würde er sich so schnell wie möglich aus dem Staub machen. Was mit den Leichen geschah, interessierte ihn nicht die Bohne.

Es dauerte knappe 20 Minuten, bis er den Treffpunkt erreichte. Dieser lag zwischen zwei winzigen Käffern mitten im Wald, weit hinter der Absperrung, die vor Munition und sonstigen Kampfmitteln warnte. Wie viele solcher Schilder die Bundeswehr aufgestellt hatte, wusste Silcher nicht. Aber es mussten ein paar Hundert sein, da sie einem rund um den Truppenübungsplatz auf Schritt und Tritt begegneten. Er hielt vor der Schranke, hob sie aus der Halterung und fuhr hindurch. Dann schloss er sie wieder und holperte mit seinem Mercedes über den unebenen Waldboden. Er musste etwa einen Kilometer fahren, bis er eine Ansammlung von Fahrzeugen erreichte, die ihn trotz allen Unbehagens grinsen ließen. Es war jedes Mal dasselbe. Reiche, verwöhnte Muttersöhnchen, die sich für Rambo, den Terminator oder Bruce Willis hielten. Fast alle steckten in Kampfanzügen, einige hatten sich die Gesichter schwarz bemalt. Jeeps, ein Land Rover und sogar ein Hummer standen im Kreis, als ob die Männer eine Wagenburg hätten bilden wollen. Silcher zählte acht Mann, was bedeutete, dass es auch der letzte zum Treffpunkt geschafft hatte.

»Geht jetzt endlich los?«, fragte ein blonder Hüne mit dicken Muskeln und flachem Hinterkopf. »Warten schon lange.« Sein Akzent war eindeutig russisch.

Silcher zwang sich zu einem Lächeln. »Das Warten hat sich gelohnt, meine Herren«, sagte er.

Die Männer kamen näher und mit ihnen der Geruch von Testosteron.

»Diese Jagd ist eine ganz besondere Jagd«, fuhr Silcher fort. »Anders als sonst, treten Sie heute nicht nur gegen einen Mann an. Sondern gegen zwei.«

Heisere Begeisterungsrufe.

»Und«, setzte Silcher hinzu, »es gibt einen Sonderpreis.« Er machte eine bedeutungsvolle Pause und zückte sein Handy. »Derjenige, dem es gelingt, sie zu fangen, darf diese Frau für sich behalten.« Er öffnete das Video mit Maria Frech.

Die Männer scharten sich um ihn wie hungrige Tiere. Die beiden Russen tauschten sich aufgeregt in ihrer Muttersprache aus, ebenso die drei Japaner. Die übrigen drei – ein Schweizer und zwei Österreicher – beobachteten schweigend, wie Maria Frech sich halb nackt am Boden wand.

KAPITEL 41

Ehemaliger Truppenübungsplatz bei Münsingen, 29. Mai 2016

»Da! Das sind ihre Schuhe!« Tim Baumann wartete nicht, bis der Passat zum Stehen gekommen war. Ohne auf Marks Warnung zu achten, riss er die Tür auf und sprang aus dem Wagen. Er kullerte einige Meter, rappelte sich auf und klopfte sich Gras und Erde von der Hose. Dann rannte er los, als ob ihm der Leibhaftige auf den Fersen wäre.

Kopfschüttelnd zog Mark die Handbremse an und folgte ihm zu einer Stelle auf der Wacholderheide, wo zwei rote Pumps lagen.

»Das sind Marias Schuhe«, wiederholte Tim. Er hob sie auf und drehte sie um. »Das ist ihre Größe.«

Mark nahm ihm einen der Schuhe aus der Hand und betrachtete den Absatz. »Passt zu den Abdrücken«, sagte er.

»Warum hat sie sie ausgerechnet hier ausgezogen?«, wollte Tim wissen.

Mark zuckte die Achseln. »Vermutlich, weil die Dinger unbequem sind.« Er zeigte zur Straße. »Und weil hier alles asphaltiert ist. Da kann man gut barfuß laufen.«

Tim beschirmte die Augen und suchte den Horizont in allen Himmelsrichtungen ab. »Wohin ist sie gelaufen? Was denkst du?«

Mark musste nicht lange überlegen. »Sicher weiter in diese Richtung«, sagte er und wies nach Norden. »Sonst hätte sie sich im Kreis bewegt.«

Tim riss ihm den Schuh wieder aus der Hand und machte sich auf den Weg zurück zum Auto. »Dann nichts wie weiter«, rief er über die Schulter zurück.

Mark folgte ihm. Durch das offene Seitenfenster behielt er den Wegrand im Blick, um nach weiteren Spuren Ausschau zu halten.

Es dauerte nicht lange, bis sie an eine Weggabelung kamen.

»Trailfingen zwei Kilometer, Gruorn eineinhalb«, las Tim vor. »Keine Frage. Gruorn.«

Mark gab ihm recht. Wenn man um sein Leben lief, nahm man keinen Umweg in Kauf. Er holperte über die unebene Straße, in deren Ritzen Unkraut wuchs. Sie durchquerten eine Senke, passierten mehrere Verbotsschilder und erreichten schließlich einen Flecken, der aus nur zwei Gebäuden bestand.

»Nicht gerade der Nabel der Welt«, murmelte Mark, als sie einen Friedhof passierten. In Schrittgeschwindigkeit zuckelten sie weiter, bis Tim plötzlich, »Halt!«, rief. Er zeigte auf das quadratische Gebäude, in dem sich offenbar eine Gaststätte befand. »Siehst du die Scheibe?«

Mark kniff die Augen zusammen. »Ja. Die hat jemand eingeschlagen.«

»Das war bestimmt Maria.« Tim machte Anstalten, erneut aus dem Wagen zu springen, doch Mark hielt ihn mit einem Griff an den Unterarm davon ab.

»Mach langsam. Das könnte eine Falle sein. Wir stellen den Wagen ...« Er kam nicht dazu, den Satz zu Ende zu bringen, weil plötzlich die Tür der Schenke aufsprang und eine zerzauste Gestalt mit einem Messer in der Hand auf sie zulief.

»Tim!«, rief die Frau. »Oh mein Gott, Tim!«

Mark machte eine Vollbremsung, um sie nicht anzufahren.

Augenblicklich war Tim Baumann im Freien und flog auf die Frau zu.

Die ließ das Messer fallen, warf sich ihm in die Arme und klammerte sich an ihn wie eine Ertrinkende. Einige Minuten lang weinte sie in sein Hemd, dann machte sie sich unvermittelt von ihm los, trat einen Schritt zurück und versetzte ihm eine schallende Ohrfeige.

Mark, der die Szene aus einiger Entfernung beobachtet hatte, feixte. *Damit* hatte der glorreiche Retter sicher nicht gerechnet.

»Was hast du getan?«, fragte Maria Frech gefährlich ruhig. Ihre Nasenflügel bebten, und sie zitterte am ganzen Körper.

Erst jetzt bemerkte Mark das blutige Tuch, das sie um ihren Fuß gewickelt hatte.

Tim Baumann hatte gerade den Mund geöffnet, um zu antworten, als ein Knall die Luft zerriss.

Holz splitterte.

Maria Frech schrie auf.

Ein zweiter Schuss folgte, und Mark sah, wie Tim Baumann einen halben Meter zurückgeschleudert wurde. Augenblicklich färbte sich der Stoff seines Hemdes rot.

Mark reagierte im Bruchteil einer Sekunde. »Zurück ins Haus!«, brüllte er. »Los!«

Da Maria Frech sich nicht rührte, sondern wie festgenagelt auf der Stelle verharrte und auf Tim hinabsah, packte Mark sie am Arm und zerrte sie zur Tür der Schenke. »Rein da«, befahl er. »Geh in Deckung.« Für Höflichkeiten war keine Zeit.

Sie taumelte durch den Raum wie eine Marionette und brach vor dem Tresen zusammen.

Mark versicherte sich mit einem kurzen Blick über die Schulter, dass sie dort sitzen blieb. Dann kauerte er sich hinter den Türrahmen und versuchte herauszufinden, woher der Schuss gekommen war. Als ob der Schütze es ihm leichter machen wollte, peitschte eine weitere Kugel das Erdreich neben der Straße auf. Mark zeichnete in Gedanken die Flugbahn nach. Kein Zweifel, wer auch immer auf sie schoss, verbarg sich irgendwo im Wald gegenüber der Kirche. Ohne auf Maria Frechs hysterisches Wimmern zu achten, sah er sich im Schankraum nach etwas um, das ihm als Deckung dienen konnte. Die Tische waren zwar nur aus Holz, allerdings waren die Platten fast fünf Zentimeter dick. In der Hocke bewegte er sich auf das ihm am nächsten stehende Möbelstück zu, packte es an den Beinen und warf es auf die Seite. Dann schob er es vor sich her zur Tür und hinaus ins Freie.

Augenblicklich zerriss ein weiterer Schuss die Stille. Dieser verfehlte Mark jedoch um mehr als einen halben Meter, genau wie die nächsten beiden Schüsse. Unbeirrt robbte er mit dem Tisch als Deckung auf Tim Baumann zu. Als er ihn erreicht hatte, griff er nach seinem Hosenbein und zog ihn zu sich.

Tim stöhnte.

Wie es aussah, hatte die Kugel ihn an der rechten Schulter getroffen, jedoch kein lebenswichtiges Organ verletzt.

»Kannst du atmen?«, fragte Mark.

Tim nickte schwach.

»Gut. Ich ziehe dich jetzt zum Haus. Hilf mit, wenn du kannst.«

Unter weiterem Beschuss schafften sie es zurück in die Gaststätte, wo Maria Frech sie kreidebleich anstarrte.

»Ist er …?«, fragte sie.

»Nein«, presste Tim hervor. »Bin ich nicht.«

Sie schlug die Hände vor den Mund und weinte leise vor sich hin.

Mark schlug die Tür zu, verbarrikadierte sie mit dem Tisch und kroch auf allen Vieren zu Maria Frech. »Wie viele Entführer sind es?«, fragte er.

Sie sah ihn mit fiebrig glänzenden Augen an. »Ich dachte schon vorhin, dass jemand kommen würde«, war ihre zusammenhangslose Antwort. »Aber es war nur ein Flugzeug.«

Mark schüttelte sie, bis ihre Zähne aufeinanderschlugen. »Hör zu! Ich brauche jetzt deine Hilfe! Wie viele Entführer sind da draußen?«

Sie starrte ihn einige Atemzüge weiter blicklos an, dann blinzelte sie und riss sich mit sichtlicher Mühe zusammen. »Es waren zwei«, flüsterte sie. »Die wollten …« Ihre Stimme erstarb.

»Ich weiß«, sagte Mark. »Wir haben das Video gesehen.«

Draußen fielen weitere Schüsse.

»Scheiße!«, fluchte er. »Wir hätten doch die Polizei anrufen sollen!« Er tastete nach seinem Handy und tippte bei Lisa Schäfers Nummer auf »Rückruf.« Nichts tat sich. »War ja klar«, schimpfte er. »Kein Empfang.« Er dachte nach. Tim war außer Gefecht, den konnte er als Verstärkung abschreiben. Er warf Maria Frech einen skeptischen Blick zu. »Kannst du mit einer Waffe umgehen?«, fragte er.

Sie schüttelte den Kopf.

Na wunderbar! Er kroch zu Tim, nahm ihm die Springfield ab und legte sie auf den Boden. Anschließend rannte er geduckt durch den Raum, bis er eine Tür mit der Aufschrift »Küche« erreichte. Dort griff er sich ein paar Handtücher und eine leere Flasche und warf – zurück im Schankraum – alles Maria in den Schoß. »Mach ihm einen Druckverband«, sagte er.

Die Aufgabe schien sie aus ihrer Lethargie zu befreien. Geschickt zerriss sie den Stoff von Tims Hemd, presste die Flasche auf die Wunde und wickelte die Tücher darum.

Mark lud in der Zwischenzeit Tims Waffe, entsicherte sie und drückte sie Maria in die Hand. »Wenn jemand durch die Tür kommt, einfach zielen und abdrücken. Ja?«

Sie sah die Waffe unsicher an.

»Sei vorsichtig damit. Sie ist scharf. Finger vom Abzug, wenn du nicht schießen willst. Verstanden?«

»Ja.« Es war kaum mehr als ein Flüstern.

»Gibt es hier eine Hintertür?«, fragte Mark.

»In der Küche.«

»Ich bin gleich zurück«, versprach Mark. »Ich sage ›Mark Becker‹, wenn ich wieder reinkomme, damit du weißt, dass ich es bin.«

Sie nickte schwach.

»Ich versuche, Hilfe zu rufen«, sagte er. »Es wird alles gut.« Als er kurz darauf die Hintertür entriegelte, hoffte er, dass er ihr nicht zu viel versprochen hatte.

KAPITEL 42

Ehemaliger Truppenübungsplatz bei Münsingen, 29. Mai 2016

Die Stille im Freien war beinahe unheimlich. Die Schützen hatten den Beschuss eingestellt, und außer dem entfernten Brummen von Motoren war nichts zu hören. Sogar das Zirpen der Grillen war verstummt. Mark kauerte sich in den Schatten eines kleinen Anbaus und lauschte auf verdächtige Geräusche. Der Wind wehte ein paar raschelnde Bonbonpapiere über ein frisch angelegtes Beet zu seiner Linken, und ein Eichelhäher schimpfte.

Das Motorengeräusch wurde lauter.

Bekamen die Entführer Verstärkung? Oder hatte jemand die Schüsse gehört und die Polizei gerufen? Er zog das Handy aus der Tasche und sah aufs Display. Immer noch kein Empfang. Verdammt! Er steckte das Telefon zurück. Nachdem er sich versichert hatte, dass seine Pistole scharf war, drückte er sich mit dem Rücken an die Bretter des hölzernen Anbaus und schob sich in Richtung Waldrand. Wenn er recht hatte mit seiner Vermutung, was den Standpunkt der Entführer anging, konnten sie ihn selbst dann nicht sehen, wenn er die Deckung des Gebäudes verließ. Dennoch ging er hinter einer Reihe Haselsträucher auf alle Viere und bewegte sich so geschmeidig wie möglich von dem Gasthaus weg. Als er das Ende der Buschgruppe erreicht hatte, fiel ein weiterer Schuss. Das Klirren von Glas folgte. Offenbar versuchten die Entführer, die Fenster der Schenke zu zerschießen. Hoffentlich behielt Maria Frech die Nerven.

Mark kroch hastig weiter zum Waldrand, wo er sich hinter einen Baumstamm kauerte. Vorsichtig richtete er sich auf und suchte die Umgebung mit den Augen ab. Da die Männer vermutlich keine Soldaten waren, würden sie sich bestimmt durch irgendetwas verraten. Als erneut geschossen wurde, sah er tatsächlich keine 50 Meter vor sich Mündungsfeuer aufblitzen. Wer sagte es denn! Er wischte sich die feuchten Handflächen an der Hose ab und umklammerte den Griff seiner Waffe. Zwei Mann. Die würde er als Profi doch wohl ausschalten können! Er wollte sich gerade in einem weiten Bogen anschleichen, als der Beschuss aufhörte. Dadurch wurden die Motoren wieder hörbar, so nah, dass Mark nach den dazugehörigen Fahrzeugen Ausschau hielt. War das die Rettung? Hatten die Entführer aufgegeben? Das tiefe Blubbern eines V8 Motors übertönte alle anderen Geräusche, sodass Mark es wagte, sich der Stellung der Entführer geduckt, aber im Laufschritt zu nähern. Was er sah, als er nah genug herangekommen war, ließ ihn augenblicklich in einer Senke Deckung suchen. Ungläubig lugte er über den Rand der Doline. Etwas mehr als einen Steinwurf entfernt standen fünf Fahrzeuge: ein silberner Mercedes, zwei schwarze Jeeps, ein dunkelgrüner Landrover und ein mattschwarzer Hummer. Elf Männer standen um die Wagen herum – einer davon war Dr. Silcher.

Mark blinzelte, um sicherzugehen, dass ihm seine Augen keinen Streich spielten. Allerdings änderte das nichts an dem beinahe surrealen Anblick, der sich ihm bot. Sieben der elf Männer steckten in Kampfanzügen, einige trugen Helme, andere hatten sich die Gesichter schwarz bemalt. Alle hatten Präzisionsgewehre in der Hand und Pistolen am Gürtel.

Was, zum Teufel, ging hier vor? Mark versuchte, etwas von der Unterhaltung der Männer aufzuschnappen. Allerdings mit mäßigem Erfolg. Offenbar war Dr. Silcher aufgebracht, weil er wild gestikulierend auf die beiden Einzigen einredete, die nicht aussahen, als ob sie Krieg spielen wollten. Mark nahm an, dass es sich bei ihnen um die Schützen handelte, die auf das Gasthaus geschossen hatten.

»Ich gehe jetzt!«, hörte Mark ihn rufen.
»Du bleibst.«
»Nein!«

Die beiden Männer tauschten einen Blick. Ohne zu fackeln, packte einer der beiden Silcher grob am Arm, zerrte ihn von der Gruppe weg und hielt ihm die Pistole an die Schläfe.

Silcher schrie auf.

Der Mann drückte ab.

Der Schuss hallte unheimlich von den Bäumen wider und übertönte das Geräusch, das der leblose Körper machte, als er zu Boden sackte.

»Jagd beginnt jetzt«, sagte der Mann, der abgedrückt hatte.

Keiner der Anwesenden verriet mit einer Regung, dass das, was gerade vorgefallen war, ihn schockierte. Stattdessen überprüften sie ihre Waffen, teilten sich in Gruppen auf und begannen auszuschwärmen.

Mark zog sich unauffällig zurück. Heilige Scheiße!, dachte er. In was waren sie da nur hineingeraten? Bei der Versammlung schien es sich um einen Haufen Psychopathen zu handeln, die ganz offensichtlich Jagd auf Mark, Tim und Maria machen wollten. Was hatte das mit Silchers schmutzigem Organhandel zu tun? Er zuckte zusammen, als das Telefon in seiner Tasche vibrierte. Eine SMS. Das hieß, er hatte Empfang!

*

Lisa Schäfer war kurz vor Stuttgart, als ihr Handy klingelte. Ein Blick aufs Display verriet ihr, dass Mark Becker sie endlich zurückrief. Wütend drückte sie auf »Annehmen«. »Was bilden Sie sich eigentlich ein?«, schimpfte sie, wurde jedoch sofort unterbrochen.

»Ich brauche Ihre Hilfe.«

»Wieso flüstern Sie?« Lisa verwünschte den Tag, an dem ihr Chef die Idee gehabt hatte, diesen vermaledeiten Becker in die SOKO zu holen. Oder war es ihre Idee gewesen? Im Hintergrund knallte es. »War das ein Schuss?«

»Ich kann nicht lange reden«, sagte Becker. »Wir sind auf dem Truppenübungsplatz Münsingen in Gruorn.« Er klang atemlos.

Es knallte erneut.

»Maria Frech, Tim Baumann und ich. In einer Gaststätte. Zehn Mann mit Waffen und militärischer Ausrüstung sind hinter uns her. Silcher ist tot. Rufen Sie das SEK.«

Lisa glaubte, ihren Ohren nicht zu trauen. Hatte der was geraucht? »Wenn das ein Witz sein soll ...«

»Das ist kein Witz. Verdammt! Machen Sie schon! Ich versuche, sie aufzuhalten.« Dann war er weg. Die Panik in seiner Stimme schien echt zu sein.

Lisa überlegte nicht lange. Wenn es tatsächlich so war, wie Becker sagte, ging es um jede Sekunde. Sie sah die Ausfahrt Plochingen vor sich, klebte das Magnetblaulicht aufs Dach und fuhr von der Autobahn ab. Während sie sich durch den Verkehr schlängelte, wählte sie die Nummer ihres Chefs. »Ich bin's, Lisa«, meldete sie sich, als er abnahm. Sie erklärte ihm die Lage.

»Ich sage dem PvD, er soll das SEK und das zuständige Revier informieren«, sagte Thomas Fuchs. »Die sollen das Gelände abriegeln. Sobald ich Näheres vom Kommandoführer des SEK weiß, melde ich mich.«

»Ich bringe Tim Baumann zur Vernehmung zu uns, falls wir die drei lebend da raus holen«, sagte Lisa. »Das ist unser Mordfall, also unser Verdächtiger. Oder Zeuge. Oder was auch immer.«

»Meinetwegen«, gab ihr Chef zurück. »Auch wenn es mir nicht recht ist, dass du alleine unterwegs bist.«

»Das schaffe ich schon«, wiegelte Lisa ab und legte auf. Dann drückte sie das Gaspedal durch und raste auf der Bundesstraße in Richtung Süden. Sie war kurz hinter Dettingen unter Teck, als ihr Chef zurückrief.

»Das SEK hat drei Hubschrauber angefordert und ist außerdem mit ein paar Bussen unterwegs«, ließ er Lisa wissen. »Die zuständigen Kollegen sind bereits vor Ort. Sie haben Schüsse gemeldet. Ich schicke dir die genauen Koordinaten des Treffpunktes aufs Handy. Wie lange brauchst du noch?«

Lisa warf einen Blick auf ihr Navi. Das gab 34 Minuten bis nach Münsingen an. So, wie sie fuhr, würde sie in einer Viertelstunde da sein. »15 Minuten«, antwortete sie. »Höchstens 20.«

»Alles klar. Ich nehme an, die Jungs vom SEK sind bis dahin auch da.«

So war es auch, als Lisa bei den übermittelten Koordinaten ankam. Zwei schwarze VW-Busse standen zwischen einem halben Dutzend Streifenwagen und zwei Rettungswagen. Zehn Mann und der stellvertretende Kommandoführer hatten die Köpfe über eine Karte des Truppenübungsplatzes gebeugt. Sie steckten bereits in voller Ausrüstung: anthrazitfarbene Overalls, robuste Einsatzstiefel, Knieschützer und die schwere Weste mit den dicken Bleiplatten, die Brust und Rücken schützte. Alle trugen Sturmhauben, die nur die Augenpartie freiließen, mattschwarze Helme mit durchsichtigem Visier und integriertem Funk. Ihre Maschinenpistolen lagen noch in einem der VW-Busse. Ihr Anführer sprach in ein Funkgerät – vermutlich, um sich mit dem Kommandoführer, der von der Zentrale in Göppingen aus alles koordinierte, abzusprechen.

»Sie bleiben hinter der Absperrung«, sagte der Mann anstatt einer Begrüßung.

Lisa nickte. »Schon klar. Das ist nicht mein erster Einsatz.« Sie wollte gerade fragen, wie die Lage war, als über ihren Köpfen die drei angeforderten Hubschrauber auftauchten: ein Eurocopter EC 155, der Platz für zwölf Mann bot, und zwei McDonell Douglas MD 902 Explorer mit Platz für sechs bis sieben Mann pro Maschine. Je zwei Männer in voller Ausrüstung standen auf den Kufen, bereit zum Abseilen über dem Einsatzgebiet.

Das Funkgerät des stellvertretenden Kommandoführers knackte. »Von hier oben sind zehn Mann zu sehen«, vermeldete der Co-Pilot. »Halt. Elf.« Einer kriecht hinter ihnen durchs Gebüsch. Vier Geländewagen, zwei PKW.«

»Bewaffnung?«, fragte der Einsatzleiter.

»Schwer zu sagen. Sieht nach Präzisionsgewehren aus.«

»Gut. Zugriff, sobald ihr in Position seid.«

»Alles klar.«

»Seid vorsichtig, auf dem Gelände gibt es haufenweise Blindgänger.«

»Roger.«

KAPITEL 43

Ehemaliger Truppenübungsplatz bei Münsingen, 29. Mai 2016

Mark Becker hatte sich noch nie in einer derart aussichtslosen Lage befunden. Nicht einmal in Afghanistan nach dem Anschlag des Selbstmordattentäters. Dort hatte er wenigstens auf die Unterstützung seiner Kameraden zählen können, auf deren Professionalität und Zuverlässigkeit. Hier war er komplett auf sich allein gestellt: ein Mann gegen zehn Schwerbewaffnete. Er robbte hinter dem, was er als feindliche Linien bezeichnete, über den Waldboden – langsam und so leise wie möglich. Die Angreifer hatten sich in drei Gruppen aufgeteilt und waren dabei, das Gasthaus zu umzingeln. Die beiden Entführer kauerten hinter einem Stapel gefällter Bäume und schossen immer wieder auf die Fenster der Schenke. Ob Tim Baumann und Maria Frech noch am Leben waren? Mark hoffte inständig, dass sie nicht von einem Querschläger getroffen worden waren. Ununterbrochen peitschten Schüsse durch die Luft begleitet vom Klirren der Scheiben oder dem dumpfen Geräusch von Einschlägen in der Hauswand.

Zu dem abgehackten Stakkato der Pistolen gesellten sich schon bald das dumpfe Donnern von großkalibriger Gewehrmunition und die aufgeregten Rufe der Jäger. Mark hob vorsichtig den Kopf und versuchte einzuschätzen, wie weit die nächste Gruppe von ihm entfernt war. Konnte er das Risiko eingehen, die Entführer mit der Springfield auszuschalten? Oder würde er damit augenblicklich das Feuer der anderen auf sich ziehen? Da er nicht alle Bewaffneten sehen konnte, entschied er sich gegen die Pistole und beschloss, die beiden so lautlos wie möglich unschädlich zu machen. Mucksmäuschenstill sicherte er die Waffe und steckte sie ins Holster. Dann zog er sein Messer aus der Tasche und klemmte es zwischen die Zähne. Zentimeter für Zentimeter kroch er an den Standort der beiden Entführer heran, bis er so dicht bei ihnen war, dass er ihren Schweiß riechen konnte. Der größere der beiden lag halb auf einem gefällten Baumstamm und zielte mit beiden Händen, während der andere die Waffe einhändig bediente. Beide wirkten routiniert, schossen, luden nach, zielten und schossen erneut. Zwei Magazine zählte Mark allein in der Zeit, die er benötigte, um noch etwas näher an sie heranzukommen. Sie waren etwa zwei Meter voneinander entfernt – weit genug, um Mark hoffen zu lassen, dass sein Plan funktionierte. In Zeitlupe richtete er sich auf, nahm das Messer aus dem Mund und atmete einige Male langsam ein und aus. Wie der Ausbilder es ihm beigebracht hatte. Er konzentrierte sich auf die Position der beiden. Jede falsche Bewegung konnte verhängnisvoll sein. Seine Muskeln spannten sich. Als der Ältere das Gewehr hob, um erneut abzudrücken, schnellte Mark vor, packte den Jüngeren von hinten und schnitt ihm mit einer blitzschnellen Bewegung die Kehle durch. Bevor sein Kumpan reagieren und die Waffe auf Mark richten konnte, war er bei ihm, blockierte den zurückfahrenden Schlitten der Pistole und drehte sie ihm aus der Hand. Dann zerschmetterte er ihm mit der Handkante den Kehlkopf. Das Geräusch ging im Dauerfeuer eines Gewehrs unter. Mit hämmerndem Herz zerrte Mark die beiden hinter den Stapel Baumstämme und nahm ihnen die Waffen ab. Die blutige Klinge seines Messers säuberte er mit dem Hemd des Jüngeren. Anschließend schob er sich vorsichtig so weit nach oben, dass er etwas erkennen konnte, und versuchte, die Stellungen der anderen auszumachen. Keine 50 Meter zu seiner Rechten feuerten zwei mit Tarnfarbe Bemalte von einer kleinen Erhebung aus auf das Gasthaus. Beide lagen auf dem Bauch und hatten ihre Gewehre vor sich auf dem Boden. Mit den Zielfernrohren, die sie montiert hatten, konnte man vermutlich einen Hasen in fünf Kilometer Entfernung erkennen. Einer von ihnen hatte sogar einen Windmesser dabei. Nach einem letzten Blick auf die beiden Toten zu seinen Füßen, zog Mark seine Springfield, überprüfte das Magazin und pirschte davon. Wenn das Glück ihn nicht verließ, konnte er diese beiden vielleicht auch ausschalten. Was danach kam, daran wollte er im Moment lieber nicht denken.

*

Maria Frech presste die Hände auf die Ohren und duckte sich noch tiefer hinter den Tresen, um sich vor den herumfliegenden Glasscherben zu schützen. Unter Aufbietung ihrer letzten Kraftreserven hatte sie Tim in Deckung gezerrt, doch selbst hinter der Bar war der Boden inzwischen bedeckt mit Holzsplittern und Bruchstücken der

Fenster. Auch ein paar Flaschen waren von den Kugeln zerschmettert worden, sodass es in dem Schankraum penetrant nach Schnaps stank. Tim bewegte die Lippen, und sie nahm die Hände von den Ohren, um verstehen zu können, was er sagte.

»Es tut mir so leid«, flüsterte er. Sein Atem ging flach, und er war gespenstisch bleich. Trotz des Druckverbandes breitete sich der Blutfleck auf seinem Hemd immer weiter aus.

»Schschsch«, zischte Maria. »Nicht reden.« Sie strich ihm über die Stirn. Die war feucht und kalt. Maria sah mit Tränen in den Augen auf ihn hinab. Was hatte er bloß angestellt, dass sie in so einer Situation gelandet waren? Selbst für Tim, den Shit-Magnet, war so etwas extrem. Zuerst hatte Maria gedacht, er hätte sich auf irgendwelche krummen Geschäfte eingelassen. Aber welcher kleine Ganove brachte eine ganze Armee mit? Sie zuckte zusammen, als ein besonders lauter Knall die Wände erschütterte. Kamen sie jetzt mit Panzern? Der Gedanke war so absurd, dass sie trotz der aussichtslosen Lage ein kurzes Lachen ausstieß.

»Was ist so lustig?«, fragte Tim. Er griff nach ihrer Hand und umklammerte sie so fest, dass Maria zusammenzuckte.

»Gar nichts«, gab sie zurück. »Naja, wenn ich es mir recht überlege …« Sie hob die andere Hand, die mit der Waffe, und lachte wieder. Es klang selbst in ihren Ohren überdreht. »Ich sitze hier mit meinem Ex-Freund, der eine Kugel in der Schulter hat, und warte darauf, entweder erschossen zu werden oder jemanden zu erschießen.« Sie gab einen erstickten Laut von sich. »Ist das lustig?« Die plötzliche Hysterie war wie ein Krampf.

Eine gewaltige Explosion ließ sie aufschreien. Plötzlich gähnte in der Tür der Schenke ein Loch von der Größe eines Fußballs. Eine weitere Explosion brachte den Tisch, mit dem Mark Becker den Eingang verrammelt hatte, zum Wackeln.

»Oh mein Gott!«, kreischte Lisa, als etwas durch das Loch flog, das mit einem Scheppern auf dem Boden landete. Einen Augenblick passierte gar nichts, dann fing das Ding an, Rauch auszuspucken.

*

Fassungslos beobachtete Mark, wie einer der beiden Männer vor ihm eine weitere Tränengaspatrone in eine Flinte steckte und sie abfeuerte. Aus den zerschossenen Fenstern des Gasthauses quoll bereits dichter Qualm, und Mark wartete jede Sekunde darauf, dass Maria Frech ins Freie gelaufen kam. Wenn sie das tat, war sie tot – daran bestand für Mark nicht der geringste Zweifel. Er hatte sich inzwischen auf etwa 30 Meter an die beiden Schwarzgekleideten herangepirscht. Doch aus dieser Entfernung konnte er nichts ausrichten. Zum einen steckten die Männer in kugelsicheren Westen. Zum anderen trugen beide Kevlarhelme, die mit Marks Munition nicht zu durchdringen waren.

Fuck!, dachte er. Die Druckwelle der nächsten Salve erschütterte die Luft. Was sollte er nur tun? Mit seiner Springfield konnte er unmöglich etwas gegen eine solche Übermacht ausrichten. Er duckte sich tiefer hinter eine

Baumwurzel und dachte nach. Blieb nur der Rückzug. Wenn er es bis zum Haus schaffte, konnten sie vielleicht dort die Stellung halten, bis das SEK eintraf. Er wollte den Plan gerade in die Tat umsetzen, als das »Wupp-wupp-wupp« von Hubschrauberrotoren das Geballer übertönte. Keine fünf Sekunden später tauchten drei Hubschrauber über den Baumwipfeln auf.

»Polizei! Stellen Sie auf der Stelle das Feuer ein!«, dröhnte es aus einem Megafon.

Tatsächlich herrschte einen Augenblick lang eine überraschte Feuerpause, die die Beamten nutzten, um sich in Windeseile abzuseilen. Aufgewirbelte Blütenblätter tanzten durch die Luft, während Männer in schwarzen Kampfanzügen vom Himmel fielen. Wie Perlen an einer Schnur glitten sie zu Boden, schwärmten aus und erwiderten das Feuer, als eine der drei Gruppen zu schießen begann.

»Stellen Sie augenblicklich das Feuer ein!«, forderte die Stimme aus dem Megafon erneut.

Mark, der wusste, was von ihm erwartet wurde, legte ohne zu zögern die Waffe auf den Boden und kniete sich hin.

Um ihn herum ging alles gespenstisch schnell.

»Polizei!«, hörte er die Beamten brüllen.

»Die Waffen fallen lassen! Die Waffen weg!«

»Hände hoch!«

»Auf den Boden!«

»Die Hände! Ich will die Hände sehen!«

Kehlige Schreie, mehrere Schüsse, weiteres Gebrüll.

»Hände hinter den Kopf!«, herrschte einer der Vermummten Mark an. Er war wie aus dem Nichts vor ihm aufgetaucht. »Sofort! Oder ich schieße.«

Ohne Widerrede tat Mark wie geheißen. »Ich bin Oberleutnant Mark Becker von den Feldjägern der Bundeswehr«, sagte er, während der Mann ihm Handfesseln anlegte. »In dem Gebäude dort drüben sind zwei Geiseln.« Tim und Maria waren zwar nicht im eigentlichen Sinn Geiseln, aber für Haarspaltereien war jetzt nicht der richtige Zeitpunkt. »Eine von ihnen ist verletzt und braucht einen Notarzt.«

Der Beamte nickte und zog Mark ruppig auf die Beine. Dann sprach er in sein Funkgerät »Ein Mann festgenommen. Unverletzt.« Er warf Mark einen skeptischen Blick zu. »Behauptet, er sei Oberleutnant bei den Feldjägern. Im Haus sind zwei Geiseln. Eine braucht medizinische Betreuung.«

»Verstanden«, quäkte es aus dem Lautsprecher.

»Mitkommen«, befahl der SEK-Mann.

*

Maria Frech bekam keine Luft mehr. Ihre Lunge schien in Flammen zu stehen, ihre Augen brannten, und jeder Atemzug war eine Qual. Tim hatte einen so heftigen Hustenkrampf, dass mehr und mehr Blut aus seiner Wunde lief.

»Lauf«, röchelte er. »Geh!«

Maria sah mit tränenüberströmtem Gesicht auf ihn hinab. Sie konnte ihn doch nicht einfach zurücklassen! Ein Messer schien nach ihrer Brust zu stechen, als sie die angehaltene Luft aus den Lungen entweichen ließ und gierig einatmete.

»Geh schon!« Tim versetzte ihr einen schwachen Stoß.

Maria sah sich voller Panik um. Das Gas erfüllte inzwischen den gesamten Schankraum. Ihr Blick zuckte zu der Küchentür. Wenn sie es schaffte, mit Tim die Küche zu erreichen … Sie legte die Waffe, die Mark Becker ihr gegeben hatte, auf den Boden und zog den Stoff ihrer Bluse über Mund und Nase. Gerade wollte sie Tim an den Beinen packen, um ihn über den Boden zu ziehen, als ein weiterer Knall die Tür erzittern ließ. Ein zweiter folgte. Der dritte sorgte dafür, dass das Holz in tausend Stücke zersplitterte.

Maria kreischte.

Männer mit Masken kamen in den Raum gerannt. Alles ging so schnell, dass sie nicht einmal nach der Pistole greifen konnte. Ehe sie reagieren konnte, war eine der unheimlichen Gestalten bei ihr, trat mit dem Fuß die Waffe zur Seite und zog sie in die Höhe.

»Polizei«, brüllte er ihr ins Ohr. »Wir sind von der Polizei.«

Ein Hustenkrampf raubte Maria die letzte Luft. Sie krümmte sich zusammen und kämpfte gegen das Gefühl des Erstickens an. Während der Mann sie unter den Achseln packte und in Richtung Tür zog, hatte sie das Gefühl, auf dem Trockenen zu ertrinken. Draußen drückte er sie auf eine der Bierbänke und rief nach dem Rettungsdienst. Wenig später presste jemand eine Plastikmaske auf Marias Gesicht.

»Tief einatmen«, riet eine ruhige Stimme. »Es wird gleich besser.«

Wie in Trance nahm Maria wahr, dass zwei weitere Rettungsassistenten mit Gasmasken und einer Trage in die Schenke stürmten und kurz darauf mit Tim wieder auftauchten. Auch er hatte eine Sauerstoffmaske über Mund und Nase. Seine Augen waren geschlossen.

»Tim«, flüsterte Maria.

»Die kümmern sich um ihn«, sagte einer der Vermummten. »Bleiben Sie hier sitzen.«

Da ihr ohnehin die Kraft fehlte, sich zu bewegen, gehorchte Maria und atmete gierig den Sauerstoff ein. Das Chaos um sie herum kam ihr vor wie ein surreales Theaterstück. Als Tims Trage in den Rettungswagen geschoben wurde, stieg eine blonde junge Frau aus einem Zivilfahrzeug und trat auf einen der Beamten zu, die Maria befreit hatten.

Ein kurzer Wortwechsel folgte, dann zeigte der Mann in Richtung Wald.

Die Frau nickte.

Daraufhin sprach der Beamte in sein Funkgerät, und wenig später führte einer seiner Kollegen Mark Becker herbei. Seine Hände waren auf dem Rücken gefesselt. Als er bei der Frau angekommen war, redete diese offenbar zornig auf ihn ein.

Becker antwortete etwas.

Die Frau warf aufgebracht die Arme in die Höhe.

Maria verfolgte den Austausch eine Weile, dann schloss sie die Augen und konzentrierte sich auf ihre Atmung. Sie war müde. Einfach nur entsetzlich müde.

KAPITEL 44

Stuttgart, 31. Mai 2016

Zwei Tage später saß Lisa Schäfer um halb acht Uhr morgens mit einer vollen Kaffeetasse im SOKO-Raum und fasste die Ergebnisse der Ermittlungen der letzten schlaffreien Stunden zusammen. Ihr Kopf dröhnte, und das viele Koffein sorgte dafür, dass ihr heiß und kalt zugleich war. Sie konnte kaum mehr die Augen offenhalten und freute sich unglaublich auf die beiden freien Tage, die auf sie warteten.

Die auf dem Truppenübungsplatz Festgenommenen saßen inzwischen in Stammheim und auf andere JVAs verteilt in Untersuchungshaft – alle bis auf Mark Becker, Tim Baumann und Maria Frech. Bei Becker empfand Lisa einen leisen Stich des Bedauerns. Allerdings hatte der Staatsanwalt ungewöhnliche Milde gezeigt und keine Anklage wegen Behinderung der Ermittlungen oder eines Verstoßes gegen das Waffengesetz erhoben. Die beiden toten Entführer waren als Notwehr deklariert worden. Warum Becker ungeschoren davonkommen sollte, war Lisa nicht ganz klar. Aber Politik hatte sie noch nie begriffen.

»Wie es aussieht, hatte Becker recht mit seinen Zweifeln«, rieb ihr Chef Salz in ihre Wunden. »Baumann war definitiv eines der Opfer in diesem Fall.«

Lisa nickte mit säuerlicher Miene. »Ja«, gab sie zu.

»Die Mafia hatte allerdings sehr wohl was mit der ganzen Angelegenheit zu tun.« Sie klickte die Bilder der beiden festgenommenen Albaner auf den Beamer. »Die beiden gehören zu einem Clan aus Hamburg und sind polizeibekannt. Gegen sie besteht in vier europäischen Ländern ein Haftbefehl, aber keiner von denen sagt auch nur ein Wort. Beide haben sich einen Anwalt genommen, und das war's.«

»Klar«, warf einer ihrer Kollegen ein. »Die sitzen lieber ihre Strafe ab, als den Chef zu verraten.«

»Vermutlich wollen sie nicht enden wie Silcher«, sagte der SOKO-Leiter. »Das war eindeutig eine Hinrichtung.«

Lisa gab ihm recht und warf ein weiteres Bild an die Wand. »Dieser Herr ist Oberfeldarzt Jörg Kübler. Der Pathologe des Bundeswehrkrankenhauses. Er, Silcher und Baumanns Kollegen, die Sanitätsfeldwebel Nussbaum und Konrad, waren offenbar in ein überaus lukratives Nebengeschäft verwickelt, von dem Tim Baumann nichts wusste.«

»Sind wir da sicher?«, fragte der SOKO-Leiter.

»Das behauptet nicht nur Baumann, der Pathologe bestätigt es. Seit er von Dr. Silchers Tod erfahren hat, singt er wie ein Vogel.«

»Hat sich der Verdacht bestätigt, den Becker geäußert hat?«, wollte Lisas Chef wissen. »Beaker, irgendwelche latenten Blutspuren in dem Bunker?«

Der Kriminaltechniker schüttelte den Kopf. »Die Kollegen in Ulm haben nichts gefunden. Der Operationssaal ist so sauber wie die Unterwäsche einer Nonne. Da wurde definitiv noch nie operiert.«

Einige Kollegen lachten.

»Hättet ihr kurz gewartet, hätte ich euch das auch sagen können«, brummte Lisa. Ihr Nervenkostüm war nicht mehr das Beste nach all den Vernehmungen der letzten beiden Tage. »Gestern Abend hat mir der Pathologe erklärt, warum sie den Unfalltod der drei Soldaten fingiert haben. Das hatte nichts mit illegaler Organentnahme zu tun.« Sie trank einen Schluck Kaffee. »Ihr werdet es vermutlich genauso wenig glauben wie ich. Aber Olaf«, sie zeigte auf einen Beamten der Dienststelle »Cybercrime«, »hat das überprüft.«

Der nickte. »Absolut freakig«, kommentierte er trocken.

»Die Aussagen von fünf der anderen bei der Schießerei Festgenommenen bestätigen die Geschichte«, sagte Lisa. Sie gab Olaf ein Zeichen.

Der zog daraufhin das Beamerkabel von ihrem Rechner ab und steckte es in seinen eigenen. Nach ein paar Klicks auf dem Desktop öffnete sich ein Fenster. »Das ist der TOR-Browser«, erklärte er. »Damit kann man im Internet surfen und gleichzeitig seine IP-Adresse so verschleiern, dass sie nicht zu überprüfen ist. Wie die Rufnummernunterdrückung beim Handy.«

Einige der SOKO-Mitglieder bekamen glasige Augen. Immer, wenn einer der Computerexperten anfing, etwas zu erläutern, fürchteten sie ermüdend lange Ausführungen.

»Komm zum Punkt«, bat Lisa.

»Okay.« Der Cybercrimer gab eine Internetadresse ein. Eine Seite mit der Überschrift »Die Jagd« öffnete sich. »Das TOR-Netzwerk ist natürlich äußerst beliebt bei Verbrechern«, sagte der Beamte. »Es ist das Eintrittsportal ins ›Darknet‹, den Teil des Internets, in dem man alles kaufen kann, was man will. Sogar Profikiller oder schmutzige Bomben.« Er scrollte durch die Seite, bis er am Ende angekommen war. »Und hier haben Silcher und Co. ihre ›Ware‹ angeboten.«

Ein Raunen ging durch den Raum.

»Die haben eine Jagd auf *Menschen* versteigert?«, fragte Max Busch ungläubig.

»Nicht auf irgendwelche Menschen«, warf Lisa ein. »Auf Elitesoldaten, die sich freiwillig dafür gemeldet haben.«

»Wer ist denn so bescheuert?«

»Gar nicht so bescheuert, wenn man sich mal in deren Lage versetzt. Laut Kübler waren es durch die Bank Unteroffiziere, die keine Chance hatten, jemals eine Karriere als Berufssoldat zu machen. Die meisten von denen haben nicht mal eine abgeschlossene Berufsausbildung. Da war der Preis, der zur Debatte stand, ganz sicher verlockend.«

»Wie viel?«, fragte Thomas Fuchs.

»Eine Million Euro, wenn sie die Jagd für sich entscheiden.«

Der SOKO-Leiter pfiff durch die Zähne.

»Auf der anderen Seite hat jeder der Teilnehmer eine Million Euro für die Jagd bezahlen müssen, die offenbar in die Taschen der albanischen Mafia geflossen ist. Es ging also ums ganz große Geld. Kein Wunder, ist Silcher so ausgetickt, als Baumann angefangen hat rumzuschnüffeln.«

»Und wie haben die das durchgezogen? Das erfordert ziemlich viel Organisation«, mischte sich Thomas Fuchs ein.

»Die ist in der Tat beeindruckend«, gab Lisa zu. »Silcher hat diese Aktionen geplant und durchgeführt. Die toten Soldaten hat ein privates Krankentransportunternehmen weggeschafft und so lange irgendwo gekühlt, bis Silcher, Nussbaum, Konrad und Kübler Dienst hatten. Silcher hat natürlich die Dienstpläne dementsprechend frisiert. Einziger Störfaktor war Baumann, aber den dritten Pfleger konnten sie wegen der Vorschriften nicht einfach loswerden.« Lisa machte eine Pause und trank noch einen Schluck Kaffee. Das Zeug war inzwischen lauwarm. »Jedes Mal, wenn so ein Fall reinkam, hat Silcher den dritten Mann irgendwohin geschickt, wo er ihnen nicht in die Quere kommen konnte. Bis auf Baumann kam da keinem was komisch vor.«

»Curiosity killed the cat«, warf der Cybercrimer ein.

»Zum Glück nicht ganz«, sagte Lisa trocken. »Aber als Baumann das Dienstbuch gestohlen und kopiert hat, ist Silcher völlig ausgerastet.«

»Sorry, ist vielleicht blöd, die Frage«, warf Max Busch ein. »Aber was haben die gemacht, wenn der Soldat die Kunden getötet hat? Haben die das Risiko einfach so in Kauf genommen? Und wie hätten sie das denn vertuschen wollen? Auch mit einem Autounfall?«

Lisa schürzte die Lippen. »Gar nicht doof, die Frage«, sagte sie. »Silchers Männer lagen immer im Hintergrund auf der Lauer, um sicherzugehen, dass die ›Jäger‹ gewinnen. Wenn es brenzlig wurde, hatten sie den Auftrag, die ›Beute‹ zu töten.«

»Was für kranke Typen kaufen sich denn bei so was ein?«, fragte einer der jüngeren Kollegen.

Lisa zuckte die Achseln. »Reiche Bübchen, die auf

Nervenkitzel aus sind.« Sie rieb sich die Schläfen. Das Kopfweh wurde immer stärker. »Naja, jedenfalls hat Silcher zwei Mann auf Baumann angesetzt, die ihn töten sollten.« Sie zeigte auf das Foto des Toten aus dem Hotel in Zuffenhausen. »Was ziemlich in die Hosen ging.«

»Und dann hat er Maria Frech entführen lassen«, vervollständigte ihr Chef die Zusammenfassung.

Lisa nickte.

»Wahnsinn!«, brummte Max Busch.

»Der Leichenbestatter und die Sanitäter, die die Leichen abtransportiert haben, sind verschwunden«, sagte Lisa. »Fahndungen sind raus. Der Leichenbestatter hat dafür gesorgt, dass den Angehörigen nichts aufgefallen ist an den Toten.«

»Dann hoffen wir, dass sie möglichst schnell gefasst werden«, erwiderte ihr Chef. Er bedachte Lisa mit einem seltenen Lächeln. »Gute Arbeit. Mach den Papierkram fertig, dann geh dich ausschlafen.« Er verteilte noch ein paar Aufgaben, dann löste er die Versammlung auf.

Eine Stunde später wankte Lisa wie ein Schlafwandler über den Parkplatz zu ihrer Wohnung. Dort war es dank der heruntergelassenen Jalousien angenehm kühl. Oscar, ihr Kater, begrüßte sie mit einem Schnurren und rieb sich an ihren Beinen. Sie bückte sich, hob ihn auf und kraulte ihn zwischen den Ohren. »Dich hab ich ganz schön vernachlässigt.«

Er miaute zustimmend.

Lisa lachte und setzte ihn wieder auf den Boden. Sie sah sich unschlüssig um. Eigentlich war sie todmüde. Aber der viele Kaffee rumorte in ihrem Bauch. Außerdem hatte sie Hunger, weil sie das Frühstück hatte ausfallen lassen. Deshalb ging sie in ihre offene Küche, machte den Kühlschrank auf und zog ein Gesicht. Nichts außer einem abgelaufenen Joghurt und einer halben Butter. Sie knallte die Tür wieder zu. Dann halt ungesund. Sie fischte eine Tüte Chips aus dem Schrank und riss sie mit den Zähnen auf. Damit und mit einer Flasche Mineralwasser setzte sie sich auf ihren kleinen Balkon und sah auf die geschäftige Stadt hinab. Was für ein verrückter Fall! Die zahllosen Vernehmungen, Protokolle und Besprechungen der letzten beiden Tage spukten immer noch in ihrem Kopf herum. Sie fragte sich, wie lange es dauern würde, bis wieder Ruhe in ihre Gedanken einkehrte. Dass Becker vielleicht ungeschoren davon kam, nagte außerdem an ihr. Ginge es nach ihr, würde der Kerl ganz bestimmt kein Belobigungsschreiben bekommen. Aber ihr Chef sah das anders. Für ihn waren die guten Beziehungen zur Bundeswehr offenbar wichtiger als Konsequenz. Lisa seufzte. Ob er genauso tolerant war, wenn es um einen seiner eigenen Leute ging? Sie stopfte eine weitere Handvoll Chips in sich hinein und kaute mit vollen Backen. Dann knüllte sie die Tüte zusammen, schmiss sie in den Müll und ging ins Bad. Nach einer kurzen Dusche ließ sie sich nur mit ihrer Unterwäsche bekleidet aufs Bett fallen, kuschelte sich an Oscar und schloss die Augen. Es dauerte keine fünf Minuten, bis sie anfing, leise zu schnarchen.

KAPITEL 45

Ulm, Bundeswehrkrankenhaus, 31. Mai 2016

Tim Baumann lag in einem Krankenhausbett und schwitzte. Draußen musste es schon wieder ziemlich heiß sein, weil die Schwester schon am frühen Morgen den Rollladen heruntergelassen hatte. Das sorgte dafür, dass ein angenehmes Schummerlicht in dem kahlen Zimmer herrschte, das ansonsten keinerlei Charme besaß. Außer einem Kruzifix und einem Fernseher waren die Wände kahl, nicht einmal eines der typischen Blumenbilder war vorhanden. Auf seinem Nachttisch stand ein Plastikbecher mit einer gelblichen Flüssigkeit, daneben lagen ein Kugelschreiber und eine Zeitschrift. Tim starrte auf den Gekreuzigten, bis dieser anfing, vor seinen Augen zu verschwimmen. Warum die Leute der Anblick eines Menschen, den man zu Tode gefoltert hatte, beruhigen sollte, hatte er noch nie begriffen. Für ihn war das schmerzverzerrte Gesicht der Holzfigur einfach nur fehl am Platz in einem Krankenzimmer.

Er wandte den Blick ab.

Die verdammte Naht in seiner Schulter juckte schon wieder. Allerdings kam er mit dem Finger nicht unter den Verband. Dass der Juckreiz immer schlimmer wurde, lag sicher daran, dass er schwitzte wie verrückt. Aber der Drache von Schwester hatte ihm die Bitte, das Fenster ein bisschen zu öffnen, rundweg abgeschlagen. Er schnitt eine Grimasse. Vermutlich fürchtete sie, dass er türmen könnte und sie die Verantwortung dafür zugeschoben bekam. Die Vorstellung war beinahe komisch. In Gedanken sah er sich – barfuß und nur mit einem Flügelhemdchen bekleidet – aus dem Fenster klettern, auf der Flucht vor dem Polizeibeamten, der vor seiner Tür gestanden hatte. Allerdings war der inzwischen abgezogen worden, weshalb das Gezicke der Schwester keinen Sinn machte. Sie genoss es offenbar in vollen Zügen, einen Kollegen zu schikanieren. Er angelte nach dem Kugelschreiber auf seinem Nachttisch, um sich damit unter dem Verband zu kratzen. Er war so damit beschäftigt, den Stift unter die Binden zu schieben, dass er nicht bemerkte, wie die Tür aufging.

»Lass mich das machen.« Maria trat in den Raum und kam zu ihm ans Bett. Ohne auf seine Antwort zu warten, nahm sie ihm den Kugelschreiber aus der Hand, setzte sich auf die Matratze und machte dort weiter, wo er aufgehört hatte. Einige wunderbare Augenblicke saß sie einfach nur neben ihm und kratzte ihn an der Schulter. »Gut so?«, fragte sie irgendwann.

Tim gab ein genüssliches Stöhnen von sich. »Kannst du das bitte den ganzen Tag machen?«

Sie lachte. Dann wurde sie ernst und sah mit einem Ausdruck in den Augen auf ihn hinab, der ihm die Kehle eng machte. Warum hatte er nur immer das Gefühl, dass sie in seinen Kopf blicken konnte? Er wollte eine flapsige Bemerkung machen, um dem Moment die Schwere zu nehmen, aber sie kam ihm zuvor.

»Ich wollte mich bei dir entschuldigen«, sagte sie.

Tim glaubte, seinen Ohren nicht zu trauen. »Wenn sich jemand entschuldigen muss, dann bin ich das«, widersprach er.

Sie zog den Kugelschreiber unter dem Verband hervor und drehte ihn in der Hand. »Ich dachte, du hättest irgendeinen Mist gebaut. Dass diese Leute deshalb hinter dir und mir her waren. Aber was du gemacht hast, war ...«

»... dämlich?«, beendete er ihren Satz.

Sie schüttelte den Kopf. »Nein. Ich hätte vermutlich das Gleiche getan.« Ihre grünen Augen waren dunkler als sonst. Sie blinzelte, dann wanderte ihr Blick zu etwas hinter Tims Kopf.

Tim spürte, wie sich die Enge in seiner Kehle verstärkte. Er räusperte sich. »Maria«, sagte er leise. »*Mir* tut es leid. Wenn ich gewusst hätte, dass die so weit gehen würden, wäre ich nie bei dir vorbei gekommen. Ich habe dich in Gefahr gebracht.« Der Kloß in seinem Hals wurde noch dicker. »Haben die ...?« Er konnte es nicht aussprechen.

Sie verstand trotzdem. »Nein«, sagte sie tonlos. »Sie wollten, aber sie haben nicht.« Sie sah ihn wieder an, und die Traurigkeit in ihrem Blick zerriss ihm beinahe das Herz. »Wie geht es der Schulter?«, lenkte sie ab.

Tim schluckte mühsam. »Den Umständen entsprechend gut. War ein glatter Durchschuss.« Er rang einen Augenblick mit sich, dann fragte er: »Hast du jemanden, mit dem du darüber reden kannst?«

Maria nickte. »Ich bin in Behandlung.« Ihr Ton verriet Tim, dass sie nicht näher darauf eingehen wollte. Sie beugte sich über ihn, legte den Kugelschreiber zurück auf den Nachttisch und drückte ihm einen trockenen Kuss auf die Wange. »Ich hab nicht viel Zeit«, sagte sie. »Machs gut. Ich muss noch ...« Sie machte eine vage Handbewegung.

Tim griff nach ihrer Hand. »Wenn ich wieder hier raus bin«, sagte er, »darf ich dich dann anrufen? Vielleicht können wir ja mal einen Kaffee trinken gehen.«

Sie machte sich sanft von ihm los. »Ja. Vielleicht.« Sie lächelte.

Dann war sie fort.

Tim seufzte. Er griff wieder nach dem Kugelschreiber, steckte ihn unter den Verband und bewegte ihn geistesabwesend hin und her.

KAPITEL 46

Ulm, 1. Juni 2016

Mark Becker hatte ein flaues Gefühl im Magen, als er sich am Mittwochmorgen – drei Tage nach der Schießerei auf dem Truppenübungsplatz – sein rotes Barett auf den Kopf setzte. Trotz seines Urlaubs hatte sein Chef ihn an diesem Morgen nach Ulm beordert, und Mark ahnte, warum. Vermutlich, um ihn zu feuern, dachte er. Gründe dafür hätte die Bundeswehr zur Genüge. Nicht nur, dass er Befehle missachtet und einem eigenmächtig Abwesenden geholfen hatte. Er hatte außerdem zwei Männer getötet, die Ermittlungen der Kripo Stuttgart behindert und gegen das Waffengesetz verstoßen, indem er seine Privatwaffen benutzt hatte. Was das Feldjägerkommando in Hannover dazu zu sagen hatte, konnte er sich ziemlich gut vorstellen. Eine Beendigung seines Dienstverhältnisses unter Verlust aller Dienst- und Sachbezüge war vermutlich das Mindeste. Wenn er Pech hatte, würde man ihn darüber hinaus rechtlich belangen. Er überprüfte den Sitz seiner Uniform und betrachtete sich einen Augenblick im Spiegel. Sein Gesicht war immer noch das gleiche. Wie damals, als er im Einsatz vier afghanische Terroristen getötet hatte, war ihm auch dieses Mal nichts anzusehen. Kein Anzeichen verriet, dass frisches Blut an seinen Händen klebte. Der Gedanke ließ ihn die Handflächen nach oben drehen.

»Hör auf damit«, knurrte er und ließ die Hände wieder sinken. Er war Soldat. Töten gehörte zu seinem Beruf. Und diese beiden Scheißkerle hatten es mehr als verdient! Er schob den Gedanken beiseite, schnappte sich seinen Autoschlüssel und verließ das Haus. Als ihn eine Nachbarin schmallippig anlächelte, musste er unvermittelt an Julia denken. Wenn die gewusst hätte, wie schnell sich ihr Wunsch nach Beendigung seiner Karriere erfüllen würde, hätte sie ihn vielleicht nicht mit diesem Jan betrogen. Er erwiderte den Gruß der Frau und stieg in seinen Passat. Dann machte er sich auf den Weg nach Ulm.

In der Kaserne angekommen, saß er einige Minuten im Wagen, bevor er sich einen Ruck gab und ausstieg. »Je eher daran, je eher davon«, hatte sein Vater immer gesagt. Als Kind hatte er nicht verstanden, was er damit meinte. Heute begriff er das Sprichwort nur zu gut. Er trottete mit gesenktem Kopf über den Parkplatz, mied die Blicke der Soldaten, die ihm entgegenkamen, und erreichte schließlich das Feldjägerdienstkommando. Während er sich die Worte für seinen Chef im Kopf zurechtlegte, hackte er den Code in das Pinpad neben der Tür. Drinnen erwiderte er den Gruß von zwei Kameraden, straffte die Schultern und ging den Flur entlang. Vor dem Büro des Hauptmanns zögerte er einen Augenblick, dann klopfte er an.

»Herein.«

Mark öffnete die Tür.

Sein Chef saß am Schreibtisch und unterhielt sich mit dem Spieß.

Als er Mark sah, warf der Spieß ihm einen schwer zu deutenden Blick zu, spielte kurz mit der gelben Kordel an seiner Schulter und wedelte mit einem Schriftstück in der Luft herum. »Ich komme nachher noch mal«, sagte er.

Der Hauptmann nickte. »Mach die Tür zu«, bat er. Er wartete, bis sie alleine waren, dann zeigte er auf einen der durchgewetzten Sessel. »Setz dich.«

Mark tat wie geheißen.

Sein Chef musterte ihn mit einer Mischung aus Ärger und – Mark war sich nicht sicher, war es Amüsement?

Jedenfalls fühlte er sich plötzlich wieder wie ein Zwölfjähriger, der ins Büro des Schuldirektors gerufen worden war.

»Ich weiß, ich hab Mist gebaut«, sagte er.

Der Hauptmann schnaubte. »Das kannst du laut sagen!« Er öffnete eine Schreibtischschublade, kramte darin herum und zog einen Umschlag hervor. Er drehte ihn kurz in der Hand, bevor er ihn Mark in den Schoß warf. »Lies das.«

Mark schluckte trocken. War das seine Kündigung? Oder eine Anklageschrift von der Staatsanwaltschaft?

»Los«, drängte sein Chef. »Lies.«

Mark brauchte all seine Willenskraft, um nicht zu zittern, als er den braunen Umschlag öffnete. Das Schriftstück darin wirkte amtlich. Er schloss einen Moment die Augen, ehe er es ganz befreite und sich zwang, es zu überfliegen. Allerdings ließ ihn bereits die Überschrift verwundert aufblicken. »Was ist das denn?«, fragte er ungläubig.

Sein Chef lächelte dünn. »Das, was draufsteht, würde ich sagen.«

Mark begriff nicht. »Ein Belobigungsschreiben von der Kripo Stuttgart?«

»Lesen kannst du zumindest«, bemerkte der Hauptmann trocken.

»Wieso …? Was …?«, stammelte Mark.

Sein Chef erhob sich, kam um den Tisch herum und baute sich vor Mark auf. »Wenn es nach mir ginge, hätten sie dir den Arsch versohlen können«, brummte er. »Aber es geht nicht nur um dich. Hier steht auch der Ruf der Bundeswehr auf dem Spiel.«

Mark blinzelte.

Der Hauptmann verschränkte die Arme vor der Brust. »Nimm das Ding und verschwinde so schnell wie möglich aus meinem Büro.« Er bedachte Mark mit einem weiteren finsteren Blick. »Du hast noch eine Woche Urlaub«, sagte er. »Nimm sie.«

Als Mark sich aus dem Sessel gestemmt hatte, legte ihm sein Chef warnend die Hand auf den Arm. »Das war das erste und einzige Mal. Noch so ein Stunt und ich sorge eigenhändig dafür, dass deine Karriere zu Ende ist. Verstanden?«

Mark nickte. »Verstanden.«

»Dann geh mir aus den Augen.«

Draußen zog Mark das Schreiben noch mal aus dem Umschlag, um sicherzugehen, dass er richtig gelesen hatte. Er überflog den Inhalt und schüttelte den Kopf. Kein Irrtum. Irgendwie hatte sein Chef es tatsächlich fertiggebracht, dass der SOKO-Leiter der Kripo Stuttgart ihn für seine Unterstützung bei der Aufklärung des Falles belobigt hatte. Er verstaute das Papier wieder in dem Umschlag und rollte ihn zusammen. Dann machte er sich auf den Weg zu seinem Passat, um zu tun, was der Hauptmann ihm befohlen hatte: Urlaub zu machen. Und den ganzen Wahnsinn der letzten Tage zu vergessen, dachte er. Ob und wie ihm das gelingen würde, wusste er nicht. Aber er würde alles dransetzen, es zu versuchen. Beim Auto angekommen, zog er sein Handy aus der Tasche, um Lukas und Uli anzurufen. »Heute Abend Biergarten?«

DANKSAGUNG

In diesem Thriller haben mir viele unglaublich hilfsbereite Menschen geholfen, Fehler zu vermeiden und die Fakten richtig darzulegen. Ohne sie wäre für mich ein Roman dieser Art nicht vorstellbar gewesen, weil mir als Autorin natürlich einerseits das Fachwissen, andererseits die entsprechende Erfahrung fehlt. Sämtliche Fehler, die es sicher trotzdem noch zu entdecken gibt, stammen einzig und allein aus meiner Feder. Sie sind entweder der Tatsache geschuldet, dass man als Autor nicht ganz so tief in einen Bereich eindringen kann, wie man gerne möchte. Oder, dass man sich natürlich aus Gründen der Spannung und Dramatik manchmal dazu entscheidet, die Fakten ein wenig abzuändern. Ich habe allerdings versucht, diese Änderungen auf ein Minimum zu beschränken.

Mein ganz besonderer Dank gilt Oberkommissarin Anja Fromm, Kriminaltechnikerin bei der Kripo Stuttgart. Ohne deine geduldigen Erklärungen, die vielen winzigen, aber unheimlich wichtigen Details würde ich mich vermutlich im Dschungel eines jeden fiktiven Tatorts verirren. Besonders spannend war dieses Mal die Vorgehensweise rund um den Tatort in dem Hotel in Zuffenhausen. Ringalarmfahndungen, die Arbeit des Polizeiführers vom Dienst, die Kradstaffel und die Untersuchung des Zimmers und der Spuren. Ein Riesendanke auch für deine Geduld beim fachlichen Überprüfen des gesamten Romans auf Fehler, natürlich insbesondere im Bereich der Kriminaltechnik, rund ums Thema Polizei und auch darüber hinaus.

Ein Dankeschön auch wieder an Kriminalhauptkommissar Jürgen Tam, ebenfalls von der Kripo Stuttgart, der mir all meine Fragen zur Ermittlungsarbeit der Beamten vom D11 beantwortet hat. Ohne dich wären die SOKO-Besprechungen nur halb so interessant.

Auch Kriminalhauptkommissar Werner Härlen vom Polizeipräsidium Ulm hat mich wieder mit Rat und Tat unterstützt und den Roman als einer der ersten Leser auf Fehler und Ungereimtheiten überprüft. Ganz lieben Dank dafür und auch dafür, dass ich immer anrufen kann, wenn mich eines dieser winzigen Details um den Verstand bringt.

Danke auch wieder an die netten Herren aus Göppingen, die lieber nicht genannt werden wollen. Ohne euch wäre jede Actionszene nur halb so toll.

Bei meinen Fragen zur albanischen Mafia ist mir Kriminalhauptkommissar Steffen Mayer, LKA BW, ehemals ZAC (Zentrale Ansprechstelle Cybercrime) zur Seite gestanden. Vielen lieben Dank dafür.

Als mir die Idee zu diesem Roman kam, dachte ich nicht, dass ich tatsächlich die Möglichkeit haben würde, in die Arbeit der Feldjäger und die Arbeit des Notfallteams vom Bundeswehrkrankenhaus in Ulm hineinzuschnuppern. Hier gilt mein ganz besonderer Dank dem Bundesministerium für Verteidigung, das diese Recherche erst ermöglicht hat.

Oberleutnant Mark Becker wäre ohne die Hilfe von Oberleutnant Sascha Cammerer vom 7. Feldjägerregiment 3 nicht denkbar gewesen. Danke für die Führung durch die Wilhelmsburg Kaserne, lieber Sascha, für den Besuch in eurer Truppenküche und für die ausführlichen Erklärungen zur Arbeit der Feldjäger. Es war sehr spannend, einen Einblick in euren Arbeitsalltag zu bekommen.

Dr. Silcher und seine Komplizen haben bei einem Besuch in der Notaufnahme des Bundeswehrkrankenhauses Gestalt angenommen. Hier gilt mein ganz besonderer Dank Oberfeldarzt Gerd Kremers, der mir nicht nur den Schockraum und die gesamte Einrichtung erklärt hat, sondern der mir auch einen Besuch in der EVA, dem Bunker des BWK, ermöglicht hat. Danke auch für deine tollen Hinweise auf Machbarkeit bzw. Durchführbarkeit und Plausibilität des Schurkenstückchens, das Dr. Silcher ausgeheckt hat.

Angefangen hat die ganze Recherche zur Bundeswehr mit einem Gespräch mit Christian Munz, ehem. Feldjägeroffizier und Kompanieführer. Bis dahin hatte ich nur eine ganz grobe Idee im Kopf, fand es interessant und auch sehr spannend, mal einen etwas anderen Ermittler in einem Thriller auftreten zu lassen. Allerdings hatte ich natürlich keinerlei Vorstellung davon, wie der Job eines Feldjägers überhaupt aussieht. Ganz lieben Dank für die Einführung in das Thema und für die Beschreibung des Lebens im Einsatz, z.B. in Afghanistan.

Da ich gründliche Recherche über alles schätze, konnte ich mir natürlich nicht vorstellen, eine Krav Maga Szene zu schreiben, ohne vorher nicht wenigstens mal ein Training besucht zu haben. Hier gilt mein herzlicher Dank Julia Schwendner von *Krav Maga Def-*

con, die ich in der Fitness Company in Stuttgart besuchen durfte. Sehr beeindruckend!

Ein Action-Thriller ohne Fachkenntnis über Waffen? Diese Frage war für mich ganz klar mit einem »Nein« zu beantworten. Daher vielen Dank an Kai P. Fuhrmann, Rechtsanwalt und Fachanwalt für Verkehrsrecht, Magister rerum publicarum und LL. M. Master of Laws, ohne den ich ganz sicher nicht gewusst hätte, was eine »Mannstoppwirkung« ist. Außerdem durfte ich selbst mal mit einer Springfield und einigen anderen Waffen schießen, um ein Gefühl für die Handhabung zu bekommen.

Wie immer gebührt an dieser Stelle natürlich meiner fantastischen Lektorin Claudia Senghaas ein Riesendankeschön für die sorgfältige und tolle Textarbeit.

Und zu guter Letzt gilt mein ganz besonderer Dank meinem zauberhaften Agenten Gerd Rumler, der mich die ganze Zeit über motiviert und ermutigt hat, der gedrängelt und gelobt hat, sodass mir nie der Elan und der Mut ausgegangen sind. Und der mich darin bestärkt hat, dass man auch als Frau einen Action-Thriller schreiben kann.

LISTE DER VERWENDETEN ABKÜRZUNGEN

ACP	Automatic Colt Pistol
ANA	Afghanische Nationalarmee
BMVg	Bundesministerium für Verteidigung
BTM	Betäubungsmittel
BWK	Bundeswehrkrankenhaus
EVA	Erdversenkte Anlage
FLZ	Führungs- und Lagezentrum
GRUS	Gesellschaft für gerichtsmedizinische Untersuchungen
KDD	Kriminaldauerdienst
LB BW	Landesbank Baden-Württemberg
PR	Polizeirevier
PvD	Polizeiführer vom Dienst
RKU	Rehakrankenhaus Ulm
TOR	The Onion Router
ZINA	Zentrale interdisziplinäre Notfallaufnahme

*Weitere Krimis finden Sie auf den
folgenden Seiten und im Internet:*

WWW.GMEINER-SPANNUNG.DE

SILVIA STOLZENBURG
Die Salbenmacherin
und der Bettelknabe
....
978-3-8392-1910-2 (Paperback)
978-3-8392-5077-8 (pdf)
978-3-8392-5076-1 (epub)

FALSCHE FREUNDE Der elfjährige Waisenjunge Jona ist ein Bettler. Ein Bettler und ein Dieb. Als er im Februar 1409 in Nürnberg ankommt, ist sein Leben kaum mehr einen Pfifferling wert. Es ist eiskalt, und er ist nur noch Haut und Knochen. Jona kann sein Glück kaum fassen, als ihm ein reicher Städter etwas zu essen und ein Lager für die Nacht anbietet. Allerdings fordert dieser dafür eine, wie er sagt, harmlose Gegenleistung. Jona willigt ein. Und gerät damit in einen Strudel aus Täuschung und Gewalt, in den schon bald auch die Salbenmacherin Olivera hineingezogen wird, die den Bettelknaben halb tot geschlagen in ihrem Hinterhof findet ...

GMEINER SPANNUNG

WWW.GMEINER-VERLAG.DE
Wir machen's spannend

Das Neueste aus der Gmeiner-Bibliothek

Unser Lesermagazin

Bestellen Sie das kostenlose Krimi-Journal in Ihrer Buchhandlung oder unter www.gmeiner-verlag.de

Informieren Sie sich ...

www ... auf unserer Homepage:
www.gmeiner-verlag.de

@ ... über unseren Newsletter:
Melden Sie sich für unseren Newsletter an unter www.gmeiner-verlag.de/newsletter

f ... werden Sie Fan auf Facebook:
www.facebook.com/gmeiner.verlag

Mitmachen und gewinnen!

Schicken Sie uns Ihre Meinung zu unseren Büchern per Mail an gewinnspiel@gmeiner-verlag.de und nehmen Sie automatisch an unserem Jahresgewinnspiel mit »mörderisch guten« Preisen teil!

WWW.GMEINER-VERLAG.DE
Wir machen's spannend